公共政策を学ぶための行政法入門

深澤 龍一郎
大田 直史
小谷 真理 編

法律文化社

はしがき

　本書は、公共政策系の学部（場合によっては大学院）で開講される行政法の講義（全15回・2単位）向けのテキストである。

　法律文化社の編集者である舟木和久氏から「行政法教科書の新企画を」と声をかけていただいたのは、2013年7月のことである。当時は立命館大学政策科学部で非常勤講師として行政法の講義を担当しており、法学部生ではなく政策科学部生にどのような講義をすればよいか、思案していたところであったので、同じく公共政策系の学部で行政法の講義を担当していた大田直史教授（龍谷大学政策学部）、小谷真理准教授（同志社大学政策学部）と各自のシラバスを持ち寄って、共同で講義用テキストを作成することにした。

　公共政策系の学部では、法学を体系的に履修することが予定されていないため、法律の基本的な知識（たとえば、条文の読み方）についても、ある程度は行政法の講義中に触れる必要がある。他方で、学生の皆さんは法律それ自体に興味をもっているわけではなく、また、公務員志望者も案外少ないので、行政法（特に行政救済法）を網羅的に取り上げる必要性は大きくない。しかしながら、それでは地方自治法や行政学などの隣接科目との融合を意識した講義をしたらどうかといわれると、これらの科目は別途開講されているため、行政法の講義の内容はやはり伝統的な行政法総論が軸にならざるをえない。

　色々と検討を重ねた結果、本書は、公共政策を学ぶ学生の皆さんに、まずは、自らが関心を寄せる公共政策の策定と実現の過程において、行政法がどのように役立っているのかを理解してもらう、ということを第1の目標とすることにした。そのために、入門編（第1講～第9講）では、冒頭の【設問】で、学生の皆さんにとって身近な行政法制度や行政活動を取り上げ、その前提にある利害状況を明らかにしながら、行政法総論の初歩的な事項について説明していくというスタイルをとっている。応用編（第10講～第15講）では、やや高度な課題（たとえば、住民参加・住民投票）が取り扱われる。これが本書のタイトルを『公共政

はしがき

策を学ぶための行政法入門』にした経緯である。したがって、本書は、行政法総論について網羅的・体系的に叙述するものではなく、とりわけ行政救済法との関連性が強い事項（たとえば、行政処分の公定力）は、思い切って省くことにした。その一方で、【設問】の解説の理解にとって有益であると考えられる法律の基本的な知識、学問上の概念、近年の立法・行政実務の動向などについては、本文とは別に、☞POINT、♦KEY WORD、【コラム】の中で取り上げている。これは、各講の内容にメリハリを付けるための工夫であり、適宜参照していただければと思う。さらに、各講の最後には【発展問題】が用意されている。その中には出題者自身が検討中の「難問」も含まれており、これらの問題は、主として学部や大学院のゼミの報告の素材を提供することを意図したものである。なお、本書の内容は原則として2017年6月現在の法令に依拠したものであり、紙幅の関係上教科書からの引用は基本的に割愛した。

　本書には、編者3名のほかに、長谷川佳彦准教授（大阪大学大学院法学研究科）、石塚武志准教授（龍谷大学法学部）、宮島茂敏氏（西宮市役所）、藤田弓子氏（大阪市役所）といった研究者・実務家の方々に分担執筆者・執筆協力者として加わっていただいた。また、舟木和久氏には、編者が提案する実験的な試みにも快く応じていただいた。心から感謝申し上げる次第である。

　公共政策系の学部における行政法教育がいかにあるべきかの模索は今後も続く。読者の皆様からの忌憚のないご批判、さらにはご提案をいただき、本書から新たな行政法教育のネットワークが拡がっていくことを願ってやまない。

2018年2月

編者を代表して
深澤龍一郎

はしがき

第1部　入門編

第1講　行政規制の必要性と合理性 ―― 3

1　本講の課題　3
2　公共政策の実現と行政法〔設問1〕　4
3　行政規制の対象（公的領域と私的領域）〔設問2〕　6
4　行政規制の多様性〔設問3〕　9
5　まとめ　13
　【コラム：ふぐによる食中毒への地方自治体の対応】　8
　【コラム：教育免許更新制】　12
　【発展問題：脱原発論・卒原発論】　14

第2講　交通一斉検問 ―― 法律による行政の原理 ―― 16

1　本講の課題　16
2　交通一斉検問の目的と効果〔設問1〕　17
3　交通一斉検問に対するドライバーの権利・自由の保障〔設問2〕　19
4　交通一斉検問の性質と法律の留保の原則〔設問3〕　23
　【発展問題：米の生産調整に関する補助金】　28

第3講　地方公務員の飲酒運転 ―― 行政裁量 ―― 29

1　本講の課題　29
2　懲戒処分制度の存在理由〔設問1〕　30
3　飲酒運転に対する懲戒処分の厳格化の背景〔設問2〕　33

目　次

　　4　行政裁量とその根拠〔設問3〕　35
　　5　行政裁量に対する裁判所の審査〔設問4〕　38
　　　　【コラム：「又は」・「若しくは」・「及び」・「並びに」】　32
　　　　【発展問題：職員基本条例】　42

第4講　大学の設置認可——行政組織　44

　　1　本講の課題　44
　　2　大学設置にかかる法律のしくみ　45
　　3　行政体・行政組織・行政機関・公務員〔設問1、3〕　47
　　4　行政機関の権限行使　51
　　5　権限行使の監督　51
　　6　権限の代行〔設問2〕　53
　　7　大学の設置認可〔設問3〕　54
　　　　【発展問題：民間委託が可能な場合】　56
　　　　【コラム：指定管理者制度とは】　56

■補論1　大都市制度のあり方　59

　　1　大都市制度の歴史と概要　59
　　2　大都市制度の抱える問題と解決方法　64
　　　　【コラム：地方交付税】　61
　　　　【コラム：地方公共団体の種類】　62
　　　　【コラム：中核市制度・特例市制度】　63
　　　　【コラム：住民自治】　66

第5講　一般用医薬品の通信販売——行政規範の制定　68

　　1　本講の課題　68
　　2　一般用医薬品の販売に対する規制　69
　　3　行政による規範制定は憲法に違反しないか〔設問1〕　71
　　4　法規命令　73
　　5　法規命令——委任と規律内容の限界〔設問2〕　75
　　6　行政基準　78

7　行政規範制定の手続　　79
　　8　医薬品の通信販売は禁止されるべきか〔設問3〕　　80
　　　　【発展問題：地方公共団体の行政規則等】　　81

第6講　食の安全に関する規制の仕組み──行政処分⑴──── 83
　　1　本講の課題　　83
　　2　食品衛生法の規制の対象と方法〔設問1〕　　84
　　3　許認可とその手続〔設問2〕　　87
　　4　不利益処分とその手続〔設問3〕　　91
　　5　まとめ　　95
　　　　【コラム：危険ドラッグに対する地方公共団体の規制】　　86
　　　　【発展問題：憲法と行政手続】　　95

第7講　廃棄物処理に関する規制の仕組み──行政処分⑵──── 96
　　1　本講の課題　　96
　　2　廃棄物処理に関する規制の仕組み〔設問1〕　　97
　　3　廃棄物処理行政と第三者の利益の考慮〔設問2〕　　101
　　4　公害防止協定による廃棄物の適正処理の確保〔設問3〕　　106
　　5　まとめ　　108
　　　　【コラム：「廃棄物」の定義】　　99
　　　　【発展問題：行政規制によって保護される者と、訴訟による権利利益の保護】　　108

第8講　都市公園の整備工事のためのテントの撤去 ──── 110
　　　　　──行政上の義務履行確保
　　1　本講の課題　　110
　　2　行政上の即時強制〔設問1〕　　112
　　3　行政上の強制執行〔設問2〕　　114
　　4　行政上の制裁〔設問2〕　　118
　　5　まとめ　　121
　　　　【コラム：ネーミングライツ】　　111

目　次

　　【コラム：自主条例や同条例に基づく行政処分によって課された行
　　　政上の義務の代執行】　118
　　【コラム：交通反則金制度】　120
　　【発展問題：行政上の代執行の問題点】　122

第9講　葬祭場の開業をめぐる業者と周辺住民のトラブル ── 123
　　　　──行政指導

1　本講の課題　123
2　葬祭場の営業が周辺住民に与える不利益〔設問1〕　125
3　葬祭場の公益性と現行法に基づく行政規制〔設問2〕　126
4　行政指導による対応とその法的規制〔設問3〕　128
5　まとめ　134
　　【コラム：都市計画と用途地域の指定】　129
　　【コラム：行政手続条例における地方自治体の創意工夫】　134
　　【発展問題：「保育園落ちた」vs「子どもの声がうるさい」】　135

第2部　応用編

第10講　生活保護の実施、介護保険の運営──給付行政 ── 139

1　本講の課題　139
2　社会保障の給付水準の設定──生活保護基準を例に〔設問1〕　140
3　生活保護の実施と調査、指導・指示〔設問2〕　144
4　事業者による福祉サービスの提供と行政活動　147
5　まとめ　155
　　【コラム：福祉国家の正当性】　142
　　【コラム：自立の助長、生活困窮者の支援】　146
　　【コラム：社会福祉基礎構造改革】　148
　　【発展問題：介護事故と行政体の責任】　156

第11講　パチンコ店の営業規制 ──────────── 157

1　本講の課題　157
2　風営法による「ぱちんこ屋」規制の趣旨〔設問1〕　158
3　パチンコ店営業に関する規制の概要と許可手続〔設問2〕　161
4　パチンコ店規制と、規制を受ける者の利益への配慮〔設問3〕　165
5　自主条例によるパチンコ店規制とその限界〔設問4〕　167
6　まとめ　172
　【コラム：規制対象となる「風俗営業」の変化】　160
　【コラム：特例風俗営業者の認定】　164
　【コラム：実効性確保手段としての給水契約締結拒否】　171
　【発展問題：遊技機の検定と指定試験機関】　172

第12講　空き家・ごみ屋敷対策 ──────────── 174

1　本講の課題　174
2　空き家の現状　175
3　関連する法律上の権限　177
4　対策条例制定とその意義　179
5　「空家等対策の推進に関する特別措置法」の制定　182
6　特措法制定の意義と課題　186
7　ごみ屋敷問題と法　187
　【コラム：特定空家にしないための「空き家」の利活用】　185
　【発展問題：空き家対策の不備に対する責任】　191

■補論2　特色ある自主条例 ──────────── 192

1　「静かな夏を取り戻せ」　192
2　「屋台、酔ってかんねん」　193
3　「取り敢えず日本酒で」　195

第13講　米軍基地建設への賛否──住民参加・住民投票 ──────────── 198

1　本講の課題　198

vii

目　次

　　2　国民・住民が行政の意思決定に参加する仕組み〔設問1〕　199
　　3　住民投票とその拘束力〔設問2〕　205
　　　　【発展問題：国民投票と代議制民主主義の関係】　208

第14講　官官接待——情報公開制度 ———————— 210

　　1　本講の課題　210
　　2　官官接待と情報公開制度　211
　　3　情報公開制度の理念と役割〔設問1〕　212
　　4　情報公開制度の仕組み〔設問2〕　215
　　5　情報公開制度の限界——能動的情報提供の必要性〔設問3〕　224
　　　　【コラム：文書管理のルールの必要性】　217
　　　　【コラム：特定秘密保護法】　221
　　　　【コラム：情報公開法改正案】　223
　　　　【発展問題：情報公開制度の濫用】　226

第15講　税金の無駄遣いか、政策実現のコストか ———— 228
　　　　　——行政契約と住民訴訟

　　1　本講の課題　228
　　2　行政契約の法的規制〔設問1〕　230
　　3　行政契約を通じた公共政策の実現〔設問2〕　233
　　4　住民監査請求・住民訴訟制度〔設問3〕　236
　　5　まとめ　243
　　　　【コラム：公契約条例】　235
　　　　【コラム：普通地方公共団体の議会の議決による損害賠償請求権・
　　　　　不当利得返還請求権の放棄】　242
　　　　【発展問題：裁判所による行政活動のコントロールの意義と限界】
　　　　　243

　判例索引

　事項索引

第1部
入門編

第1講　行政規制の必要性と合理性

【設問】
自動車の運転免許の制度は、道路交通法という法律において定められている。道路交通法は、「自動車及び原動機付自転車（……）を運転しようとする者は、公安委員会の運転免許（……）を受けなければならない。」(84条1項) と規定するとともに、「何人も、第84条第1項の規定による公安委員会の運転免許を受けないで（……）、自動車又は原動機付自転車を運転してはならない。」(64条1項) と規定し、これに違反して無免許運転をした者に対して罰則（「3年以下の懲役又は50万円以下の罰金」）を科すものとしている（117条の2の2第1号）。以上のことを踏まえて、次の問いを考えてみよう。

〔設問1〕　道路交通法が運転免許の制度を定めて、自動車の運転を規制しているのはなぜだろうか。また、運転免許の制度の前提にはどのような公共政策があるのだろうか。

〔設問2〕　道路交通法は自宅の庭（ただし豪邸の広大な庭である）で自動車の運転をすることを規制しているだろうか、あるいは、規制すべきだろうか。

〔設問3〕　運転免許の制度のほかに、自動車の運転を規制するためにどのような手段が考えられるだろうか。

1　本講の課題

　行政法とは、ごく簡単にいえば、国・地方公共団体（＝地方自治体。たとえば、京都府や京都市）などが行っている**行政活動を規律する法**である。もし、国・地方公共団体がこの行政法に違反して行政活動を行い、その結果として、被害を受けた国民（本書では、特に断らないかぎり、日本国籍を有する者だけではなく外国人を含み、また、個人だけではなく企業のような民間の団体を含む）が訴訟を提起すれば、その行政活動について裁判所は違法という評価を行うことになる。[1]

---

1) もっとも、ひとくちに行政活動といっても、一般の国民とそれほど変わらない立場で行われるものもある（たとえば、職員が日々使用する事務用品の購入）。このような行政

第1部　入門編

> 💡 **KEY WORD**
> このような行政法の存在形式のことを行政法の**法源**という。

　行政法を構成する最も主要な部分は、国会が制定した数多くの**法律**であり、【設問】に登場する道路交通法も、そのような法律の1つである。また、国会の法律のほかにも、法律より上位の規範である（したがって、法律の内容を規制する）憲法、法律の承認（＝授権）に基づいて行政機関（☞**第4講**）が制定する規範である**命令**（たとえば、内閣が制定する政令、各省大臣が制定する省令）、地方公共団体の機関が制定する規範である**条例・規則**（以上は、すべて成文の規範である）、さらには、**慣習法**、**条理法**（法の一般原則）（これらは不文の規範であり、成文の規範を補足するものである）から行政法は成り立っている。

　それでは、受講生の皆さんが、公共政策を学んだり研究したりするうえで、行政法の知識が必要となるのはどうしてだろうか。本講では、行政法を学習する手始めとして、受講生の皆さんの多くがすでにもっているか、近い将来に取ることを計画しているだろう自動車の運転免許を例にとって、国民の行動を規制する行政活動（ここでは、国・地方公共団体などが主体となって行う規制といった意味合いで、**行政規制**という表現を使用する）と公共政策との関係について、ひいては、公共政策系の学部・大学院において行政法を学習する意義について考えてみることにしよう。

2　公共政策の実現と行政法〔設問1〕

　〔設問1〕のうちの「道路交通法が運転免許の制度を定めて、自動車の運転を規制しているのはなぜだろうか」という最初の問いに対して、おそらく、皆さんの多くは、「自動車の運転は危険だから」と答えるだろう。たしかに、自動車の運転は危険である。2016年の交通事故の発生件数は49万9201件、負傷者数

　　活動は、基本的には、一般の国民の活動と同様に、民商法によって規律される（ただし、一般の国民の活動と同様の規律だけでよいか、という問題はある〔☞**第15講**〕）。したがって、行政法をもう少し厳密にいえば、**行政活動をその特殊性において規律する法**ということになる。
2）　本書の設問では登場しないが、**条約**も行政法を構成する成文の規範であり、法律より上位に位置づけられる（ただし、憲法との上下関係については争いがある）。

は61万8853人、交通事故による死者数は3904人である（後掲警察庁HP）。そして、道路交通法も、「道路における危険を防止し、その他交通の安全と円滑を図り、及び道路の交通に起因する障害の防止に資することを目的とする」（1条）と規定しており、その目的として、「道路における危険を防止」することや「交通の安全」を図ることを掲げている。したがって、〔設問1〕の最初の問いに対して「自動車の運転は危険だから」と答えることは、別に間違いではない。しかし、この「自動車の運転は危険だから」という答えが100点満点のものといってよいかどうか、については、もう少し深く掘り下げて検討する必要がある。

☞ POINT
法律の趣旨・目的を調べるときには、まず、冒頭の第1条に置かれている**目的規定**を読もう。

まず、「自動車の運転は危険だから」というのであれば、しかも、1年間のうちに交通事故によって4000人近くもの命が失われているのであるから、交通事故の犠牲者となるかもしれない国民の安全第一、人命第一という立場をとると、極端なことをいえば、そもそも自動車の運転を全面的に禁止する法律が考えられる。また、そこまではいかないとしても、たとえば、マイカーの運転だけは禁止する（もちろん、その埋め合わせとして公共交通機関の整備が必要となる）という法律もありうるはずである。しかし、現行の道路交通法は、自動車の運転をそこまで厳しく規制していない。それは、どうしてなのだろうか。

ここで、皆さんは、直感的に「自動車の利用やマイカーの運転が禁止されると、不便になる」と思うのではないだろうか。そして、この「不便になる」の中身をもう少し考えると、大きく「個々の国民の移動にとって不便である」という側面と「社会全体の発展にとって不便である」という側面があるだろう。このうちの前者の側面は、国民の自由に関係し（後で詳しく触れる）、後者の側面が、〔設問1〕の「運転免許の制度の前提にはどのような公共政策があるのだろうか」という問いに関係してくる。道路交通法は、たしかに「道路における危険を防止」することや「交通の安全」を図ることを目的とするものであるが、交通の「円滑」を図ることも目的としていることから明らかなように、（交通事故の可能性をゼロにするという意味で）国民の生命や身体の安全を絶対視するものではなく、同法の根本には、いわば「自動車は社会全体の利益のために役立つ

ものであり、人や物の移動の手段として積極的に活用していくべきである」という公共政策があると考えることができる。インターネットの法令データ提供システム（http://elaws.e-gov.go.jp/search/elawsSearch/elaws_search）を使って道路交通法と同じように「道路」という文言を含む名称の法令（＝法律および命令）を検索すると、90件ヒットするが、たとえば、道路運送法は「道路運送の総合的な発達」を図ることを目的の1つとしており（1条）、また、道路法も「交通の発達に寄与」することを目的の1つとしている（1条）。つまり、自動車の運転免許という制度の前提には、まず、自動車を社会全体の利益のために積極的に活用していくという公共政策があり、その上に、国民の生命や身体をはじめ、自動車の利用によって損なわれるおそれのある利益を保護するという（また別のレベルの）公共政策があると理解することができるのである。

　受講生の皆さんは、この数年間でさまざまな公共政策を学び、あるいは、研究していくことになるわけであるが、現実の世界において公共政策を策定して実施する主な担い手となるのが、国・地方公共団体である。ところが、国・地方公共団体が公共政策を策定して実施していく過程において、さまざまな利益が損なわれてしまうことがある。まさしく、交通事故による負傷者や死者の発生は、その最たる例である。そこで、**公共政策の策定と実施による社会全体の利益（＝公益）の実現とその過程で損なわれるおそれのある利益、とりわけ、国民の権利・利益（＝個別的利益）をどのように調整すべきか**、ということが問題となる。そして、これら両者の調整のあり方を探究することこそが行政法の第一次的な役割であるといってよいだろう。

3　行政規制の対象（公的領域と私的領域）〔設問2〕

　次に、「自動車の運転は危険だから」というのであれば、どのような場所においても自動車の運転は規制すべきであり、自動車を運転するためには免許が必要であるということになるのだろうか。より具体的に、〔設問2〕の「道路交通法は自宅の庭（ただし豪邸の広大な庭である）で自動車の運転をすることを規制しているだろうか、あるいは、規制すべきだろうか」という問いを考えてみよう。

まず、道路交通法は、【設問】において引用しているように、「自動車及び原動機付自転車（……）を運転しようとする者は、公安委員会の運転免許（……）を受けなければならない。」（84条1項）と規定するとともに、「何人も、第84条第1項の規定による公安委員会の運転免許を受けないで（……）、自動車又は原動機付自転車を運転してはならない。」（64条1項）と規定しているが、同法において

> ☞ POINT
> 法律がある用語をどのような意味で使用しているかを調べるときには、まず、法律の総則部分に置かれている**定義規定**をみよう。

「運転」とは、「道路において、車両又は路面電車（……）をその本来の用い方に従って用いること」（2条1項17号）を意味し、さらに「道路」とは、「道路法（……）第2条第1項に規定する道路、道路運送法（……）第2条第8項に規定する自動車道及び一般交通の用に供するその他の場所」（同条1項1号）を意味する。したがって、道路交通法上は、「道路」や「自動車道」だけではなく、「一般交通の用に供するその他の場所」において自動車を運転するときにも免許が必要である。いわゆる私道はもちろんのこと、一般の人が比較的自由に出入りできる大学の構内の通路などは、「一般交通の用に供するその他の場所」に当たるだろうが、さすがに自宅の庭はこれに当たらず、自宅の庭で自動車の運転をするときは、道路交通法の規制を受けない。

とはいえ、たとえ自宅の庭であっても、それなりのスピードを出せるほどの広さがあれば、自動車の運転が危険であることに変わりはないだろう。ある程度のスピードを出した自動車が庭木や塀に衝突すれば、運転者や同乗者が死傷するかもしれないし、場合によっては、近くに居合わせた家族や来客を巻き込む事故を起こしてしまうかもしれない。このように、ひとくちに「自動車の運転は危険だから」といっても、その自動車の運転による危険が、自宅の庭のような**私的領域**にとどまるものであるときについてまで、道路交通法は規制をしていない。道路交通法が規制するのは、あくまでも、**公的領域**における自動車の運転であり、自動車の運転による危険が**社会公共の秩序と安全**を脅かすものであるときなのである。

そして、自動車の運転がどれほど危険だとしても、それが自宅の庭のような私的領域内にとどまるものであるかぎり、行政規制はその危険に対処すべきで

第1部　入門編

> 【コラム：ふぐによる食中毒への地方自治体の対応】
>
> 　行政規制は公的領域にとどまるのであり、私的領域に及ばないというのは、最近話題に上ることの多い「食の安全」に関しても同様である。食品衛生法が規制しているのは「販売」（これには「不特定又は多数の者に対する販売以外の授与」が含まれる。5条）や「営業」（4条7項）などであり（☞第6講）、自分で育てたり捕まえたりした動植物を自分で調理して食べることは規制していない。
>
> 　また、魚のふぐによる食中毒のニュースを耳にしたことがあるだろう。2016年のふぐによる食中毒の発生件数は17件（家庭内13件）、患者数は31人（家庭内18人）、死者数は0人である（後掲厚生労働省HP）。大阪府では、ふぐ毒による食中毒を防止するため1948年に全国に先駆けて条例を制定したとされ（後掲大阪府HP）、現在の大阪府の条例（大阪府ふぐ販売営業等の規制に関する条例。昭和59年大阪府条例第44号）は、「ふぐ販売営業」（2条1号・3条1項）と「業としてふぐの処理、加工、調理又は販売に従事」（12条1項）することを規制しているが、自家用にふぐを捌くことまでは規制していない。他方で、京都府の条例（京都府ふぐの処理及び販売の規制に関する条例。昭和51年京都府条例第44号）は、端的に「何人も、食用に供する目的で有毒部位（ふぐの処理をされたものを除く。）の調理、加工又は販売をしてはならない。」（4条）と規定し、「ふぐの処理」すなわち「食用に供する目的で、ふぐの卵巣、肝臓、胃腸その他の人の健康を損なうおそれのある部位として規則で定めるもの（以下「有毒部位」という。）を完全に除去すること又は有毒部位に塩蔵処理等を行うことにより人の健康を損なわないようにすること」（2条1項）への従事に関しては免許を要求し（3条1項）、これらに違反した者に対して罰則（「2年以下の懲役又は50万円以下の罰金」）を科すものとしている（24条）。したがって、大阪府の条例と京都府の条例を比べると、少なくとも文面上は、行政規制の対象範囲が異なるのであり、自家用にふぐを捌くことの危険が私的領域にとどまるものであると考えると、大阪府の条例のようになるだろうし、もはや公的領域にまで及んでおり、行政規制を必要とするほどのものであると考えると、京都府の条例のようになるであろう。上記のふぐによる食中毒の発生状況をみると、ほとんどは家庭内で発生しているので、後者の考えも十分成り立つのではないだろうか。

はない。たしかに、国民のある活動に伴う危険が私的領域にとどまるものなのか、それとも、公的領域にまで及んでいて、それゆえ行政規制を必要とするほどのものなのか、という判断は、人によって異なりうるものである。しかし、ある活動に伴う危険が私的領域にとどまると判断される以上、その活動は国民

の自由に属するのであり、仮にその活動によって何らかの被害が発生することが予測されるとしても、行政規制の対象とすることは、正当な根拠を欠くものであり、国民の自由の侵害である。もちろん、自宅の庭で自動車を運転した結果、事故を起こして他人を死傷させた場合には、民法に基づいて損害賠償責任を負う（民法709条）ことがあるし、刑法に基づいて処罰されることもある。しかし、そのことと行政規制が許されるべきかどうかという問題とは別の話である。

4　行政規制の多様性〔設問3〕

(1)　行政規制と国民の自由

　さらに、「自動車の運転は危険だから」といっても、公的領域において自動車の運転を規制する手段は、自動車の運転免許制度に限られるのではなく、そのほかにも色々な手段が考えられるだろう。そこで、〔設問3〕の「運転免許の制度のほかに、自動車の運転を規制するためにどのような手段が考えられるだろうか」という問いを考えてみよう。

　この問いを考えるためには、まず、〔設問1〕において検討したように、「自動車を社会全体の利益のために積極的に活用していく」という根本的な公共政策と「国民の生命や身体をはじめ、自動車の利用によって損なわれるおそれのある利益の保護」とのバランスをとる必要があり、とりわけ〔設問2〕の検討において触れたように、後者の要素は、「自動車の運転が社会公共の秩序と安全に与える危険の防止」といいかえることができる。そして、これらの2つの要素に付け加えなければならない要素がもう1つあり、それは、国民が自分で自動車を運転してどこに行こうと本来は**国民の自由**であるということ、簡単にいえば、「自動車を運転する国民の自由の尊重」である[3]。したがって、行政規制の手段は、危険の防止という当該規制の目的を実現するために十分なものでな

---

　3)　憲法22条1項は、「何人も、公共の福祉に反しない限り、居住、移転及び職業選択の自由を有する。」と規定し、自己の移動したいところに移動できるという点での人身の自由を保障している。

> **KEY WORD**
> 自動車の運転免許制度のように国民が本来は自由にできる行為を一律に禁止したうえで、一定の安全性の基準を充たした場合にその禁止を解除する行政規制の手段を行政法学では**許可（警察許可）**という。

ければならないことは当然であるが、それだけではなく、国民の自由をできるかぎり制限しないものでなければならず、さらに、当該規制によって制限される国民の自由の内容・程度は、当該規制によって防止される危険の重大性に見合ったものでなければならない（**比例原則**）。そこで、行政規制の具体的な手段を考えるにあたっては、第1に、当該規制の前提にある根本的な公共政策、第2に、当該規制によって防止しようとする危険の重大性、第3に、当該規制によって制限される国民の自由の内容・程度について、いわば「三角測量」が要求されるのである。

　まず、自動車の運転が危険であるとはいえ、自動車の台数が非常に少なく、それゆえ自動車の危険がそれほど大きくない社会であれば、強力な行政規制は必要ではないかもしれない。そして、行政規制に頼らなくても、自動車の運転が社会公共の秩序と安全に及ぼす危険を防止することは、それなりに可能である。たとえば、交通事故が発生したときに加害者が被害者に支払うべき損害賠償の額を特別に引き上げることにすれば、どうだろうか。万が一交通事故を起こしたら莫大な賠償金を支払わなければならないとしたら、国民は自動車をより慎重に運転するのではないだろうか。これは、民法上の損害賠償制度を活用して、自動車の運転の危険性に対処しようとするものである。

　また、行政規制を導入するとしても、自動車の運転のすべてを対象とするのではなく、自動車の運転のうちの特に大きな危険を伴う行為を禁止し、これに違反して当該行為を行った者に対して罰則を科すという手段（☞第8講）も考えられる。普通の国民は、罰則を科されたくないので、当該行為を行わないだろう。現行の道路交通法は、自転車の運転について、このような規制の手段を用いている。すなわち、現行の道路交通法は、自転車の運転について免許制度を導入していないが、たとえば、「何人も、酒気を帯びて車両等を運転してはならない。」（65条1項）と規定しており（「車両等」の中には自転車も含まれる。2条1項8号・11号）、これに違反して酒に酔って自転車を運転した者に対しては罰則

を科すものとしている（117条の2第1号。酒気帯び運転と酒酔い運転の違いについて☞第3講）。自転車の運転もたしかに危険ではあるが、しかし、自動車の運転と比べると、その危険はそれほど大きくない。

　さらに、自動車の運転が社会公共の秩序と安全に与える危険に対処するために、免許制度を導入するとしても、自動車の運転のうち、その危険が特に大きいものだけを免許制度の対象とすることも考えられる。たとえば、国民が個人的にマイカーを運転することよりも、タクシーが客を乗せて走ることやバスが多数の乗客を運ぶことの方が、社会公共の秩序と安全に与える危険性ははるかに大きいだろう。実は、わが国の自動車法規の歴史を紐解くと、最初の自動車法規は、1903年8月20日付愛知県令第61号の「乗合自動車営業取締規則」であるとされ、この規則は、「乗合自働車営業ヲ為サムトスル者」に対して「営業開始前ニ県庁ニ願出許可ヲ受ク」ことを要求するとともに、「車体及附属品ノ制限」、「運転手及車掌ノ資格並ニ服装」、「運転手及車掌ノ就業ニ関スル制限」、「乗車賃銭」、「駐車場」に関する規定を置いていた。したがって、現実の世界においても、自動車の運転それ自体の免許制度より、乗合自動車営業の許可制度の方が先行していたのである（ただし、明治憲法下では営業の自由が保障されていなかったことにも注意する必要がある。なお、その後、1907年2月19日に制定・公布された警視庁令第9号の「自働車取締規則」には「自家用自働車ニ対スル規定」も置かれ、「自家用自働車ヲ自ラ運転シ又ハ他人ヲシテ運転セシメムトスル者ハ……警視庁ニ願出免許証ヲ受クヘシ」、「前項ノ場合ニ於テ必要アリト認メタルトキハ試験ヲ行フコトアルヘシ」と定められていた）。

　そして、現行の道路交通法は、自動車の運転免許制度を導入するとともに、自動車の運転者に対してさまざまな義務を課しており（上記の酒気帯び運転の禁止もその1つである）、これらの義務に違反した者に対する制裁として、運転免許の取消し・停止（103条）、罰則を予定している。[4]　仮に、今後、自動車の運転

4）　道路交通法上の義務に違反した者に対して罰則を科すという制度においては、事件数があまりにも多いため、罰則を科すために必要な刑事手続がパンクしかねないという問題が発生してしまう。現行の道路交通法は、この問題に対処するために、罰則を科される行為のうちの一定のもの（＝反則行為）について、交通反則金通告制度（125条以下）

第1部　入門編

> 【コラム：教員免許更新制】
> 　自動車の運転免許と同様に、教員免許に関しても、教育職員免許法2007年改正によって、2009年4月1日から更新制度が導入された。この教員免許更新制は、「その時々で求められる教員として必要な資質能力が保持されるよう、定期的に最新の知識技能を身に付けることで、教員が自信と誇りを持って教壇に立ち、社会の尊敬と信頼を得ること」を目的とするもので、「不適格教員の排除」を目的とするものではない（後掲文部科学省HP）とされる。教員免許（普通免許状）の有効期間は10年間であり（教育職員免許法9条1項・9条の2第4項）、免許状の更新のためには、原則として、大学などで行われる2年間で30時間以上の免許状更新講習の課程を修了することが必要である（同9条の2第1項・3項、9条の3第1項・2項、同施行規則61条の3・61条の7）。

が社会公共の秩序と安全に与える危険について、運転免許制度では十分に対処できていないと国民を代表する機関である国会が判断して、自動車の運転（あるいはその一部）自体を完全に禁止するという可能性は、理論的にはゼロではない。しかし、国会がそのような判断をしたということは、自動車を積極的に活用していくという根本的な公共政策が転換されたということにほかならないのである。

(2)　行政規制の実効性

　さらに、自動車の運転が社会公共の秩序と安全に与える危険に対処するために、自動車の運転免許制度という行政規制の手段を採用するとしても、それによって、制度の具体的な内容が一義的に定まるわけではない。行政規制の効果がより上がるように、運転免許制度の具体的な内容について色々と工夫を施す余地がある。

　たとえば、国民がいったん免許を取得してしまえば、死ぬまで自動車の運転ができるという制度よりも、免許の有効期間を区切り、期間満了を迎える度に、国民が必要な運転技能を維持するための機会を設けたうえで、免許の更新

という特別の手続を導入しており、これによって、刑事手続にかかる負担を軽減している（☞第8講）。

を認めるという制度の方が、行政規制はより実効的なものになるだろう。現行の道路交通法では、国民が受けた運転免許の最初の有効期間は3年間とされている（92条の2）。

　また、運転免許制度の具体的な内容を工夫することによって、安全運転をしようとするインセンティブを国民に与えることもできる。そのようなインセンティブの具体例の1つとして、道路交通法1993年改正によって導入された優良運転者の制度は、運転免許を受けた者のうち、一定の期間無違反を継続した者を優良運転者とし、優良運転者に対して、免許証の有効期間をそれまでの3年間から5年間に延長する、優良運転者であることを免許証上明らかにする、免許証の更新時講習の講習事項および講習時間を軽くする、手数料を軽減するなどの優遇措置を与えている。

5　まとめ

　本講では、「道路交通法が運転免許の制度を定めて、自動車の運転を規制しているのはなぜだろうか」という問いと、それに対して想定される「自動車の運転は危険だから」という答えを出発点として、行政規制と公共政策との関係、そして、行政規制はあらゆる危険に対処するものではなく、あくまでも、社会公共の秩序と安全を脅かす危険に対処するものであること、さらには、行政規制によって防止される危険の重大性、それに応じて行政規制によって制限することが許される国民の自由の内容・程度、行政規制に期待される実効性の度合いにおいて、行政規制の手段が多様なものでありうることをみてきた。次講以降では、具体的なケースに即して、行政活動を規律する法である行政法の内容をより詳しくみていくことにしよう。

　ところで、すでに自動車の運転免許をもっている皆さんのほとんどは、まずは、都道府県公安委員会によって指定された自動車教習所（＝指定自動車教習所）に通って卒業検定をパスした後に、都道府県の運転免許試験場で学科試験に合格して、免許証を手にしたのではないだろうか。各自動車教習所のHPをみると、学校法人の形態をとるものや株式会社の形態をとるものもあるが、道路交

通法上は、指定自動車教習所の卒業証明書（99条の5第5項）の交付を受けた者は、1年以内であれば、運転免許試験のうちの技能に関する試験が免除されることになっている（97条の2第1項2号）。このように、本来は国・地方公共団体などが主体となって行う行政規制の一部を国民自身が担うケースがあり、こうしたケースが増えているのが、最近の行政法の1つの特徴である（☞第4講）。

【発展問題：脱原発論・卒原発論】
　交通事故による死者数は、1970年の1万6765人を頂点として（1980年代から90年代前半にかけて増加したものの）基本的には減少する傾向にある（後掲警察庁HP）。しかし、既に触れたように2016年の死者数は依然として3904人もおり、今後この数がただちに激減することは見込めそうにもない。それにもかかわらず、国民を代表する機関である国会は、自動車の運転免許制度を大きく変えようとしないのであるから、少し冷たい言い方になるかもしれないが、相当数の人命が失われる可能性（＝リスク）を容認して、自動車を積極的に活用していくという公共政策を維持していると考えざるをえない。2011年3月11日に発生した東日本大震災に伴う福島第一原子力発電所事故以降、原子力発電所の活用については、安全第一、人命第一という立場から脱原発論・卒原発論が唱えられるようになっているが、これに対しては、たとえば、次のように自動車のリスクと原発のリスクを比較することによって、反論が行われるようになっている。「もちろん、事故の危険性が図抜けて大きい、という場合には脱原発という決断は仕方がないかもしれない。しかし、数字で考えると、どうもそうはならないのではないか。1つの方式として、事故の危険をコストではかってみよう。今回の福島第一の事故の被害は、政府のコスト等検討委員会の報告によると5兆8000億円だという。そして、この委員会はこのような事故は40年に1回起こるという前提でこのコストを発電コストに換算している。これは、日本が原発の建設を本格的に始めてからほぼ40年経って今回の事故が起きた、ということを考慮に入れているからだろう。そこで、このコストは日本人1人あたり年あたりどれだけになるかを求めてみると、上の被害を1億人×40年で除して1500円／人・年という答えが出てくる。そこで、比較のために別な例として自動車事故を取り上げよう。日本では、年間ほぼ5000人が自動車事故で死ぬ。人ひとりの損失をどうとるか、いろいろ考えはあるだろうが、1人5000万円とすると年間2500億円となる。これを人口1億で除すると2500円／人・年という結果になる。」（茅陽一「原子力と自動車の安全性」日本原子力学会誌54巻8号〔2012年〕1頁）
　このような自動車のリスクと原発のリスクを比較する議論は当を得たものだろうか、そうでないとすれば、どこに問題があるのだろうか。

【参考文献・参考HP】
・阿部泰隆「行政介入の限界（やわらか頭の法戦略）」法学セミナー432号（1990年）84頁以下
・道路交通政策・自動車法規の歴史について
　　道路交通問題研究会編『道路交通政策史概観（論述編、資料編）』プロコムジャパン、2002年）
　　自動車工業会『日本自動車工業史稿(1)(2)』（自動車工業会、1965年〜1967年）
・交通事故に関する統計について
　　https://www.npa.go.jp/publications/statistics/koutsuu/index.htm（警察庁HP）
・ふぐ毒の危険性、ふぐ食中毒に対する地方公共団体の対応について
　　http://www.mhlw.go.jp/topics/syokuchu/poison/animal_det_01.html（厚生労働省HP）
　　http://www.pref.osaka.lg.jp/shokuhin/hugu/index.html（大阪府HP）
・教員免許更新制について
　　http://www.mext.go.jp/a_menu/shotou/koushin/（文部科学省HP）

第2講　交通一斉検問──法律による行政の原理

> 【設　問】
> 自動車を運転していると警察による一斉検問に遭遇することがある。年末には、全国各地で自動車に対する一斉検問が実施されたというニュースを見聞きすることもあるだろう。そこで次の問いを考えてみよう。
> 〔設問1〕　年末に行われるような自動車の一斉検問は、何のために実施され、いかなる効果をもつものだろうか。
> 〔設問2〕　一斉検問の実施に関するルールが全くなければ、警察が好き勝手に検問を行い、ドライバーの権利・自由が損なわれるおそれがある。そのようなルールは警察が自ら作れば足りるだろうか。それとも他の機関が定めなければならないだろうか。
> 〔設問3〕　自動車の一斉検問はドライバーの任意の協力に基づいて行われるに過ぎないものだろうか。それとも、ドライバーに検問に応じることを強制するものだろうか。それぞれの場合において、一斉検問を実施するに当たり、どのようなことが遵守されなければならないだろうか。

1　本講の課題

「法律による行政の原理」または「法治主義」は行政法の最も重要な原則であり、公共政策を実現するための法制度を設ける際には必ず注意をしなければならない。「法律による行政の原理」はなぜ存在し、いかなる内容を有するのか。【設問】の自動車検問を例に、それらの基本的事項を理解することが本講の課題である。

2 交通一斉検問の目的と効果〔設問1〕

(1) 自動車検問の種類

【設問】の自動車検問は、警察官が走行中の自動車を停止させて、自動車を見分したり、ドライバーまたは同乗者に対して必要な質問を行ったりすることと定義される。自動車検問はその目的により、①交通法規違反の取締りのための交通検問、②不特定の犯罪の予防・検挙のための警戒検問、③特定の犯罪が発生した場合に、犯人の検挙・捕捉および捜査情報の収集のために行われる緊急配備検問に分類されている。また、検問の方法の点では、その外観等から特定の自動車についてのみ停止を求める場合と、通行する自動車を無差別に停止させる場合に区別される。年末に実施されるような自動車検問は、通行する自動車を①の目的で無差別に停止させるものであり、交通一斉検問と呼ぶことができる。

(2) 交通一斉検問の目的

このような交通一斉検問は相当以前から実施されているが、なぜ行われるようになったのだろうか。それは、モータリゼーションの進展が関係している。すなわち、自動車が普及し、人々の生活の中で広範に利用されるようになった結果、道路交通の危険が増大するに至った。国土交通省の統計によれば、わが国の乗用車、貨物車等を合わせた自動車保有台数は、終戦直後の1948年頃は約24万台であったが、1970年頃には約1800万台になっている。他方で、全日本交通安全協会の統計を見ると、交通事故の発生件数は1948年は約2万1000件であったが1970年には約71万8000件に達し、交通事故死者数も約3800人から約1万6800人に増加している。

交通事故は被害者に多大な損害を及ぼす。のみならず、事故の処理に費用を要したり、被害者の労働能力が喪失・低下したりする状況などを想像すれば分かるように、交通事故の増加は経済・社会全体に対しても損失をもたらす。交通事故の危険に対処する方法として、観念的には自動車の利用を全面的に禁止

することも考えられる。しかし、自動車の有用性、利用の全面的禁止に伴う社会的・経済的損失等に鑑みても、そのような選択肢は非現実的である。

そこで、自動車の利用を認める一方で、交通事故の発生を抑止するために、**第1講**で説明された運転免許の制度が導入されるとともに、さまざまな交通法規を制定し、その違反者に対して警察による取締りが行われている。だが、たとえばスピード違反は外見上明らかであり、違反車両を発見した時点で取締りが可能であるが、飲酒運転や無免許運転などはドライバーとコンタクトを取らなければ分からないことが普通である。飲酒運転や無免許運転などについては、実際に交通事故が起こってから判明することも少なくない。それゆえ、それらの違反への対策として、自動車を無差別に停止させる交通一斉検問が実施されているのである。

なお、交通事故の発生を抑止する方策は、交通法規違反の取締りに止まるものではない。スピードの出しにくい道路の整備、自動車の安全技術の改善、ドライバーの意識の向上などもある。飲酒運転についていえば、「ハンドルキーパー運動」[1]の推進もその排除ひいては交通事故の抑止に寄与する。つまり、さまざまな手段を組み合わせて交通事故の発生防止が追求されているのであり、交通法規違反の取締りや交通一斉検問はその一部に過ぎない。

(3) 交通一斉検問の効果

以上のような目的をもつ交通一斉検問は、交通事故の抑止に対して一定の効果を発揮していると考えられる。2005年警察白書を見ると、交通法規違反の取締り件数が増加すると交通事故死者数が減少し、逆に交通法規違反の取締り件数が減少すると交通事故死者数が増加するという、一定の相関関係が認められるとの指摘がある。また、交通一斉検問は、飲酒運転や無免許運転などへの対策であるのみならず、自動車を停止させて運転免許証をチェックすることか

---

[1] 「ハンドルキーパー運動」とは、自動車によりグループでアルコールを提供する飲食店に来たときに、その飲食店の協力を得て、グループ内で酒を飲まず、他の者を安全に自宅まで送る者(ハンドルキーパー)を決め、飲酒運転を根絶しようという運動である。全日本交通安全協会などが推進している。

ら、ドライバーに控え目な運転を促す効果も期待できるだろう。

　しかし、交通一斉検問は局所的にしか行われないため、「検問にひっかかったのは不運」と考えられがちであることも否定できない。1993年版犯罪白書は、道路交通法違反で実刑を受けた者、執行猶予となった者に対するアンケートを紹介しているが、それによれば、実刑を受けた者の34.5％、執行猶予になった者の36.8％が、「交通取締りで捕まるのは、運が悪いからだ」と答えたという。さらに、交通一斉検問は、その効果を大きくするために主に幹線道路で行われている。その一方で、生活道路における交通一斉検問については、場所の確保が困難であるとともに、そこで発生する交通事故の抑止にとってあまり有効でないといわれている。生活道路の場合にはむしろ、見通しがよく、スピードの出しにくい道路の整備といったことが要請される。

3　交通一斉検問に対するドライバーの権利・自由の保障〔設問2〕

(1)　「法律による行政の原理」

　さて、交通一斉検問については、それを受けるドライバーの立場も考える必要がある。とりわけ、交通一斉検問が交通事故の抑止にとって役に立つと一般的にはいえても、警察が好き勝手に検問を行えば、ドライバーがもつ移動の自由が損なわれることになる。第1講で見たとおり、行政規制においては、それが達成しようとする公益のみならず、規制によって制限される国民の権利・自由にも配慮しなければならない。

　恣意的な交通一斉検問からドライバーの権利・自由を保護する方法としては、一斉検問の実施に関するルールを設けて、警察官をそれに従わせることが考えられる。実際、警察内部の通達で、自動車検問に関するルールが定められているようである。しかし、通達はあくまでも警察が自ら作ったルールであり、任意に改廃することができるので、それだけではドライバーの権利・自由を保護する手段として不十分である。

> **KEY WORD**
> 一般に**通達**とは、上級の行政機関が下級の行政機関に対して発する命令のことである。特に税金の徴収に関しては、この通達が数多く出されている（☞第4講）。

そこで、警察以外の機関がルールを定めるべきところ、立憲主義に基づく日本国憲法のもとでは、まずは国会が法律の制定を通じてその役割を担うものとされている。このことを行政活動一般に即していえば、「**行政活動は法律の定めるところにより、法律に従って行わなければならない**」ということであり、これが「**法律による行政の原理**」または「**法治主義**」という考え方である。行政活動を法律で拘束することによって、恣意的な行政活動が抑制され、いかなる場合にどのような行政活動が行われるかを予測することが可能になり、国民の権利・自由の保護が図られる。また、法律は全国民の代表たる国会が制定するので、行政活動が民主的にコントロールされることにもなる[2]。

(2) 「法律の優先の原則」

交通一斉検問に関わる法律を見ると、警察法2条2項に次のような規定がある。

警察法2条（警察の責務）
② 警察の活動は、厳格に前項の責務の範囲に限られるべきものであつて、その責務の遂行に当つては、不偏不党且つ公平中正を旨とし、いやしくも日本国憲法の保障する個人の権利及び自由の干渉にわたる等その権限を濫用することがあつてはならない。

この規定は警察活動全般に関するものであり、交通一斉検問にも適用される。したがって、交通一斉検問も警察権限の濫用にわたるものであってはならない。先に述べたように警察官が好き勝手に検問を行えば、それは警察法2条2項違反とされるだろう。一般に、「**行政活動は既存の法律に違反してはならない**」ということは、「**法律の優先の原則**」と呼ばれている。「法律の優先の原則」は、あらゆる行政活動に妥当するものである。

(3) 「法律の留保の原則」

「法律の優先の原則」は「法律による行政の原理」の内容の1つであり、確か

---

2) なお、条例も住民の代表である地方議会が制定するので、法律に準ずるものとして位置づけられる。

に重要な原則である。だが、それだけでは十分でない。というのも、「法律の優先の原則」を裏返して考えると「法律がなければ行政は自由に活動できる」と理解されかねず、それだけでは行政活動によって国民の権利・自由が損なわれるおそれが残るからである。たとえば、既存の法律に違反していないからといって、行政が新たな税金を自由に導入できるとすれば、国民の財産権の保障は危うくなる。それゆえ、国民の権利・自由を保障し、さらには行政活動に対する民主的コントロールを確保するために、「**一定範囲の行政活動については法律に根拠がなければ行うことができない**」という原則も立てられている。これが「**法律の留保の原則**」である。

「法律の留保の原則」も「法律による行政の原理」の内容を構成するが[3]、日本国憲法にも部分的に明示されている。たとえば、憲法84条は「あらたに租税を課し、又は現行の租税を変更するには、法律又は法律の定める条件によることを必要とする。」と定めている。この規定は租税法律主義と呼ばれているが、ここでは税金の徴収について「法律の留保の原則」が具体化されていると見ることができる。

(4) 「法律の留保の原則」の及ぶ範囲

もっとも、日本国憲法が明示的に規定している場合以外に、「法律の留保の原則」がいかなる範囲の行政活動に対して及ぶのかという点については議論があり、次のような見解が主張されている。

① 侵害留保説

国民の権利・自由を侵害する行政活動についてのみ、法律の根拠を要求する見解である。この見解によると、たとえば、飲食店に対する営業停止命令は営業の自由を侵害するものなので、それを行うためには法律の根拠を必要とするが、補助金の交付や市町村による水道の供給に関しては、法律の根拠を要しない。

---

3) さらに、「法律による行政の原理」には「法律の法規創造力の原則」も含まれる。これは、法律のみが法規（国民の権利義務に関する規範などと定義される）を定めることができるという原則である（☞**第5講**）。

第1部　入門編

> **KEY WORD**
> **公行政**とは、警察行政や環境行政など、直接に公益の実現を目的とする行政活動を指す。その対概念が**私行政**であり、これは文房具などの物品の購入のように、国・地方公共団体などが国民と同様の立場で行う行政活動のことである。

②　権力留保説

　権力的な行政活動を行う場合に法律の根拠を要求する見解である。権力的な行政活動とは、相手方である国民の同意を得ることなく、一方的に権利義務を変動させたり、身体や財産に強制を加えたりする行政活動と定義される。それに対して、非権力的な行政活動については、この見解によれば法律の根拠を必要としない。したがって、飲食店に対する営業停止命令は行政が権力的に営業できなくするものなので、法律の根拠を必要とするが、行政が国民と契約を締結して補助金を交付する場合は、法律の根拠を要しないことになる。市町村による水道の供給も、契約を通じて行われるので同様である。

③　全部留保説

　行政活動が権力的か非権力的かを問わず、公行政についてはすべて法律の根拠を要求する見解である。この見解によると、飲食店に対する営業停止命令はもちろん、契約を通じて補助金を交付する場合や市町村による水道の供給においても、法律の根拠が必要とされる。

④　重要事項留保説

　行政の重要事項に関して法律の根拠を求める見解である。この見解によれば、飲食店に対する営業停止命令に加えて、たとえば、補助金が国民の生活に大きな影響を与えるものである場合、あるいは国や地方公共団体の基本政策に関わるものである場合には、法律の根拠を要すると考えられる。

　もっとも、いずれの見解においても、「**国民の権利・自由を侵害する行政活動は法律の根拠を要する**」ということは承認されている。そのため、この命題は「**侵害留保原理**」といわれることがある[4]。

---

[4] なお、**第1講**で取り上げた自動車の運転免許は、それによって自動車を運転できるようになるので、「侵害留保原理」によれば法律の根拠を要しないように思われるかもしれない。しかし、もともと国民は自動車を運転する自由を有しており、運転免許の制度は自動車の運転を一律に禁止した上で、一定の技能と知識を有する者に限って免許を与え

(5) 「法律による行政の原理」の実現の保障

なお、国家公務員法98条1項および地方公務員法32条によって、公務員は法令遵守義務を負っており、「法律による行政の原理」にのっとって行政活動を行うことは、第一次的には当該行政活動を担当する公務員の義務である。しかし、行政活動が「法律による行政の原理」に従って行われたかどうかをチェックする仕組みがなければ、それも絵に描いた餅になってしまう可能性がある。それゆえ、「法律による行政の原理」の実現を保障するためには、行政活動を統制する仕組みが必要になってくる。そのような仕組みとして、行政組織内部での監査、国会または地方議会による統制・監視、オンブズマンなどさまざまなものがある[5]。

だが、「法律による行政の原理」の本来の目的が、恣意的な行政活動から国民の権利・自由を保護することにあるとすれば、違法な行政活動によって権利・自由を侵害された国民は、当該行政活動の是正を求めて、裁判所に訴えることができなければならない。つまり、裁判所による救済は、「法律による行政の原理」の実現を保障する仕組みとして、欠かせない役割を担っているのである。

4 交通一斉検問の性質と法律の留保の原則 〔設問3〕

(1) 交通一斉検問に関する最高裁判所の判例

先ほど、「法律の留保の原則」の及ぶ範囲に関する見解を紹介した。しかし、より大切なことは、個別の行政活動ごとに法律の根拠の要否を検討することである。では、【設問】の交通一斉検問を行うためには、法律の根拠がなければならないだろうか。そこでは、交通一斉検問がドライバーの移動の自由を侵害する活動かどうか、ということが問題になってくる。この問題に関して、まずは最高裁判所の次の判例を見てみよう。事案は、交通一斉検問によって飲酒運転

るという仕組みであるから、運転免許の制度の導入には法律の根拠を要する。
5) 行政活動を統制するさまざまな仕組みについては、芝池義一『行政法読本〔第4版〕』（有斐閣、2016年）205頁以下を参照。

の事実が判明したドライバーが、道路交通法違反で起訴されたというものである。

最決昭55・9・22刑集34・5・272

「警察法2条1項が『交通の取締』を警察の責務として定めていることに照らすと、交通の安全及び交通秩序の維持などに必要な警察の諸活動は、強制力を伴わない任意手段による限り、一般的に許容されるべきものであるが、それが国民の権利、自由の干渉にわたるおそれのある事項にかかわる場合には、任意手段によるからといつて無制限に許されるべきものでないことも同条2項及び警察官職務執行法1条などの趣旨にかんがみ明らかである。しかしながら、自動車の運転者は、公道において自動車を利用することを許されていることに伴う当然の負担として、合理的に必要な限度で行われる交通の取締に協力すべきものであること、その他現時における交通違反、交通事故の状況などをも考慮すると、警察官が、交通取締の一環として交通違反の多発する地域等の適当な場所において、交通違反の予防、検挙のための自動車検問を実施し、同所を通過する自動車に対して走行の外観上の不審な点の有無にかかわりなく短時分の停止を求めて、運転者などに対し必要な事項についての質問などをすることは、それが相手方の任意の協力を求める形で行われ、自動車の利用者の自由を不当に制約することにならない方法、態様で行われる限り、適法なものと解すべきである。」

(2) 交通一斉検問を任意の協力に基づいて行われるものと捉えた場合

この判例の読み方はいくつかあるが、判例は交通一斉検問はドライバーの任意の協力に基づいて行われるものに過ぎないと考えているというのが1つの理解である。この理解によれば、交通一斉検問はドライバーの移動の自由を侵害するものではなく、「侵害留保原理」による限り、法律の根拠は要しないことになる。もっとも、判例が、ドライバーは交通法規違反の取締りに協力すべきものであると述べていることには注意したい。その理由は、自動車の運転が交通事故の発生のリスクを伴うものであり、交通法規違反の取締りがその低減に寄与しうるということにあると思われる。

しかし、交通一斉検問をドライバーの任意の協力に基づいて行われるものと捉えた場合、交通一斉検問のやり方はその範囲内に止まるものでなければなら

---

6) ただし、全部留保説または重要事項留保説によれば、法律の根拠が必要になると考えられる。

ない。具体的には、警察官が灯火等で合図をし、これに気づかないドライバーに警笛を鳴らすなどして任意の停車を促すといったことは許されるだろう。だが、道路に障害物を置いて自動車を停止させたり、ハンドルをつかんでエンジンを切ったりすること、あるいは長時間に渡ってドライバーに執拗に質問を行ったりすることは、任意の協力の限界を超えると考えられる。

さらに判例は、交通一斉検問は交通法規違反の多発する地域等の適当な場所で実施されるべきとしている。飲酒運転についていえば、たとえば繁華街から郊外に向かう幹線道路に検問場所を設けることが考えられる。それに対して、過去に交通法規違反が認知された実績がなく、単に交通渋滞を引き起こすに過ぎない場所での交通一斉検問は不必要なものであり、警察権限の濫用として上記の警察法2条2項に反する疑いもある。そのような交通一斉検問は、他の場所での交通法規違反の取締りに割り当てるべき、警察のリソースの適正な配分の見地からも問題がある。

(3) 交通一斉検問を強制にわたるものと捉えた場合

しかしながら、以上の説明に対しては、ドライバーが検問を拒否することは実際には不可能ではないかという疑問もあるだろう。交通一斉検問を回避しようとする自動車に備えて、パトカーや白バイが迂回路で待機していることもある。むしろ、ドライバーは検問に応じることを心理的に強制されているのではないかとも思われる。交通一斉検問をそのように理解した場合、それはドライバーの移動の自由を侵害するものであるとして、法律の根拠が必要になってくる。

そうした見地から改めて先ほどの判例を読むと、判例は交通一斉検問に関する法律の根拠は警察法2条1項にあると見ていると理解することもできる。この規定は次のようなものである。

警察法2条（警察の責務）
① 警察は、個人の生命、身体及び財産の保護に任じ、犯罪の予防、鎮圧及び捜査、被疑者の逮捕、交通の取締その他公共の安全と秩序の維持に当ることをもってその責務とする。

> **KEY WORD**
> 組織規範や根拠規範のほか、行政活動を行う権限があることを前提として、その活動の適正を確保するための定めは**規制規範**と呼ばれる。上記の警察法2条2項が規制規範に当たる。

交通一斉検問に関係するのは、「交通の取締」を警察の責務として定めている箇所である。しかし、かかる規定が法律の根拠になるとすれば、他の交通法規違反の取締りのための活動もすべて、警察法2条1項を根拠に認められることになりかねない。道路交通法67条1項は、交通一斉検問の場合と異なり、特定の自動車のドライバーがその走行状態などから飲酒運転をしていると認められるときに、当該自動車を停止させてドライバーに運転免許証の提示を求める権限を警察官に与えているが、そのような規定はなくてもよいことになる。それでは、「法律の留保の原則」ないし「侵害留保原理」といっても、ほとんど意味のないものになってしまう。

そもそも警察法2条1項は、そこに記された事務を巨大な行政組織の中で警察組織に割り当てることを定めたものである。このように、**行政の事務を行政組織の中で分配する規定**は**組織規範**といわれるものに当たる。先ほどの税金の徴収に関していえば、財務省設置法3条1項は「適正かつ公平な課税の実現」を財務省の任務とし、この任務を達成するため同法4条1項17号は、「内国税の賦課及び徴収に関すること。」を財務省の所掌事務として挙げている。これらの規定も、国の税金の徴収に関する事務を財務省に割り当てることを定めたものであり、組織規範の例である。

行政活動は組織規範を前提とし、それに従わなければならない。そのことは、国民の権利・自由が侵害される場合のみならず、あらゆる行政活動に当てはまる。たとえ交通一斉検問がドライバーの任意の協力に基づいて行われるものに過ぎないといえるとしても、たとえば、ある税務署の職員が検問をすることは組織規範に反するものであり、そもそも警察の活動とはみなされない。だが、「法律の留保の原則」ないし「侵害留保原理」で求められる法律としては、組織規範だけでは足りない。組織規範に加えて、**いかなる場合にどのような行政活動を国民に対して行うことができるかということを定めた法律の規定**が要求されるのである。このような定めは**根拠規範**と呼ばれる。税金の徴収においては、たとえば所得税法や法人税法で、個人や企業にどれだけの所得が発生し

た場合に、いくらの税金を徴収できるかということが定められて初めて、所得税や法人税を個人や企業に課すことが可能になる。交通一斉検問にあっても、検問に応じることをドライバーが強制されているとすれば、どのような場合にいかなる方法で交通一斉検問を実施できるかということが、法律（おそらく道路交通法）の中で定められなければならない。

なお、交通一斉検問に関する法律の規定を定める場合には、道路に障害物を置いて自動車を停止させるなど、先にドライバーの任意の協力の限界を超えるとした行為を認める規定を設けることも考えられる[7]。しかし、法律も憲法に拘束されるので、たとえそのような行為を法律で認めるとしても、ドライバーの移動の自由などを過度に制約するものであってはならない。また、法律の規定がおかれても、単に交通渋滞を引き起こすに過ぎない場合に問題になるように、実際に行われる交通一斉検問が警察法2条2項に反してはならないことはいうまでもない。

(4) 法律で規定を設けることの限界

交通一斉検問について法律で定める場合、詳細にわたって規定を設けることが「法律による行政の原理」の理念にかなっており、できる限りそれを追求すべきだろう。しかし、詳細な規定を定めるために必要な専門的知識を国会は有していないのみならず、交通一斉検問の実施に当たっては、状況に応じた弾力的な対応も要求されるところである。むしろ、国会が詳細な規定を法律で設けようとすれば、そのことだけに多大なエネルギーを投入することになり、他の重要な法律の多くを制定することができなくなるおそれがある。

それゆえ、法律は交通一斉検問に関する基本的事項のみを定め、その法律の枠の中で、細部にわたる具体的なルールの設定は警察に委ねたり、あるいは、

---

[7] ちなみに、すでに道路交通法67条3項および同法施行令26条の2の2は、風船またはアルコールを検知する機器に呼気を吹き込ませる方法を用いたアルコール呼気検査を定めている。この検査を拒否したドライバーに対しては、同法118条の2で3か月以下の懲役または50万円以下の罰金が規定されている。ここでは、罰則の威嚇効果により、ドライバーはアルコール呼気検査を受けることを間接的に強制されているといえる。

いつ、どの場所で、いかなる方法を用いて検問を行うのかということに関して、現地の警察に判断の余地を認めたりすることが考えられる。ルールの設定を委ねる場合と個別の判断の余地を認める場合をどのように振り分けるべきなのか、という点は1つの問題であるが、それらは行政規範の制定および行政裁量の問題として論じられる。行政規範の制定と行政裁量に関する基本的事項は、それぞれ**第5講**および**第3講**で説明する。

【発展問題：米の生産調整に関する補助金】
　行政は国民の権利・自由を侵害するものに限らず、多様な活動を行っている。そこで、行政活動に対する民主的コントロールの充実等の見地から、3⑷で触れたように、「法律の留保の原則」の及ぶ行政活動の範囲を「侵害留保原理」よりも拡張すべきとして、権力留保説、全部留保説、重要事項留保説といった見解が有力に主張されている。
　ところで、米の生産過剰に対応するため、1970年前後から米の生産調整政策（いわゆる減反政策）が実施されてきた。生産調整政策の中で、さまざまな補助金が交付されてきたが、それらは必ずしも法律の根拠を有していたわけではない。たしかに、補助金は受給者の権利・自由を侵害するものではない。また、法律に基づかなくても、予算に計上されて国会の議決を経ている。しかし、補助金が国の基本的農業政策に関係するといえる場合、民主的コントロールを重視すれば、法律の根拠が必要であるとも思われる。米の生産調整に関する補助金について、法律の根拠を要求すべきだったのだろうか。考えてみてほしい。

【参考文献・参考HP】
・自動車保有台数の推移について
　http://www.mlit.go.jp/road/ir/ir-data/jroad04/index.html（国土交通省HP）
・交通法規違反の取締りおよび自動車検問について
　大谷實『新版　刑事政策講義』（弘文堂、2009年）
　川出敏裕・金光旭『刑事政策』（成文堂、2012年）
　指宿信「自動車検問」井上正仁・酒巻匡編『刑事訴訟法の争点』（有斐閣、2013年）62頁以下
　交通事故抑止に資する取締り・速度規制等の在り方に関する懇談会「交通事故抑止に資する取締り・速度規制等の在り方に関する提言」（2013年12月26日）
　http://www.npa.go.jp/koutsuu/kikaku/regulation_wg/teigen/teigen.pdf
・米の生産調整政策について
　荒幡克己『減反40年と日本の水田農業』（農林統計出版、2014年）

第3講 地方公務員の飲酒運転──行政裁量

> 【設 問】
> 　近年、各地の地方公共団体においては、飲酒運転を行った場合には原則として懲戒免職処分にするという方針に従って、公務員を懲戒免職処分にするケースが相次いで見られたが、その中には裁判で争われたものも少なくない。そこで次の問いを考えてみよう。
> 〔設問1〕　公務員の懲戒処分の制度はなぜ存在するのだろうか。
> 〔設問2〕　以前は、飲酒運転をした公務員を懲戒免職処分にするという方針を採っていた地方公共団体は多くなかった。どのような背景があって、地方公共団体が公務員の飲酒運転に対して厳しい態度で臨むようになったのだろうか。
> 〔設問3〕　地方公務員に対する懲戒処分は、地方公務員法29条1項の規定に基づいて行われる。この規定を見ると、いかなる場合にどのような懲戒処分を行うかということについて、一義的な基準を設けていない。なぜ地方公務員法29条1項はあいまいな定め方をしているのだろうか。
> 〔設問4〕　交通事故の有無などにかかわらず、飲酒運転を行った公務員を一律に懲戒免職処分にすることは違法だろうか。違法であるとすれば、それはどのような理由によるのだろうか。

1　本講の課題

　法律によって行政活動を厳格に拘束するほうが、「法律による行政の原理」の理念にかなっている。しかし、実際には法律が厳格な決め方をせず、行政活動について判断の余地を認めることがある。そのような判断の余地はなぜ認められているのか。また、判断の余地がある場合、裁判所は行政活動をどのようにコントロールするのか。これらの行政裁量をめぐる問題につき、【設問】の飲酒運転を理由とする地方公務員の懲戒処分の例に即して、その基本的事項を理解することが本講の課題である。

2 懲戒処分制度の存在理由〔設問1〕

(1) 懲戒処分とは何か

【設問】の**懲戒処分**は、公務員に一定の義務違反があった場合に制裁として行われる措置である。地方公務員に対する懲戒処分については、地方公務員法29条1項が次のような規定を設けている。国家公務員に関しても、国家公務員法82条1項に同様の規定がおかれている。

地方公務員法29条（懲戒）
① 職員が次の各号の一に該当する場合においては、これに対し懲戒処分として戒告[1]、減給、停職又は免職の処分をすることができる。
 1 この法律若しくは第57条に規定する特例を定めた法律又はこれに基く条例、地方公共団体の規則若しくは地方公共団体の機関の定める規程に違反した場合
 2 職務上の義務に違反し、又は職務を怠つた場合
 3 全体の奉仕者たるにふさわしくない非行のあつた場合

(2) 懲戒処分制度の存在理由

> **KEY WORD**
> 法令は基本的に**条**から構成されるが、1つの条を内容に応じて区分する必要があるとき、段落分けが行われ、それぞれの段落は**項**という。条または項の中においていくつかの事項が列挙されている場合、その1つ1つは**号**という。

このような懲戒処分の制度はなぜ存在するのだろうか。その理由はまず、公務員が行政組織の中に組み込まれていることにある。たしかに、公務員は1人の人間として自らの職務に当たっている。しかし、公務員の属する行政組織が組織として活動していくためには、その内部秩序を保つことが不可欠である。このことは行政組織のみならず、民間企業などおよそ組織ないし団体が存在するところでは必須の条件だろう。だが、とりわけ行政組織の場合、個々の公務員が自由に行動するのでは、組織としての一体性が確保されず、行政が追求する目的の実現がおぼつかなくなる。たとえば、警察官それぞれが

---
1) 戒告とは、公務員の責任を確認し、およびその将来の行動を戒めるものである。

好き勝手に交通規制を行っていたのでは、有効な交通安全対策はできないだろう。つまり、行政がその任務を達成するためには、行政組織ないし公務員関係の秩序を維持することが必要なのである。この点は、たとえば地方公務員法32条および国家公務員法98条1項が、公務員に対して上司の職務上の命令に従う義務を定めているところに現れている。

　また、従業員の不祥事によって企業の存立が危うくなる場合があることからも分かるように、民間企業などがその組織を維持していくためには、内部秩序を保つことのみならず、社会からの評価を損なわないようにすることも求められる。行政においても、日本国憲法前文が国政は国民の信託によるものと述べていることからうかがえるように、その活動は国民の信頼の上に成り立っていなければならない。いいかえれば、行政活動は国民の信頼を前提としているのであり、その前提を確保するために、たとえば地方公務員法33条および国家公務員法99条は、公務員に対して信用失墜行為の禁止を規定している。

　しかし、上記のような義務または禁止が定められても、違反に対する制裁の手段がなければ、それらが遵守されないことは多分に考えられる。そこで、地方公務員法および国家公務員法は懲戒処分の制度を設けており、上記のような義務または禁止に違反すれば懲戒処分が下されるといういわば威嚇効果によって、それらの遵守を確保しようとしている。そして、実際に違反行為があった場合に懲戒処分を行うことで、当該公務員が違反行為を繰り返さないようにするとともに、他の公務員に対しても違反行為をしないように促し、行政組織の秩序維持ならびに公務への信頼の確保を図っているのである。

　加えて、**第2講**で見たように、地方公務員法32条および国家公務員法98条1項により、公務員はその職務を遂行するに当たって法令遵守義務を負っているが、それに違反した場合にも懲戒処分が行われる。それゆえ、懲戒処分の制度は、「法律による行政の原理」の実現を保障する役割も担っている。

　なお、公務員の身分上の不利益措置としては、懲戒処分のほかにも**分限処分**がある。これは、勤務実績の不良、心身の故障、適格性の欠如などを理由に行われるものであり、地方公務員法28条1項および国家公務員法78条に規定がある。

【コラム：「又は」・「若しくは」、「及び」・「並びに」】

　先ほど引用した地方公務員法29条1項においては、「又は」・「若しくは」という接続詞が用いられていた。それらはいずれも、複数の語句を選択的に（英語でいうor）結びつける場合に使われる。単純に2つの語句を並べるときには「又は」が用いられ（例：「職務上の義務に違反し、又は職務を怠つた場合」）、3つ以上の語句を並べるときには「、」でつないでいき、最後の2つの語句を「又は」でつなぐ（例：「戒告、減給、停職又は免職の処分」）。「又は」で結びつけられた語句の中で、さらに細分化して語句を選択的に並べる場合には、「若しくは」が使われる。したがって、地方公務員法29条1項1号は次のような構造になる。

{ この法律 【若しくは】 第57条に規定する特例を定めた法律 } 【又は】 { これに基く条例、地方公共団体の規則 【若しくは】 地方公共団体の機関の定める規程 } に違反した場合

　他方、第2講で引用した警察法2条の中では、「及び」という接続詞が用いられていた。これと「並びに」はいずれも、複数の語句を併合的に（英語でいうand）結びつける場合に使われる。単純に2つの語句を並べるときには「及び」が用いられ（例：「日本国憲法の保障する個人の権利及び自由」）、3つ以上の語句を並べるときには「、」でつないでいき、最後の2つの語句を「及び」でつなぐ（例：「犯罪の予防、鎮圧及び捜査」）。「及び」で結びつけられた語句のグループを、さらに上位の段階で他の語句（のグループ）と併合的に並べる場合には、「並びに」が使われる。たとえば、憲法100条2項は以下のような構造となる。

　この憲法を施行するために必要な

{ 法律の制定、参議院議員の選挙 【及び】 国会召集の手続 } 【並びに】 この憲法を施行するために必要な準備手続は、

前項の期日よりも前に、これを行ふことができる。

3　飲酒運転に対する懲戒処分の厳格化の背景〔設問2〕

(1)　従来の状況

【設問】の地方公務員に対する懲戒処分は、飲酒運転は公務への信頼を損ない、信用失墜行為の禁止違反または地方公務員法29条1項3号の「全体の奉仕者たるにふさわしくない非行のあつた場合」に該当するとして、行われるものであると考えられる。飲酒運転を行った場合に一律に懲戒免職処分にするという方針は、都道府県のレベルでは、1997年に高知県が職員の飲酒運転が相次いだことに対する県民や県議会の批判を踏まえ採用したのを皮切りに、従来も若干の県で見られた。しかし、それ以外の都道府県は同様の方針を打ち出していなかった。

(2)　東名高速飲酒運転事故とその影響

ところが、1999年に発生した東名高速飲酒運転事故をきっかけに、そのような状況は変わってくる。これは、飲酒運転のトラックが普通乗用車に追突し、乗用車に乗っていた幼い姉妹が焼死したという事故である。この事故、さらには2000年に神奈川県座間市で起こった飲酒運転死亡事故の後、飲酒運転などの悪質な運転に対する厳罰化を求める世論が高まり、2001年に刑法が改正されて危険運転致死傷罪が新たに設けられるとともに、道路交通法も改正されて飲酒運転に対する罰則の強化などが行われた。[2]

その一方で、国家公務員の人事管理を担う人事院は、2000年に「懲戒処分の指針」を作成した。この「懲戒処分の指針」においては、人身事故を伴わない場合であっても、国家公務員が酒酔い運転をすれば免職、停職または減給の処分が、酒気帯び運転をすれば停職、減給または戒告の処分が下されることが定められた。[3]　これに追随して、地方公共団体の中でも飲酒運転に対する懲戒処

---

2)　その後、2013年に「自動車の運転により人を死傷させる行為等の処罰に関する法律」が制定され、現在、危険運転致死傷罪の規定はその2条および3条におかれている。
3)　酒酔い運転とは、酒気帯び運転のうち、アルコールの影響により正常な運転ができな

分の指針を厳格にする動きが見られた。

(3) 福岡市飲酒運転事故とその影響

飲酒運転に対する懲戒処分の厳格化の動きは、2006年の福岡市飲酒運転事故の後にさらに進む。これは、福岡市の職員が飲酒運転により前方の普通乗用車に追突して、乗用車を橋から海に転落・水没させ、乗っていた子供3人が溺死したという事故である。この事故を受けて2007年に道路交通法が改正され、飲酒運転に対する罰則のさらなる強化等がされた。また、同じ年に刑法も改正され、自動車運転過失致死傷罪の新設などが行われた。[4]

その一方で、政府の中央安全対策会議の交通対策本部は、2006年9月に、飲酒運転に対する国民の意識改革を進め、その根絶を図ることを目的として、飲酒運転をした公務員に対する厳正な対処等を行う旨を決定していた。その後、人事院は2008年に「懲戒処分の指針」を改正し、人身事故がなくても、国家公務員が酒酔い運転をすれば免職または停職の処分が、酒気帯び運転をすれば免職、停職または減給の処分が行われることになった。地方公共団体においても、飲酒運転に対する懲戒処分の指針はさらに厳しくなり、飲酒運転をすれば即懲戒免職処分とする旨を定めるところも増加した。2008年に三重県が実施した懲戒処分の指針に関する調査によると、2007年10月1日時点で、調査に応じた38の都道府県のうち、13が飲酒運転に対しては免職処分を行うものとし、19が免職または他の種類の懲戒処分のいずれかを行うものとしていたという。

以上の経緯からすると、飲酒運転に対する懲戒処分の厳格化の背景としては、公務への信頼の確保に加えて、公務員が範となって飲酒運転の撲滅に率先

いおそれがある状態での運転のことである。酒気帯び運転の禁止は道路交通法65条1項に定められているが、その中でも、酒酔い運転、および酒気帯び運転で「身体に政令で定める程度以上にアルコールを保有する状態」にある場合については、それぞれ同法117条の2第1号・117条の2の2第3号に罰則規定がおかれている。道路交通法施行令44条の3によれば、現在は、血液1mlにつき0.3mgまたは呼気1lにつき0.15mgで道路交通法117条の2の2第3号の罰則の対象となる。

4) 自動車運転過失致死傷罪も、現在は「自動車の運転により人を死傷させる行為等の処罰に関する法律」5条に定められている。

して取り組むべきであるという考えがあったように思われる。

4　行政裁量とその根拠〔設問3〕

(1)　行政裁量とは何か

　先ほど、飲酒運転を理由とする地方公務員の懲戒処分は、地方公務員法29条1項3号の「全体の奉仕者たるにふさわしくない非行のあつた場合」に該当するものとして行われるのだろうと述べた。しかし、「全体の奉仕者たるにふさわしくない非行のあつた場合」という文言は一義的なものではない。そのため、行政が自らその文言の意味を解釈して、公務員のどのような非行が地方公務員法29条1項3号に当たるのかを判断することが考えられる。

　また、公務員の行為が地方公務員法29条1項各号のいずれかに該当すると判断された場合でも、同項では「戒告、減給、停職又は免職の処分をすることができる」とされており、「……しなければならない」とはなっていない。それゆえ、行政は問題の公務員に対して懲戒処分をするかどうかを、自らの判断で決定することになる。さらに、懲戒処分を行うにしても、地方公務員法29条1項は懲戒処分の選択肢として戒告、減給、停職、免職の4つを挙げている。したがって、どのような懲戒処分を行うかについても、行政が自らの判断で決めることになる。

　このように、法律が多義的な文言を用いることによって行政に認められることになる判断の余地は、**行政裁量**と呼ばれている。そして、公務員のいかなる非行が「全体の奉仕者たるにふさわしくない非行のあつた場合」に該当するかということは、懲戒処分の要件にかかわるものであるから、そこでは**要件裁量**と呼ばれるものが問題になってくる。また、懲戒処分を行うか否か、および、どのような懲戒処分を行うかということは、行政の行為内容に関係するものであり、それについての裁量は**効果裁量**といわれている。

(2) 行政裁量が認められる根拠

では、なぜ行政裁量が認められるのだろうか。「法律による行政の原理」の理念からすると、行政活動を法律で厳格に拘束するほうが望ましく、それを可能な限り追求すべきだろう。しかし、**第2講**で交通一斉検問の実施を例に挙げて述べたように、行政活動においては、状況に応じた弾力的対応が必要になる場合があり、そのためには行政に判断の余地を認めることが求められる。また、発電用原子炉の設置許可の要件（「核原料物質、核燃料物質及び原子炉の規制に関する法律」43条の3の6第1項）のように、判断に専門技術的知識を要することを理由として裁量が認められることもある（最判平4・10・29民集46・7・1174＝伊方原発訴訟を参照）。公務員の懲戒処分で効果裁量が認められる理由に関しては、最高裁判所の判例が次のように述べている。

最判昭52・12・20民集31・7・1101＝神戸全税関事件

「懲戒権者は、懲戒事由に該当すると認められる行為の原因、動機、性質、態様、結果、影響等のほか、当該公務員の右行為の前後における態度、懲戒処分等の処分歴、選択する処分が他の公務員及び社会に与える影響等、諸般の事情を考慮して、懲戒処分をすべきかどうか、また、懲戒処分をする場合にいかなる処分を選択すべきか、を決定することができるものと考えられるのであるが、その判断は、右のような広範な事情を総合的に考慮してされるものである以上、平素から庁内の事情に通暁し、部下職員の指揮監督の衝にあたる者の裁量に任せるのでなければ、とうてい適切な結果を期待することができないものといわなければならない。」

つまり、この判例は、懲戒処分をするか否か、および、いかなる内容の懲戒処分をするかについては、さまざまな事情を総合的に考慮して判断しなければならないということに、裁量が認められる理由があるとしている。

(3) 行政裁量の恣意的な行使を予防する方法

公務員の懲戒処分における裁量は、個々の事案に即した対応を可能にするために必要なものだろう。だが、その一方で、行政に裁量が認められれば、それが恣意的に用いられるリスクがあることも否定できない。そのようなリスクを顕在化させないための方法としては、いかなるものが考えられるだろうか。

3において、飲酒運転を理由とする公務員の懲戒処分は、行政内部で定めた

懲戒処分の指針に従って行われていると述べた。仮に指針が設けられずに懲戒処分が行われる状況を考えてみると、同種の非行に対して同種の懲戒処分がなされず、懲戒処分が恣意に流れるおそれが大きくなる。一般に、行政が裁量の行使に関して内部で定めた基準は**裁量基準**といい、懲戒処分の指針もその例であるが、それは恣意的な裁量の行使を防止し、裁量の適切な行使を確保しようとするものである。懲戒処分の指針については、それが公務員に周知されることにより、非行が抑止されるという効果もあるだろう。

次に、地方公務員に対して懲戒処分を行うに当たっては、地方公務員法49条1項により、当該公務員に懲戒処分の理由を記載した説明書を交付しなければならないとされている。国家公務員に関しても、同様の規定が国家公務員法89条1項におかれている。これらの規定も、懲戒処分の理由を示すよう義務づけることによって、合理的な理由を付すために判断が慎重に行われ、恣意的な懲戒処分が行われるのを防ぐことを意図している。さらに、懲戒処分を裁判で争う際にも、懲戒処分に付された理由は手がかりを与える。

この他、懲戒処分での判断において正確・慎重を期するために、処分に先立って公務員に意見を述べる機会を与えることも考えられる。そのような仕組みは行政手続法13条以下で用意されているものの（行政手続法が定める不利益処分の手続については☞第6講）、同法3条1項9号により公務員の懲戒処分に対しては適用されない。[5] しかし、懲戒処分が行われた後でそれを裁判で争うのは公務員にとって負担が大きく、早い段階で権利・利益を保護する機会を与えるべきことからしても、法律さらには地方公共団体の条例・規則の規定の有無にかかわらず、懲戒処分の前に意見陳述の手続を実施することが要求される（福岡高判平18・11・9判タ1251・192を参照）。

---

5) ただし、公立学校の教員等に対して懲戒処分を行う場合については、教育公務員特例法9条2項・4条3項により、当該教員等の請求があれば、口頭または書面で陳述する機会を与えなければならないとされている。

5　行政裁量に対する裁判所の審査〔設問4〕

(1)　法律の解釈による裁量の縮減

さて、【設問】でも述べたように、公務員の懲戒処分は裁判で争われることが少なくない。法律に違反する行政活動が行われた場合、それによって権利・利益を害された国民が訴えを提起すれば、裁判所はその行政活動は違法であるとの判断を下して、国民を救済する。だが、法律が多義的な文言を用いて行政に裁量を認めているとき、裁判所は問題の行政活動が法律に違反しているかどうかを判断できないのではないか、という疑問が生じる。しかし、法律が多義的な文言を使っている場合は多く、そのようなケースのすべてについて法律に反するか否かを判断できないとすれば、裁判所は行政活動の多くをチェックすることができず、国民の権利・利益の保護、さらには「法律による行政の原理」は骨抜きになってしまう。

そのため、裁判所は法律の解釈によってその意味を具体化または確定し、行政の裁量を縮減または否定することを行っている。地方公務員法29条1項3号の「全体の奉仕者たるにふさわしくない非行のあつた場合」という懲戒処分の要件に関しては、裁判所の解釈および判断が優先し、行政に裁量は認められないと考えられている。どのような非行が地方公務員法29条1項3号の要件に該当するかということは、常識から判断できるというのが1つの理由だろう。

(2)　裁量権の踰越濫用

とはいえ、裁判所が法律の解釈の作業を行っても、なお行政に裁量を認めざるをえないことがある。公務員の懲戒処分における効果裁量がその例とされている。しかし、そのような場合でも、裁判所が行政活動を全く審査できないのは、「法律による行政の原理」および国民の権利・利益の保護の観点からして問題である。常識的に見ても、恣意的またはあまりに不合理な裁量の行使は違法というべきだろう。

そこで、行政事件訴訟法30条は次のように規定している。

行政事件訴訟法30条（裁量処分の取消し）
　行政庁の裁量処分については、裁量権の範囲をこえ又はその濫用があつた場合に限り、裁判所は、その処分を取り消すことができる。

　条文の「裁量権の範囲をこえ」というのは、法律が認めた裁量の枠を越えて行政が活動した場合を指し、**裁量権の踰越**（ゆえつ）（または**逸脱**）と呼ばれる。また、「その濫用があつた場合」というのは、表面的には法律が認める裁量の範囲内にあるが、法律が裁量を与えた本来の目的とは違った目的で、行政がその権限を行使した場合を意味し、**裁量権の濫用**といわれる。もっとも、2つの場合を明確に区別することは難しいので、それらはまとめて**裁量権の踰越濫用**と表現されることが多い。裁判所が行政活動を取り消すことができるのは違法な場合のみであるから、要するに行政事件訴訟法30条は、裁量権の踰越濫用があったときには、裁量の認められた行政活動も違法になると定めているのである。

　そして、先ほど紹介した最高裁判所の判例は、公務員の懲戒処分が違法となる場合について、以下のように判示している。

最判昭52・12・20民集31・7・1101＝神戸全税関事件
　「懲戒権者が……裁量権の行使としてした懲戒処分は、それが社会観念上著しく妥当を欠いて裁量権を付与した目的を逸脱し、これを濫用したと認められる場合でない限り、その裁量権の範囲内にあるものとして、違法とならないものというべきである。」

　つまり、最高裁判所の判例は、公務員の懲戒処分が社会観念上著しく妥当を欠く場合は違法になるとしている。

(3) 裁量審査の具体的基準

　しかし、裁量権の踰越濫用があったとき、あるいは社会観念上著しく妥当を欠くときに、裁量の認められた行政活動が違法になるといっても、具体的にどのような場合がそれらの基準に該当するのかはまだはっきりしない。この点に関して、公務員の懲戒処分に即していえば、より具体的に次のような場合に懲戒処分が違法になると考えられている。

① 事実の誤認
　まず、懲戒処分を行うに際して事実の認定に誤りがあった場合である。実際

は酔っ払いの執拗な暴行からやむをえず身を守るためであったにもかかわらず、公務員の側から積極的に暴行を働いたとして懲戒処分が行われたといった例が、この事実の誤認に当たる。

② 目的違反・動機の不正

次に、法律が裁量を認めた本来の目的とは異なる目的で、または不正な動機に基づいて行政が権限を行使した場合である。これらの場合はまさに上記の裁量権の濫用に該当する。たとえば、日頃から気に入らない公務員に対して、その上司の職務上の命令にちょっと従わなかったことをとらえて減給処分を行うことは、不正な動機によるものといえる。

③ 平等原則違反

さらに、同種の非行に対して、特定の公務員にだけ合理的な理由なしに厳しい懲戒処分を下すことも違法である。この**平等原則**は、憲法14条1項が保障する法の下の平等から当然に導かれるが、さらに地方公務員法13条および国家公務員法27条でも規定されている。

④ 比例原則違反

だが、【設問】の飲酒運転を理由とする地方公務員の懲戒免職処分が争われた裁判では、主に、免職処分が懲戒の目的と比べて過酷なものではないかということが問題になった。達成されるべき目的とそのための手段の間でバランスが取られていなければならないという原則は**比例原則**といい、裁判所が公務員の懲戒処分が違法かどうかを判断する際によく用いられているものであるが、飲酒運転のケースでも公務員の側から比例原則違反の主張がなされたのである。そして、裁判例の中には、たとえば以下のように述べて、飲酒運転による免職処分を比例原則違反として違法としたものも見られる。

名古屋高判平21・9・17判例集未登載

「交通事故その他の重大な結果が発生しておらず、飲酒後、相当時間が経過して、行為者に体内にアルコールを有しているとの明確な認識が過失によって失われている事例に対しても、懲戒免職以外の処分を行なうことができず、あるいはそれが著しく困難になるような懲戒処分基準を定立したり、そのような内容の基準の運用を実施することは、目的と手段との均衡を欠くことにもなりかねない」。

⑤　判断過程の審査

　この他、公務員の懲戒処分がさまざまな事情を総合的に考慮して行われるものであるとすれば、そのような考慮が適切に行われたかどうかを裁判所がチェックすることも考えられる。このような審査方法は**判断過程の審査**または**考慮事項に着目した審査**と呼ばれ、近年では、裁量が認められる行政活動に対して広く用いられているものである。近時の最高裁判所の判例（最判平18・2・7民集60・2・401）が使った表現によれば、問題の行政活動が「重視すべきでない考慮要素を重視するなど、考慮した事項に対する評価が明らかに合理性を欠いており、他方、当然考慮すべき事項を十分考慮しておらず、その結果、社会通念に照らし著しく妥当性を欠いたもの」であるかどうかといった基準を用いて、審査が行われることになる。飲酒運転を理由とする公務員の免職処分に関しては、飲酒運転を行うに至った事情、飲酒運転の取締り時の態度、当該公務員の勤務成績などが、免職処分を行うに当たって適切に考慮されたか否かが問題となる。実際、次のように述べて、飲酒運転を理由とする免職処分を違法とした裁判例もある。

東京高判平24・8・16判例集未登載
　「本件においては、控訴人〔飲酒運転により免職処分を受けた公務員〕にとって有利な、あるいは控訴人に同情すべき事実ないし事情が多々認められ……、これらの事実ないし事情は、本件非違行為〔飲酒運転のこと〕の重大性を前提としてもまた懲戒権者である処分行政庁の裁量判断が尊重されるべきであることを前提としても、懲戒処分の選択に大きく影響する考慮要素というべきものであり、これを正当に考慮していれば、本件処分〔免職処分〕の結論は異なるべきところ、処分行政庁は、本件処分に当たって、これらの事実ないし事情の全部についてではないにしても、これらを考慮せず、あるいはその評価を誤り、……その結果として、免職以外の処分を選択しなかったということができる。」

(4)　裁量基準を手がかりとした審査

　ところで、公務員の懲戒処分に対する裁判において、裁量基準たる懲戒処分の指針はどのような意味をもつのだろうか。まず、懲戒処分の指針は行政内部で作られたものであり、法規範ではないので、それに反したことから直ちに懲

戒処分が違法になるわけではないというのが原則である。もっとも、同種の非行に対し、指針に従ってたとえば停職処分を行ってきたにもかかわらず、特定の公務員に対してのみ、合理的な理由なしに指針から逸脱して免職処分を下した場合、その免職処分は平等原則違反により違法とされるだろう。

　また、指針を作成することも行政の裁量の行使である以上、裁判所が指針自体を審査することも考えられる。先ほどの名古屋高判平21・9・17判例集未登載は、飲酒運転を理由とする免職処分を比例原則違反とした裁判例として紹介したが、引用したところから分かるとおり、これは懲戒処分の指針自体も比例原則違反に当たるとしたものである。

　さらに、懲戒処分はさまざまな事情を総合的に考慮して行われるものであった。そのことからすると、公務員の個々の事情に対する考慮を認めない画一的な指針に従って懲戒処分をしたり、あるいは指針が例外を設けて個々の事情を考慮する余地を認めているにもかかわらず、それを用いることなく指針を硬直的に適用して懲戒処分を行ったりすれば、判断過程の審査のところで述べたことに照らして、違法と評価されると思われる（これは個別事情考慮義務違反と呼ばれることがある）。

　ちなみに、飲酒運転を理由とする公務員の免職処分を違法とする裁判例が相次いだ結果、地方公共団体の中では、懲戒処分の指針を緩和する動きが見られるようである。

【発展問題：職員基本条例】

　2012年に大阪府および大阪市で「職員基本条例」が制定された。大阪府においては、「職員基本条例」の制定を受けて「職員の懲戒に関する条例」も改正された。その2条および別表を見ると、各種の非違行為に対する標準的な懲戒処分の種類が詳細に列挙されている。

　内部的な指針と異なり、条例は法規範の1つであって、それに反する行政活動は違法である。しかし、すでに述べたように、懲戒処分はさまざまな事情を総合的に考慮して行われるものであるところ、懲戒処分における裁量が「職員の懲戒に関する条例」によって拘束されるとすれば、そこに問題はないだろうか。大阪府の条例は大阪府のホームページから調

> ☞ POINT
> 条例・規則は、各地の地方公共団体のホームページにある例規集で調べることができる。

べることができるので、実際に条文を読んで考えてみてほしい。また、大阪市「職員基本条例」28条および別表にも、大阪府「職員の懲戒に関する条例」2条および別表と似た定めがあるので、あわせて大阪市のホームページから参照してみてほしい。

(5) 手続に着目した審査

　他にも、懲戒処分の手続に着目して、裁判所が審査を行うことが考えられる。たとえば、懲戒処分を行うに際して、4(3)で述べた説明書の交付を欠いた場合、あるいは説明書の交付があっても何ら理由が記載されていないかごく簡単なものであった場合、懲戒処分は違法になると思われる（☞第6講）。また、法令の規定の有無にかかわらず、懲戒処分の前に公務員の意見を聴く手続を実施することが求められるとすれば、そのような手続が行われなかった場合、もしくは行われても極めて形式的なものであった場合にも、懲戒処分は違法になるだろう。このような審査は、懲戒処分の手続の適正な実施を保障する役割も有する。

【参考文献】
・川出敏裕・金光旭『刑事政策』（成文堂、2012年）
・安藤高行『憲法と自治体争訟』（法律文化社、2015年）
・職員基本条例に関する問題について
　小早川光郎「基準・法律・条例」小早川光郎・宇賀克也編『行政法の発展と変革——塩野宏先生古稀記念・下巻』（有斐閣、2001年）381頁以下

第4講　大学の設置認可——行政組織

> 【設問】
> 　学校法人S学園は、経営していた女子短大の定員100人を削減して新たに定員100人の4年制の子ども教育学科を新設して翌年開学することを予定していた。4年制大学への移行は、幼稚園教諭一種免許の取得という学生のニーズに応えることになるとして、学園が2年前から進めてきた一大プロジェクトであった。約2億7000万円をかけて短大の教室・設備を改修し、備品購入を進め、新たに12人の専任教員を雇用することを内定し、文科省の大学設置・学校法人審議会の審査を受けて10月には認可を「可」とする答申を受けた。学園は、新入生募集をはじめるためホームページやチラシでPRし、オープンキャンパスも開いた。ところが、その年の11月2日に、T文部科学大臣が記者会見で、「大学の数が多い。運営に問題があるところもある。設置認可のあり方を抜本的に見直す」と述べるとともに、S学園に同省の担当者から電話で「X大学の設置を不認可とする」と連絡した。そこで、次の問いを考えてみよう。
> 〔設問1〕　国、文部科学省、大学設置・学校法人審議会および文部科学大臣はどのような関係にあり、それぞれ違うものだろうか。区別されるとしてどのように区別されるのだろうか。
> 〔設問2〕　大学設置に関する国としての規制行政を行うのは、法律上、大臣であるが、すべての行政を大臣が直接行うわけではない。誰がその仕事を行っていて、それが国の行政としての意味をもつ仕組みはどのようなものか。
> 〔設問3〕　大学の設置を認可するのはだれか。文部科学大臣は大学設置・学校法人審議会が出した答申と異なる判断を行うことができるだろうか。

1　本講の課題

　【設問】は、みなさんの学ぶ大学に対してその設置の段階で国の行政が行っている規制措置にかかわるものであるが、ここには、国、文部科学省、その担当職員、大学設置・学校法人審議会および文部科学大臣の名が登場する。それら

はそもそもどういう存在で、大学設置に対する規制という国の行政活動を行ううえでそれぞれどのような役割をもち、どのようにして国の行政として一体的に仕事を行っているのだろうか。本講では、大学設置に対する規制行政を素材として行政を行う組織に関する基礎的な概念と行政の組織のあり方にかかわる基本的な法原則を考えることとする。

> **KEY WORD**
> **規制行政**とは、国民の権利自由を制限する行政であり、国民にサービスなどを提供する給付行政と対比される。

2　大学設置にかかる法律のしくみ

　その前に、大学の設置にかかわる法律のしくみと設置認可に至る過程をみておこう。公立と私立では大学を設置する意味には異なるところがあるが、憲法の見地からすれば基本的に公私立大学の設置は自由に行えると考えられる。しかし、学校教育法で、公私立の大学の設置には国による認可が必要とされているなど、特別の規制が定められている（国立大学は法律によって設置される）。学校教育法では、大学も幼稚園や小・中・高等学校とならぶ「学校」のひとつとされ（1条）、国、地方公共団体、学校法人のみが設置することができ（2条）、文部科学大臣（以下、大臣という）が定める設置基準（法規命令といわれる行政機関が定める規範のひとつであり、その性質等については☞第5講）を満たして（3条）、大臣の「認可」を受けなければならない（4条1項）。大臣は、設置基準を定める際には「中央教育審議会」（学校教育法94条および学校教育法施行令〔以下、施行令という〕42条）に、設置認可を行う場合には、「大学設置・学校法人審議会」に諮問しなければならないとされている（学校教育法95条および施行令43条）。大学に関する設置基準である「大学設置基準」（以下、設置基準という）は、文部科学省令の形式で、大学設置に必要な最低の基準とされていて（設置基準1条2項）、教育研究上の基本組織、教員組織、教員の資格、収容定員、教育課程、卒業の要件等、校地、校舎等の施設および設備等、事務組織等の基準を定めている。大臣の設置認可については、この設置基準への適合のほか、同省の告示である「大学、大学院、短期大学及び高等専門学校の設置等に係る認可の基準」（以下、認可基準という）が満たすべき要件等を定めており、この基準への適合が審査さ

れる（省令、告示については☞第5講）。

　このように大学の設置について、設置基準と認可基準への適合を求めることで大学の「質」を国が保証しようとしているのである。ただし、これらの基準については臨時教育審議会の大学教育の「自由化」や「競争原理」の方針が示される中で、1991年に文部省が設置基準を大幅に改正し、特に大学の「教育課程」に関して、一般教育科目、専門教育科目等の授業区分を撤廃したり、授業時間数、日数等の計算方法の弾力化を図ったりした。これは設置基準の大綱化といわれるが、その意義は、「個々の大学が、その教育理念・目的に基づき、学術の進展や社会の要請に適切に対応しつつ、特色ある教育研究を展開し得るよう、大学設置基準の大綱化により制度の弾力化を図るとともに、生涯学習の振興の観点から大学における学習機会の多様化を図り、併せて、大学の水準の維持向上のため自己点検・評価の実施を期待する」ことにあるとしていた（1991年3月文部事務次官通知）。文部科学省は、その後なおも、大学、学部の設置については抑制的に認めることで質の確保を図ってきていたところだが、規制緩和の流れの中、2002年8月の中央教育審議会答申が、「大学、学部等の設置審査における抑制方針は、基本的には撤廃することとする。」方向性を述べて、大学の新増設について事前規制から事後チェックへと方針を転換した。この後、文部科学省は「日本の大学進学率は諸外国に比べると高くない」という立場から、大学の新増設を強く規制せず、市場原理に任せるという姿勢を取ってきた。しかし、【設問】の事例が起こった2012年ころから設置基準が改めて見直され始め、事前の規制を強め、私立大学について設置を抑制する方向に再び戻りつつあるといえる。

　実際の大学設置認可の手続は、【設問】の事例もそうだったように、図4-1に示すように、開学予定の2年以上前から、大学・学部を設置しようとする学校法人等の認可申請予定者が文部科学省の事務局による指導を受けながら計画・書類を作成し、申請書類を提出し、さらに提出後にも審査の過程で審議会からの意見を受けて、設置基準に適合する大学となるように、申請書類の補正を行うなどして、大学設置・学校法人審議会の認可の可否に関する答申が出され、これを受けて大臣が認可・不認可の処分を行う。

図4-1 「大学を設置するまでの流れ」
(文部科学省・大学設置認可の在り方の見直しに関する検討会 第1回〔2012年11月21日〕配付資料)

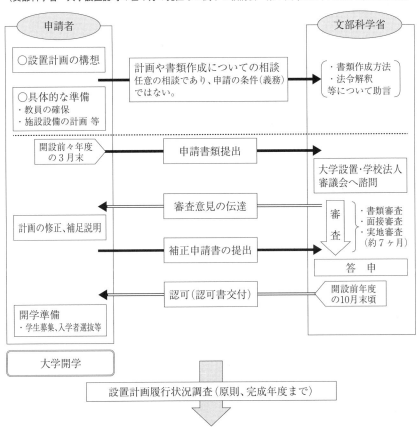

3 行政体・行政組織・行政機関・公務員〔設問1、3〕

　まず、【設問】に登場する国、文部科学省、その担当職員、大学設置・学校法人審議会および文部科学大臣が、それぞれ行政法の考え方のなかでどのように区別されるか、整理しておこう。

(1) 行政体

　法律学は、人の相互関係を権利と義務の関係でみる。権利義務の主体となる人には自然人と法人とがある。権利義務の主体である個人のことを自然人と呼び、自然人以外のもので法律上の権利義務の主体とされているものを法人と呼ぶ。行政と国民との関係を中心とする行政法関係についても人の相互関係としては同じであり、権利義務の主体間の関係とみる。行政法関係における一方の主体は国民であり、国民には自然人も法人もあり、国民は行政活動の対象となる。もう一方の主体は行政活動を行う国や地方公共団体であり、**行政体**（**行政主体**）と呼ばれる。行政体は**法人**である。

　国以外の行政体では、市町村、特別区および都道府県といった**地方公共団体**が重要である[1]。ほかに、国が設立する独立行政法人（これは、中期目標管理法人、国立研究開発法人または行政執行法人に分けられ〔独立行政法人通則法2条〕、産業技術総合研究所、理化学研究所、国立文化財機構、都市再生機構等がある）や地方公共団体が設立する地方独立行政法人（公立病院法人、公立大学法人等）、国立大学法人、西日本高速道路株式会社などがある。さらに、組合員によって構成され一定の行政を行うことを目的とする公共組合がある（健康保険組合、土地改良区等）。

(2) 行政組織・行政機関

　次に、行政体は法人であって、実体のある存在ではなく、触れたり見たりすることはできない。それが実際に行政活動を行い、権利を取得したり、義務を負ったりするためにはその手足となって働く組織＝**行政組織**が必要である。国の行政組織は省庁体制をとっており、内閣府、復興庁（2021年までに廃止予定）と文部科学省を含む11の省とその外局として設置される8つの委員会と17の庁とで国の事務を分担することになっている。

　それぞれの省庁は、国家行政組織法で一定の国の事務（外交、厚生労働、文部科学、財政等）を受け持つ単位として行政機関と呼ばれている（**事務配分的機関概**

---

1) 地方自治法では、市町村および都道府県は普通地方公共団体に、特別区のほか地方公共団体の組合と財産区は特別地方公共団体に分類されている（1条の3第2項・第3項）（☞補論1「大都市制度のあり方」）。

念。国家行政組織法上の行政機関）。この意味での行政機関は次にみる作用法的機関概念でいう各種の行政機関の一定のまとまりを一体としてみたものである。

これに対して、**作用法的機関概念**では、行政組織を構成する基礎単位として行政機関を考え、行政が国民に対して働きかける側面から行政機関と国民との関係を基準として行政機関をとらえ、国民に対して認可や許可などを行う権限を有する大臣のような行政機関を**行政庁**と呼んでその中心に位置づけ、そのほかの行政機関は広い意味でこの行政庁を補助する行政機関として周辺的に位置づけられる。

作用法的機関概念における行政機関には次のような種類があるといわれている。

① 行政庁

国民に対して許認可等を行う権限を有する行政機関。行政体の意思を決定して外部に表示する権限を有する行政機関という言い方もされる。たとえば、大学設置認可を行う文部科学大臣などはこれに当たる。国の場合、各省の大臣が、地方公共団体の場合には、都道府県知事や市町村長などが行政庁としての地位を与えられている。行政機関は、1人の人（自然人）で構成される独任制行政機関が基本であるが、複数の人によって構成される合議制行政機関もあり、行政庁にも国の場合には、公正取引委員会、中央労働委員会等の行政委員会などが、地方公共団体の場合には、教育委員会や公安委員会などがある。

② 補助機関

行政庁以外の行政機関は広い意味で行政庁の職務を補助する補助機関であるが、特に行政庁を補助する行政機関で、国の場合、各省の大臣政務官、事務次官、局長、課長等を、地方公共団体の場合、副知事、副市町村長、会計管理者などを狭い意味での補助機関という。一般の職員もこの補助機関に分類される。

③ 諮問機関

行政庁が意思決定を行うに際して専門的見地または決定の公正さを担保するためにこれに関与する機関である。普通、合議制の行政機関で、審議会と呼ばれるものがこれに当たる。【設問】の大学設置・学校法人審議会もこの諮問機関に分類される。従来、合議制機関の関与が行政庁による意思決定の前提要件と

なる場合で行政庁を強く拘束するとき、その合議制行政機関を参与機関として諮問機関とは区別した類別が行われてきた。しかし、両者を区別する形式的基準がなく、合議制機関の意見の拘束力は個別の検討を必要とすると考えられるためこの区別は行われなくなっている。諮問機関の意見について、一般的には、行政庁が、法律で定められた事項について諮問した以上、その意見を尊重するべきであり、その提言や答申等に従わなかったときにはそのことに対する説明義務が生ずると考えられる。

④ 執行機関

国民に対して実力を行使する権限を有する機関であり、行われようとしている犯罪行為を制止したり、犯人の逮捕または逃走の防止のために武器を使用したりする権限を有する警察官（警察官職務執行法7条）や滞納者の国税につきその財産を差し押える徴収職員（国税徴収法47条以下）などがこれに該当する。

行政機関は、行政体のために行えることを法律上、権限・機能として与えられており、権限・機能を行政機関が行った結果生じる権利や義務は行政体に帰属する。

(3) 公務員

行政体のために行政機関が法律上与えられた権限を行使することで行政活動が行われるが、組織そのものが活動を行うわけではなく、実際には行政機関の権限を自然人である公務員が行っている。それでは行政機関と公務員との関係はというと、ある自然人が国民に対して権限を行使するという関係でみた場合には行政機関であるととらえられ（職務上・機能上の観念）、これに対して、同じ自然人が行政体とどのような関係にあるかという点でみた場合に、その行政体に公務員として勤務しているととらえられる（身分上の観念）という関係にある。たとえば、【設問】に登場する文部科学省の担当職員は大学設置認可を申請した者との関係では申請について指導に当たったり、大臣の不認可の意思を電話で連絡したりするなどしており、このような場面では国の文部科学大臣の補助機関という行政機関として職務を遂行しているが、その同じ職員が国との関係ではその公務員として勤務しているとみられるのである。

4 行政機関の権限行使

このように、国や地方公共団体などの行政体の仕事は、行政機関によって構成される行政組織によって担われている。行政機関が、個々に割り当てられている権限を行使することで行政体としての行政活動が行われているが、国や地方公共団体が1つの行政体として一体的に行政活動を行うことはどのような仕組みで可能とされているのだろうか。この点にかかわって、次の行政機関の権限に関する2つの原則が重要である。1つは、それぞれの行政機関の権限は、法律によって割り当てられた行政機関によって行使されなければならないという権限分配の原則である。これは法治主義の原則（☞第2講）から導かれ、行政機関による権限行使については、上級の行政機関による指揮監督以外では、他の行政機関が介入することは許されない。

もう1つは、指揮監督の原則であり、権限行使に当たって、上級の行政機関には下級の行政機関の権限行使を指揮監督する権限が認められるという原則である。上級の行政機関の指揮監督権は、法律上これが認められているか否かを問わず、行政組織の統合、すなわち行政組織が一体的に活動するために当然に認められるものである。

5 権限行使の監督

行政組織は、行政機関の行為が全体として統一性を保つために、原則として階層的構造をとる。国の場合、この構造の頂点には内閣が位置する。また各府省においては大臣が頂点に位置する。地方公共団体の場合には長である。行政機関相互間の上下の関係は、上級の行政庁の下級の行政機関に対する指揮監督の権限によって担保されている（内閣府設置法7条6項、国家行政組織法14条2項、地方自治法154条）。指揮監督権の形態には、訓令・通達、監視、認可、下級機関の行った措置の取消・停止の命令、権限争議の決定などがある。

① 訓令・通達

　訓令とは、上級機関が下級機関の権限について発する命令であり、書面の形式をとるものを通達という（内閣府設置法7条6項、国家行政組織法14条2項）。訓令・通達に下級機関は従わなければならず、下級機関の服従は懲戒権（☞第3講）によって担保されている。

　下級機関に対する訓令・通達は、下級機関を占める公務員に対する職務命令を含む[2]。逆に、職務命令は必ずしも訓令を含まない。訓令・通達は、行政機関相互間の命令であり、それを訴訟で争うことはできないが、職務命令が公務員の権利利益を侵害する内容を有する場合には訴訟が可能な場合がある[3]。

　通達は、上級機関が定める規範であり、行政基準（☞第5講）のひとつに数えることができ、法律の根拠なしに定めることができる。他方、法規としての性質はなく、通達に従った行政の措置は必ずしも適法となるわけではなく、また通達に反する措置が違法となるわけでもない。

② 監視

　上級機関が下級機関の執務を検査すること。

③ 認可

　下級機関が権限を行使するについて上級機関の承認を要求すること。

④ 取消・停止の命令

　行政機関の権限は法律上その権限を与えられた行政機関自身が行使するべきことが権限分配の原則から求められるところである。が、下級機関が行った措置が法令や通達に違反する場合に上級機関がその指揮監督権に基づく是正措置として取消・停止の命令を行うことが認められる。が、上級機関のとりうる措置につき、違法な措置の場合に上級機関が取消・停止を行いうるとするものがあるが、権限分配の原則と抵触する可能性があり、その命令を行いうるに止まると考えるべきである。

2）　上司が部下である公務員の職務を指揮するために発する命令。

3）　職務命令によって、公務員が市民として有する権利や自由を侵害されれば、対外的な行為と考えられ、訴訟で争うことが可能である。

⑤ 権限争議の決定

行政機関相互間の権限に関する争いを決定することをいう。行政機関相互間の権限に関する争議は裁判の対象とならない。争議に関する行政機関に共通の上級行政機関によって、またはそれぞれの上級の行政機関同士の協議によって決定される。

6 権限の代行〔設問2〕

権限分配の原則により権限を割り当てられた行政機関がその権限を行使しなければならない。しかし、実際には行政機関が与えられた権限をすべて自ら行使することができない場合や、そうすることが不適切な場合もある。このため、ある行政機関の権限を別の行政機関の行使に委ねる場合があり、これを権限の代行という。権限の代行には、権限の委任、代理、専決・代決がある。

① 権限の委任

行政機関がその権限の一部を他の行政機関に移譲し、これをその行政機関の権限として行わせることを権限の委任といい、権限の委任を受けた行政機関はその権限を自己の名と責任において行使することとなり、法律上定められた権限の所在の変更を伴う。したがって委任には法律の根拠が必要である。また、権限の委任は権限の一部についてのみ認められ、全ての権限の委任は認められない。

権限の委任が行われるのは、法律により権限を与えられた行政機関による権限行使が困難または不適切な場合である。たとえば、国家公務員の任命権限は、内閣や大臣等に与えられているが（国家公務員法55条1項）、内閣や大臣がすべての公務員の任命を行うことは現実的に可能ではなく、また適当でもないため幹部職以外について委任できることとされている（同55条2項）。

② 権限の代理

行政機関の権限の全部または一部を他の行政機関が代わって行うことを権限の代理という。権限の代理は、大臣の病気または海外出張中に一時的に行われ、権限の所在の変更・移転を伴わない。権限を代理する機関は、代理者であ

ることを外部に表示して権限を行使し、被代理機関の権限行使として法効果を生じる。代理は、本来の行政機関が権限行使できないやむをえない場合に行われる。

代理には、法定の要件が発生することで代理関係が生じる法定代理（国家公務員法11条3項、地方自治法152条1項・2項）と、行政機関の授権行為により代理関係が生じる授権代理がある。法定代理は法律に根拠があるが、授権代理が法律の根拠なしに認められるか議論がある。

③ 専決・代決

法律により権限を与えられた機関が補助機関に決裁の権限を委ねる場合を専決・代決という。対外的には、本来権限を与えられた行政機関の名と責任において権限行使が行われる点で、権限の移転を伴う権限の委任とは異なり、内部的な事務処理の問題であるため法律の根拠は必要としない。予め決裁する補助機関が指定されている場合を専決といい、行政庁に事故ある場合に補助機関による権限行使を認めるものを代決という。

7　大学の設置認可〔設問3〕

それでは〔設問3〕で問われている点について考えてみよう。大学の設置を最終的に認可するのは誰かというと上記2でみた大学設置にかかる学校教育法の仕組みのとおり、文部科学大臣にその権限が認められている。大臣が認可を行うに際して大学設置・学校法人審議会に諮問しなければならないとされているが、その結果、同審議会が設置を「可」とする答申を行ったときに、大臣1人が【設問】の事例のような理由でその答申の結論を否定して認可しないと決定することができるかが問題である。

大学設置・学校法人審議会は3(2)で述べた行政機関の分類によれば③の諮問機関に該当する。諮問機関の答申と行政庁の決定との関係について、最高裁の判例（最判昭50・5・29民集29・5・662＝群馬中央バス事件）は、次のように一般論を述べている。

「一般に、行政庁が行政処分をするにあたって、諮問機関に諮問し、その決

定を尊重して処分をしなければならない旨を法が定めているのは、処分行政庁が、諮問機関の決定（答申）を慎重に検討し、これに十分な考慮を払い、特段の合理的な理由のないかぎりこれに反する処分をしないように要求することにより、当該行政処分の客観的な適正妥当と公正を担保することを法が所期しているためであると考えられるから、かかる場合における諮問機関に対する諮問の経由は、極めて重大な意義を有するものというべく、したがって、行政処分が諮問を経ないでなされた場合はもちろん、これを経た場合においても、当該諮問機関の審理、決定（答申）の過程に重大な法規違反があることなどにより、その決定（答申）自体に法が右諮問機関に対する諮問を経ることを要求した趣旨に反すると認められるような瑕疵があるときは、これを経てなされた処分も違法として取消をまぬがれないこととなるものと解するのが相当である。」

　この判決は、道路運送法における路線認可の処分の手続の中での運輸大臣による運輸審議会への諮問にかかるものであるが、【設問】の学校教育法に基づく設置認可の過程における大学設置・学校法人審議会への諮問についても基本的には妥当すると考えられる。大学設置・学校法人審議会は設置基準に照らして、S学園の4年制大学化について認可を「可」とする答申を行っていたのであるから、少なくとも大臣はそれと異なる結論に至ったことについて「特段の合理的な理由」を説明しなければならないと考えられる。記者会見で突然に大学の現状に関する個人的な所見を述べることではその義務は果たされたといえないであろう。さらに、認可・不認可の判断は、S学園が認可を受けられるように準備を進め、文部科学省による2年に及ぶ行政指導の基準となってきた設置基準および認可基準に照らして判断されなければならない。T文部科学大臣が述べた、大臣の大学の現状に関する個人的な所見を根拠に認可を拒否することは法の定める設置認可制度の趣旨にそわない違法な処分といわざるをえない。

　文部科学大臣が、大学の現状について、一定の見解をもち、それに基づいて大学政策を変えていくこと自体は否定されるべきことではない。しかし、そのような大学政策のありようの変更については、学校教育法の定める仕組みに則って、中央教育審議会の議を経て、大学の設置基準を改正し、これに基づく行政指導、大学設置・評価議会の議を経て設置を認可・不認可の処分を行う

ことを通じて実現されなければならない。

【発展問題：民間委託が可能な場合】
　行政活動のなかには、行政体の組織でなければ行えないものもあると考えられる。しかし、本来の行政体の組織だけで行政上の事務処理を行うことが困難だったり、不適切であったりすることもあり、それらについて私人等に処理を委ねられることがある。道路交通法51条の8第1項によって、警察署長は、放置車両の確認および標章の取付けに関する事務の全部または一部を、公安委員会の登録を受けた法人＝放置車両確認機関に委託することができ、同機関は公安委員会の交付する資格者証を有する駐車監視員に、放置車両の確認と標章の取付けを行わせることができる。同機関には、民間企業で、施設警備、交通誘導警備、現金輸送等の警備業務を行ってきたものなどが登録を受けて、確認等を行っている。この場合のように、行政体の組織ではない者が行政の活動を行う場合はほかにどのような場合があるか調べ、どのような内容の行政活動について、どのような条件の下に認められているか考えてみよう。

【コラム：指定管理者制度とは】
　公の施設の設置、管理は普通地方公共団体が直接に条例で定めて行うのが基本であるが、地方公共団体が当該公の施設の設置目的を効果的に達成するため必要があると認めるとき、条例の定めるところにより当該普通地方公共団体が指定する法人その他の団体にその管理を行わせることができる（地方自治法244条の2第1項〜第3項）。これを指定管理者制度という。公の施設とは、地方自治法上の概念であり、普通地方公共団体および特別区、地方公共団体の組合および財産区が住民の福祉を増進する目的をもって、その利用に供するために設ける施設であり（同244条1項）、保育所、公立学校、公民館、児童館、公園、福祉会館、体育館、図書館等がある。制度導入前、地方自治法は公の施設の管理について、その管理を「公共団体又は公共的団体」に限定して「委託する」ことができるとしていた（同旧244条の2第3項）（公共団体には、土地改良区や水防組合等が、公共的団体には、町内会、農業協同組合、商工会等の産業経済団体、社会福祉協議会、青年団等がある）。が、指定管理者制度では、「公共団体又は公共的団体」に限らず、民間企業も含めて、地方公共団体が指定する「法人その他の団体」に管理を行わせることができることとした。
　制度導入の契機には次のような公の施設管理への民間企業の参入を求める意見があった。2002年、地方分権推進改革会議が、規制緩和の観点から、「社会資本の管

理に関する国の地方公共団体に対する関与も積極的に見直していくべき」であり、具体的措置として、「公の施設の管理受託者の範囲の拡大」を図り「民間事業者まで拡大する。」との意見を述べた。また、同年、総合規制改革会議「第2次答申」も、民間参入の拡大によって官製市場を見直し「『民間でできるものは官は行わない』という考えを基本」として、「民間参入の拡大は、消費者の多様なニーズに対応した良質で安価なサービスの提供を図ることを主眼とするものであるが、それに加え、行政の簡素化、効率化に資するとともに、新たなマーケットの創出による我が国経済の活性化にも貢献する」として、公の施設の管理に関する地方自治法の規定について、「利用料金の決定等を含めた管理委託を、地方公共団体の出資法人等のみならず、民間事業者に対しても行うことができるように現行制度を改正すべきである。」としていた。

　このような意見を背景に、2003年に地方自治法が改正されて指定管理者制度が導入された。これによって、地方公共団体は従前の公共団体や公共的団体と締結していた施設管理委託契約を締結することはできなくなり、公の施設は地方公共団体が直接に管理運営するか、指定管理者を指定して管理運営するかを選択しなければならなくなった。

　全国の地方公共団体における指定管理者制度の導入状況について、2012年に総務省は次の調査結果を公表している。①指定管理者制度が導入されている施設数は7万3476施設（都道府県7123施設、指定都市7641施設、市区町村5万8712施設）（2009年調査時から3454施設増）である。②約3割の2万4384施設（33.2％）で民間企業等（株式会社、NPO法人、学校法人、医療法人等）が指定管理者となっている。③指定期間は長期化の傾向があり、「前回の指定期間よりも長い」施設が約3割で、5年間の施設が56.0％と2009年調査時より8.7ポイント増となっている。④指定管理者の公募は、都道府県、指定都市の約6割、市区町村の約4割で実施されている。⑤選定基準は「サービス向上」が最多、次いで「業務遂行能力」「管理経費の節減」「施設の平等な利用の確保」となっている。⑥指定管理者の評価は、約7割の施設で実施されている。⑦地方公共団体への損害賠償や利用者への損害賠償等のリスク分担に関する各事項について、約8～9割の施設で選定時や協定等に提示されている。⑧労働法令の遵守や雇用・労働条件への配慮について、約6割の施設で選定時や協定等に提示されている。⑨個人情報保護への配慮規定について、約9割の施設で選定時や協定等に提示されている。⑩指定管理者の指定の取消し等は、2415施設であった。

　住民へのサービス向上や管理経費の節減等を理由に、民間企業が指定管理者に選定され、そのような実績をあげている施設もあると思われる。しかし、たとえば、全国的に議論が起こったものとして図書館管理への特定企業の導入があった。図書館管理に民間企業のノウハウを活かしてコーヒー店や書店を設置して集客を図り地

域の活性化につなげようとする地方公共団体がある。一方、住民から図書館という社会教育施設の本来的な設置目的に照らしてそのような管理が適当か疑問視されているところもあり、図書館管理への特定企業の導入について住民投票が実施され、反対多数の結果を受けて導入を取りやめた地方公共団体が現れたり（愛知県小牧市。山口県周南市では住民投票の直接請求が行われたが議会がこれを拒否した）、地方公共団体から企業への管理運営費の支払いについて住民訴訟（☞第15講）が提起されたりしている地方公共団体もある（神奈川県海老名市や佐賀県武雄市等）。

【参考文献】
・塩野宏「日本の行政過程の特色——大学設置認可過程（平成二四年）を素材として」日本学士院紀要68巻2号（2014年）113-137頁。
・三和義武『高等教育制度と大学設置認可行政』（多賀出版、2013年）

■補論1　大都市制度のあり方

1　大都市制度の歴史と概要

(1)　大都市制度の意義
　横浜市、大阪市、名古屋市などの大都市は、人口が集中するとともに、社会的実体としての都市の機能等も大きく、行政需要の質、量、それに対応する地方公共団体としての規模能力等も一般の市などとは大きな差異がある。そのようなことから、大都市には、一般の市などとは異なる特別な制度の必要性があることは、地方自治制度が確立された当時から議論され、さまざまな制度の創設、改正が繰り返されてきたところである。
　以下では、現在の制度に至る大都市制度の歴史を概観した後、現在の大都市制度の紹介、現行制度の抱える課題と今後の方向性について紹介したい。大都市制度には、現在東京都と特別区のみに適用されている都区制度と、指定都市制度があるが、このたび大きな制度改正が行われた指定都市制度を中心に取り上げる。

(2)　現在に至る大都市制度
　大都市に特別な制度を設ける必要があるとの議論は、最近始まったものではなく、明治期に地方自治制度が確立した当初から存在する課題である。
　戦前における都道府県は、その長が国の機関である官選の知事であり、国の監督を受け、法令の範囲内で事務を処理するものとされるなど、国の出先機関的な色合いが濃いものであった。他方で、市町村は、市長は市会（公選議員により構成）から推薦のあった者のうちから内務大臣選任とするなど、一定の自治

権が確立されていた。しかし、大都市である東京市、京都市、大阪市については、府県との関係では、府に包括され、市長・助役を置かず、その職務は（国の機関である）府知事・書記官が行うなど、府知事が直轄して国の統制が強く及ぶものであった。

(3) 戦後の大都市制度
① 特別市制度
　戦後の地方自治制度の改革において、1947年には、地方公共団体の種類別に個別に定められていた制度を統合し、地方自治法が施行され、中央集権型の地方行政から地方の自主性を重んじる地方自治に転換したが、このときに、大都市行政の特殊性に対応する制度として特別市制度も設けられることとなった。

　特別市制度は、都市としての諸機能、規模能力等において他の都市とは格別の実体を有することから、大都市行政の統一的、合理的運営を図る趣旨で設けられたものである。具体的には、特別市を都道府県の区域から独立させ、市の権能・事務に加えて原則として都道府県の権能を併せもつ特別地方公共団体として位置づけるものであり、特別市の指定は、人口50万以上の市について法律で指定することとされ（指定に当たっては関係府県の住民投票が必要）、5大都市（大阪市、京都市、名古屋市、横浜市、神戸市）が想定されていた。

　しかし、5大都市を包括する関係府県からは、大都市が独立してしまうと残存地域が府県として極めて弱体となり行政運営が困難になること、大都市行政の孤立化を招くことなどとして大きな反発を招き、5大都市と関係府県の意見の対立が続き、特別市はその指定がされることなく廃止された。

② 指定都市制度
　5大都市と関係府県の意見対立は、特別市制に代わる新たな大都市問題の解決を模索する方向に進み、1953年に現行地方制度に全般的な検討を加えることを目的として国に新設された地方制度調査会では、さしあたり事務および財源の配分により大都市行政の運営の合理化を図るものとして、知事の大都市に対する許認可権を整理し、都道府県事務のうち、補完行政（一般の市町村が処理することが不適当であると認められる程度の規模の事務について、都道府県が行うもの）

に属するものと委任事務（法律またはこれに基づく政令により普通地方公共団体に属する事務）で広域的または統一的処理を必要とする事務以外のものは大都市の事務とし、これに伴う税源の移譲、地方交付税上の配慮を行うことなどの方針が示された。このようにして、特別市制の実施かどうかという点が、暫定的な措置として大都市の事務に関する特例を設ける方向に争点が移った。大都市特例を設ける代わりに特別市制の条項を廃止するという、いわば妥協の産物として創設されたのが、指定都市制度である。その後、指定都市制度は、制度創設以来、2014年の地方自治法改正まで、50年以上にわたり制度の基本的な枠組みは変更されてこなかった。

【コラム：地方交付税】
　本来地方の税収入とすべきであるが、団体間の財源の不均衡を調整し、全ての地方団体が一定の水準を維持しうるよう財源を保障する見地から、国税として国が代わって徴収し、一定の合理的な基準によって再配分する、いわば「国が地方に代わって徴収する地方税」である。地方交付税の総額は、2017年4月1日現在、所得税・法人税の33.1％、酒税の50％、消費税の22.3％、地方法人税の全額とされている。

③　都区制度

現在の都区制度は、1947年の地方自治法の制定により確立し、23の特別区は特別地方公共団体として位置づけられ、特別区には原則として市の規定が適用され、公選の区長・区議会を有する基礎的な地方公共団体とされた。

しかし、1952年の地方自治法の改正において、都という大都市の一体的運営の必要から、特別区が都の内部的団体に位置づけられ（都が基礎的な地方公共団体とされた）、区長の公選制が廃止され（区議会が都知事の同意を得て選任することとされた）、特別区の処理事務が縮小されるなど、特別区を大都市の内部的な組織に近い性格を有するものとする改正が行われた。その後、1974年の地方自治法の改正により区長公選制の復活と保健所等の事務の特別区への移譲が行われ、1998年の地方自治法の改正により、一般廃棄物の収集等の事務移譲や都区財政調整制度の見直しとともに、特別区は基礎的な地方公共団体として都が処

理するものを除き一般的に市町村が処理する事務を処理することとされた。

> 【コラム：地方公共団体の種類】
> 　地方公共団体には、大別して、普通地方公共団体（都道府県・市町村）と特別地方公共団体（特別区、地方公共団体の組合、財産区）がある。
> 　普通地方公共団体とは、場所的構成要素（地方公共団体の区域）、人的構成要素（区域に住所を有する構成員）、制度的構成要素（自治権）3つの要素を全て備えた最も標準的な地方公共団体であり、一般的、普遍的に存在することが予定され、その存立目的も一般的に公共の利益を図ることであり、組織や権能も普遍的、一般的な性格を有する。
> 　これに対し、特別地方公共団体は、それぞれ特定の目的のために設けられ、一般的、普遍的に存在するものではなく、組織、権能も制度的には特殊なものと位置づけられている。

(4) 現行法の大都市制度

現在、地方自治法では、大都市制度として置かれているのは、都区制度、指定都市制度である。具体的には、以下のような制度である。

① 指定都市制度

指定都市は、人口50万以上の市のうちから政令で指定されるが、指定に当たっては、人口のみで形式的に判断するのではなく、人口その他都市としての規模、行財政能力等において既存の指定都市と同等の実態を有するとみられる都市が指定されている。

指定都市の指定は、1956年に、五大市（大阪市、名古屋市、京都市、横浜市、神戸市）が指定され、次いで、北九州市、札幌市、川崎市、福岡市、広島市、仙台市、千葉市、さいたま市、静岡市、堺市、新潟市、浜松市、岡山市、相模原市、熊本市が指定された。2017年4月1日現在、20市が指定都市である。

指定都市については、大都市行政の合理的、能率的な執行と市民の福祉向上を図るため、地方自治法およびその他の法令において、①事務配分、②関与、③行政組織、④財政の各面において他の一般市とは異なる特例が定められている。

② 都区制度

　都区制度は、東京都の特別区の存する区域において、人口の高度に集中する大都市地域における行政の一体性および統一性の確保の観点から、当該区域を通じて、都が一体的に処理することが必要であると認められる事務を除いた上で、一般的に市町村が処理するものとされている事務を特別区が処理することとするものである。

(a) 事務配分の特例

　都は、都道府県が処理する事務のほか、特別区に関する連絡調整に関する事務、市町村の事務のうち都が一体的に処理することが必要であると認められる事務（上下水道の整備・管理運営、消防など）を処理する。

(b) 都区財政調整制度

　都と特別区および特別区相互間の財源の均衡化を図り、ならびに特別区の行政の自主的かつ計画的な運営を確保するため、都が法定の都税（市町村民税〔法人分〕・固定資産税・特別土地保有税〔現在課税停止中〕）の条例で定める一定の割合を、特別区財政調整交付金として特別区に対して交付することにより、都と特別区および特別区相互間の調整を図っている。

③ 都区制度と指定都市制度の違い

　指定都市制度と都区制度とでは、大都市としての一体性・統一性の確保のためにどのように事務分担を行うかに関し、市町村が担う事務と都道府県の担う事務の双方を市が担うか（指定都市制度）、都道府県が大都市としての一体性・統一性の確保のために市町村の事務の一部を担うか（都区制度）、との違いがある。これにより、都区制度の区域では、基礎的地方公共団体である特別区の処理する事務は、一般の市町村に比して限定され、他方で、指定都市の区域においては、都道府県の処理する事務は、通常の場合に比して限定されることになる。この特色が、以下で紹介する大都市制度の抱える問題にもかかわってくる。

【コラム：中核市制度・特例市制度】
　市町村の規模、能力、態様は千差万別であることおよび地域的な発展の状況もさまざまであることを考慮すれば、市町村の規模能力に応じた事務配分を進めていく

ことが適当との観点から、社会的実態としての規模能力が比較的大きな都市について、その事務権限を強化し、できる限り住民の身近で行政を行うことができるようにした制度である。中核市は、人口30万以上の市について、特例市は人口20万以上の市について、事務配分上の特例等を設けるものであり、申出により政令による指定を受けることが要件である。それぞれ1994年と1999年に設けられた制度である。

その後、特例市に対して更なる事務の移譲を進めることが必要として、2014年地方自治法改正により両制度の統合がされ、中核市制度に一本化された（施行は2015年4月1日）。現在、中核市は人口20万以上が要件となっている。

2 大都市制度の抱える問題と解決方法

(1) 指定都市、都区制度の課題
① 指定都市制度の課題

前述のとおり、指定都市制度は、制度が創設されてから2014年までの間、50年以上にわたり制度の基本的な枠組みは変更されてこなかったが、このことは必ずしも課題がない制度であることを意味するわけではなく、指定都市制度は制度として停滞し、制度疲労を生じているとの評価もあったところであり、具体的には、以下のような課題が指摘されていた。

(a) いわゆる「二重行政」の問題

制度が創設されてから2014年までの間に、指定都市と都道府県との実際の行政運営の中で、いわゆる「二重行政」（大都市とそれを区域的に包括する府県が大都市の区域において同一内容の行政を実施する場合のことをいう）の問題があり、大都市における効率的・効果的な行政体制の妨げになっているとの指摘がある。なお、「二重行政」は、必ずしも指定都市と都道府県の間に固有の課題ではないが、指定都市の規模・能力が高く、都道府県庁所在地であることも多いこと等から、特に指定都市と都道府県の間で深刻化してきたものである。

(b) 住民意思の反映に関する問題

指定都市においては、市役所の組織が大規模化し、そのカバーするサービス

も幅広くなるため、個々の住民との距離は遠くなる。このため、住民に身近な行政サービスを適切に提供することや住民の意思を行政運営に的確に反映させることが課題とされている。

② 都区制度の課題

第30次地方制度調査会答申で述べられているように、1999年改正まで累次の制度改正を経て、比較的安定的に運営されているが、①都から特別区への事務移譲、②特別区の区域の見直しなどが検討課題として指摘されている。

(2) いくつかの方向性

以上のような課題を踏まえて、特に指定都市制度について、現行制度の改善による解決を目指す方向、新たな大都市制度を創設する方向、さまざまな手段が提示されているので、以下に主なものを紹介する。

ただ、一口に大都市といっても、その人口規模、抱える課題はさまざまであり、解決方法も違っている。たとえば、新たな大都市制度についても、大阪府・大阪市では、道府県の区域における特別区の設置による課題解決を検討したのに対して、横浜市では、かつての特別市制に近い制度である特別自治市（仮称）を提案した。大都市制度の在り方については、これが唯一の正解というものはなく、地域の実情に応じて、地域ごとに考えていくものであり、それが地方分権の理念にもかなうものではないかと考える。

① 現行の指定都市制度の改善（地方自治法の改正等）

2014年には、現行の指定都市制度を前提に、以下のような制度改正が行われた。これは、指定都市制度創設時以来の初めての本格的な制度改正である。

(a) 「二重行政」の解消のための方策

都道府県から指定都市への事務移譲の推進（あわせて事務移譲に伴う税財源の配分を行う）、指定都市と都道府県が同種の任意事務等を調整する協議会の設置、協議が調わない場合の裁定等の仕組みの創設が行われた。

(b) 「都市内分権」による住民自治強化

特に人口が非常に多い指定都市を念頭に、総合区制度を設け、区の役割を拡充し、総合区長に職員任命権や予算意見具申権をもたせるとともに、総合区長

を市長が議会同意を得て選任する特別職にするなどの改正が行われた。

> 【コラム：住民自治】
> 　地域の住民が地域の行政需要を自己の意思に基づき自己の責任において充足することを「住民自治」という。「団体自治」（国から独立した地域団体を設け、この団体が自己の事務を自己の機関によりその団体の責任において処理することをいう）と「住民自治」の2つの意味における地方自治が確立されていることが、憲法92条における「地方自治の本旨」を意味するとされる。

②　新たな大都市制度（道府県の区域における特別区の設置）

現行の特別区制度は一般制度として仕組まれているものの、東京都以外の地域に適用する手続は存在しなかった。そのような中、2012年8月に、議員立法により「大都市地域における特別区の設置に関する法律」（大都市地域特別区設置法）が制定され、人口の集中度合いや経済圏の実情などの社会経済情勢が東京都の特別区に近い大阪市の区域など、東京都以外の人口200万以上の区域に特別区を設置する場合の手続が設けられた。

ここでは、二重行政の解消は広域的地方公共団体である道府県に一元化することで実現され、住民自治の拡充は、特別区で公選の区長・区議会が設置されることで実現されるとしている。

道府県の区域における特別区の設置については、具体的な取組が進んでいるのは大阪府・大阪市の区域のみである（いわゆる「大阪都構想」）。大阪府・大阪市においては、2013年2月に大都市地域特別区設置法に基づき特別区設置協議会が設置され、特別区の設置に関する協議が行われた後、2015年5月に同法に基づき、特別区設置の是非を問う住民投票が実施されたが、賛成が有効投票総数の過半数に達せず廃案となった。しかし、その直後の大阪府知事・大阪市長同時選挙において、「大阪都構想」の見直しを掲げる政党の候補が当選したことにより、大阪府・大阪市においては、新たに掲げられた「大阪副首都構想」とともに、再度特別区の設置を検討しようとするなどの動きがある。

③　新たな大都市制度（特別市〔仮称〕）

特別市（仮称）は、全ての都道府県、市町村の事務を処理することから、そ

の区域内においてはいわゆる「二重行政」が完全に解消され、効率的・効果的な行政体制の整備に資する点で大きな意義を有するとされている。

　他方で、一層制の大都市制度である特別市（仮称）について、現行の指定都市の区と同様のものを設置することでは、住民自治の観点からは不十分であり、過去の特別市制度に公選の区長が存在していたように、何らかの住民代表機能をもつ区の必要性などが指摘されている。

【参考文献：地方公共団体等から出されている主な報告書等】
・指定都市制度関係
　　横浜・大阪・名古屋3市による大都市制度構想研究会「日本を牽引する大都市──『都市州』創設による構造改革構想」（2009年2月）
　　大阪府自治制度研究会「大阪にふさわしい新たな大都市制度を目指して──大阪再編に向けた論点整理」（2011年1月）
　　指定都市市長会「新たな大都市制度の創設に関する指定都市の提案──あるべき大都市制度の選択「特別自治市」」（2011年7月）
・都区制度関係
　　財団法人特別区協議会特別区制度調査会「東京における新たな自治制度を目指して──都区制度の転換」（2005年10月）、「『都の区』の制度廃止と『基礎自治体連合』の構想」（2007年12月）
　　東京自治制度懇談会（東京都）「議論のまとめ──地方自治制度の課題や改革の方向について」（2006年11月）、「議論の整理──地方自治制度改革の課題と方向性について」（2007年11月）

第5講　一般用医薬品の通信販売──行政規範の制定

【設　問】

薬をインターネット利用の通信販売で手軽に購入できるのは便利だが、それには誤用や濫用を生じ、生命や健康に対する危険が伴うのではないかという不安もある。薬の販売に対する法律による規制のあり方に関連して、次のような問題を考えてみよう。

〔設問1〕　従来の法律の薬品販売にかかる規制が改められたが、法律を施行するために厚生労働大臣が定める施行規則（厚生労働省令）で一定の医薬品の通信販売を禁止した。行政がこのように国民の自由を制限する規範を定めることは憲法41条が国会を唯一の立法機関と定めていることと抵触しないだろうか。

〔設問2〕　新法の一般用医薬品の販売方法に関する規定の趣旨・内容に基本的な変更がないとすると、施行規則の改正によって、従来許容されていた通信販売を制限することはできるだろうか。

〔設問3〕　店頭での対面販売に比べてインターネットを利用した医薬品販売は法律で禁止する必要があるほど危害発生の危険性が高いだろうか。

1　本講の課題

　行政が規範を制定することは、憲法で国会が唯一の立法機関とされていることに抵触しないのだろうか。憲法における行政規範制定の位置づけを確認する。憲法で行政による規範の制定が認められているとして、なぜ行政が規範を制定する必要があるのか、またどのような規範を制定しているかを明らかにする。議会が法律で行政規範の制定を委任する際の委任のあり方、委任に基づいて定立される規範の内容上の限界、行政が規範を制定する際の手続、および行政基準に関する問題を解説する。

2　一般用医薬品の販売に対する規制

　日本では、過去に、サリドマイド、キノホルム、クロロキン、非加熱製血液凝固因子製剤、フィブリノゲンなどの医薬品の使用による薬害が生じ、医薬品製造会社と国を相手取った訴訟も多く提起され、医薬品の安全性を確保し、国民の生命や健康に対する危害の防止を図る薬事行政のあり方が問われてきた。一方で、規制緩和の流れの中でインターネットを利用した医薬品販売の会社も生まれるなど、一般用医薬品販売の自由化が求められてきた。すなわち、1997年にはドリンク剤などが医薬部外品に移行され、2003年には「安全上特に問題がないとの結論に至った医薬品すべて」、特に解熱鎮痛剤、胃腸薬や感冒薬等を薬局・薬店に限らず販売できるよう見直しが求められた[1]（閣議決定「経済財政運営と構造改革に関する基本方針2003」2003年6月27日）。

　2005年12月、「厚生科学審議会医薬品販売制度改正検討部会報告書」は、「国民の健康意識の高まりを始め、一般用医薬品を取り巻く環境の変化を踏まえ、セルフメディケーションを支援する観点から、安全性の確保を前提とし、利便性にも配慮しつつ、国民による医薬品の適切な選択、適正な使用に資するよう、薬局、薬店等において、専門家による相談応需及びリスクの程度に応じた情報提供等が行われる体制を整備する。」と専門家によるリスクコミュニケーションを基本とした医薬品販売における安全性確保という制度改正の理念を示し、2006年の薬事法（現行法は「医薬品、医療機器等の品質、有効性及び安全性の確保等に関する法律」〔以下、新薬事法という〕）の改正はこの理念に即して行われた。ここにいわれているセルフメディケーションとは、自分自身の健康に責任を持ち、軽度な身体の不調は自分で手当てするという考え方である。

　新薬事法では、「一般用医薬品」の類別に応じた販売方法と情報提供を定めた。一般用医薬品とは、医師の処方箋なしに購入することができる医薬品であり、「医薬品のうち、その効能及び効果において人体に対する作用が著しくな

---

[1]　薬局・売店は、いずれも、業として医薬品の販売を行うことを許可されているが、薬店では、薬局医薬品の販売ができない（新薬事法27条）。

いものであって、薬剤師その他の医薬関係者から提供された情報に基づく需要者の選択により使用されることが目的とされているもの（要指導医薬品を除く。）をいう。」とされている（新薬事法4条5項4号）。新薬事法で、一般用医薬品は、リスクの程度に応じて、①「第一類医薬品　その副作用等により日常生活に支障を来す程度の健康被害が生ずるおそれがある医薬品のうちその使用に関し特に注意が必要なものとして厚生労働大臣が指定するもの」等、②「第二類医薬品　その副作用等により日常生活に支障を来す程度の健康被害が生ずるおそれがある医薬品（第一類医薬品を除く。）であって厚生労働大臣が指定するもの」、および③「第三類医薬品　第一類医薬品及び第二類医薬品以外の一般用医薬品」に3区分され（36条の7第1項）、販売方法と情報提供等に次のような差異を設けた。すなわち、店舗販売業者又は配置販売業者は、厚生労働省令で定めるところにより、(1)第一類医薬品については、薬剤師に、(2)第二類医薬品及び第三類医薬品については、薬剤師又は登録販売者に、販売・授与させなければならないと定めた（36条の9）。販売に関しては、「薬局開設者又は店舗販売業者は店舗による販売又は授与以外の方法により……、それぞれ医薬品を販売し、授与し、又はその販売若しくは授与の目的で医薬品を貯蔵し、若しくは陳列してはならない。」と定めた（37条1項）（傍点筆者）。この「店舗による」販売の意味は、従来、「店舗における」販売である必要はなく「店舗を根拠とする」販売と理解され、通信販売を禁止するものではないと解されており、2006年の法改正でもこの点の変更はなかった。

　ところが、厚生労働省の「医薬品の販売等に係る体制及び環境整備に関する検討会報告書」（2008年7月4日）は、情報通信技術を活用した通信販売については、販売時の情報提供に関する規定がない第三類医薬品の販売については認めるが、「販売時の情報提供を行うことが努力義務となっている第二類医薬品については、販売時の情報提供の方法について対面の原則が担保できない限り、販売することを認めることは適当ではない。」とした。この報告書を基に、薬事法施行規則（現行規則は、「医薬品、医療機器等の品質、有効性及び安全性の確保等に関する法律施行規則」）（厚生労働省令）が改正され、店舗以外の場所にいる者に対する郵便その他の方法による医薬品の販売または授与を、③に区分される

図5－1　厚生労働省作成リーフレット「2009年6月からの一般用医薬品販売方法」
http://www.mhlw.go.jp/bunya/iyakuhin/ippanyou/pdf/leaflet.pdf

1．リスクの程度に応じた情報提供と相談体制の整備

・リスクの程度に応じて一般用医薬品を3つに分類します。

第1類医薬品：特にリスクが高いもの
一般用医薬品としての使用経験が少ない等、安全性上特に注意を要する成分を含むもの
（例）H2ブロッカー含有薬、一部の毛髪用薬等

第2類医薬品：リスクが比較的高いもの
まれに入院相当以上の健康被害が生じる可能性がある成分を含むもの
（例）主なかぜ薬、解熱鎮痛薬、胃腸鎮痛鎮けい薬等

第3類医薬品：リスクが比較的低いもの
日常生活に支障を来す程度ではないが、身体の変調・不調が起こるおそれのある成分を含むもの
（例）ビタミンB·C含有保健薬、主な整腸薬、消化薬等

・リスクの程度に応じた情報提供を行います。

リスク分類	対応する専門家	購入者から質問がなくても積極的に行う情報提供	購入者側から相談があった場合の応答
第1類医薬品	薬剤師	書面を用いて、適正使用のために必要な情報提供を行わなければならない。	義務
第2類医薬品	薬剤師又は登録販売者※	適正使用のために必要な情報提供に努めなければならない。	
第3類医薬品		不要	

※今回の薬事法改正により新たに導入された、都道府県知事の行う資質確認のための試験に合格し、登録を受けた専門家

厚生労働省

2．適切な情報提供及び相談対応のための環境づくり②

（5）店舗における掲示事項
購入者から見て分かりやすく、実効性のある販売制度とするため次の事項が店舗内に掲示されるようになります。

・第1類、第2類、第3類医薬品の定義・解説
・第1類、第2類、第3類医薬品の情報提供に関する解説
・相談時の対応方法に関する解説
・店舗の開設者の氏名・名称
・勤務する薬剤師・登録販売者の氏名
・営業時間及び営業時間外に相談対応できる時間 など

（6）通信販売の規定の整備
インターネット販売を含む通信販売が可能な一般用医薬品は、第3類医薬品に限られます。

（7）その他
医薬部外品を次の3つに分類し、外箱や直接の容器等にその分類が表示されます。
① 殺虫剤・殺鼠剤など衛生害虫類に対する作用を目的とした製品「防除用医薬部外品」と表示
② ドリンク剤・うがい薬など医薬品に近い性質を持つ製品「指定医薬部外品」と表示
③ 口中清涼剤など日常的な不快感等の緩和を目的とする製品単に「医薬部外品」と表示

医薬品に限定する旨が定められ、それ以外の医薬品の販売・授与または情報提供はいずれも店舗において薬剤師等の専門家との対面により行わなければならない旨の規定が設けられた（以上について、図5－1参照）。

新薬事法の規定は、通信販売を認めていた改正前の規定と変更がないのに、施行規則において第一類および第二類の一般用医薬品のインターネット等を通じた通信販売が禁じられることとなった。

3　行政による規範制定は憲法に違反しないか〔設問1〕

ところで、新薬事法施行規則は、厚生労働大臣が定める命令であり、その制定は新薬事法が定める医薬品に対する規制を実施するために必要な規範を定める作用である。このような行政による規範制定は国会が唯一の立法機関であるとする憲法の定めに違反しないかどうか、また、国民の権利や義務に関する法

規は議会の制定する法律の形式によってのみ定めることができる、という**法律の法規創造力の原則**にも反しないかがここでの問題であるが、まず概念を整理しておこう。

　行政が制定する規範には、国民の権利や義務を規律し、国民と行政体との間に紛争が生じたときに裁判所がこれを適用する法規としての性質をもつ**法規命令**と、そうではなく行政機関相互を拘束するが、内部的な効果しかもたず、法規としての性質をもたない行政規則とが区別されてきた。従来、法規命令と行政規則を併せて行政立法とよんできた。しかし、「立法」という用語は普通「法規」の制定をさすので、法規ではない行政規則の制定を含む行政による規範制定を行政「立法」ということは適当ではない。また、法規としての性質を有さない行政規則についてはきわめて多様なものがあって、行政の示す一般的な基準のようなものから、ごく簡単な指示のようなものまでを含む。また「規則」という名称も、【設問】の新薬事法施行規則のように法律に基づいて制定される法規命令の名称にもこれが用いられるなど多様な用いられ方をしているので、従来のように行政が制定する規範のうち法規としての性質を有さないものを行政規則と呼ぶことも適当ではないと考えられる。そこで、本講では、行政立法といわれてきたものについては「**行政（による）制定規範**」と呼ぶこととし、行政規則といわれてきたものについては「**行政基準**」と呼ぶこととする。

　行政制定規範には、法規としての性質をもつものともたないものという相当に性質の異なる規範の制定が含まれる。が、いずれも行政が制定する規範であり、行政組織を拘束し、それらに従って行政活動が行われることで国民に対して外部的な影響を及ぼすという点では共通している。行政手続法は2005年の改正で「命令等」に関する一般原則や制定手続を定めたが、そこでの「命令等」とは、法律に基づく命令または規則、審査基準、処分基準、行政指導指針をさし（2条8号）（審査基準・処分基準については☞第6講。行政指導指針については☞第9講）、上記の法規命令と行政基準の両者を含んでいる。このことは、行政手続法が、上記のような点で法規命令の制定と行政基準の制定の問題の相違を相対的にとらえ、行政制定規範の問題として対象としたことを示すものといえよう。

　さて、憲法41条は、国会を唯一の立法機関と定めているが、行政制定規範の

うち法規命令の制定はこのことに抵触しないだろうか。この点については、次のように憲法自身が行政による法規命令の制定を許容しており、抵触しないと解されている。

すなわち、憲法73条は、内閣の行う事務を定め、その6号に「この憲法及び法律の規定を実施するために、政令を制定すること。但し、政令には、特にその法律の委任がある場合を除いては、罰則を設けることができない。」と定めている。憲法のこの規定は、内閣の事務を列挙するものであるが、政令の形式によるものに限らず、法規命令を許容するものと解されている。

また、法律の法規創造力の原則との関係についても、次のような実質的理由から、法律が委任している場合には、行政機関が法規を制定してもこの原則には反しないと考えられている。すなわち、「行政国家」化といわれる国家機能の多様化・複雑化が進行した一方で議会による立法の専門的技術的能力に限界があること、また議会による状況の変化への即応性の欠如などの事情が考えられる。さらに、政治的に中立の立場での規範制定の必要性や地方の事情を考慮する必要性なども考えられる。

4 法規命令

行政制定規範には、法規としての性質の有無によって上記のとおり法規命令と行政基準とがあるが、それぞれについて詳しく見ておこう。

法規命令は、法規の性質を有する行政制定規範であり、議会が法律の定めを抽象的なものにとどめる場合に、法律より具体的であるがなお一般的な規律を定める。

① 法規命令は、法律との関係により執行命令と委任命令とに分けられる。執行命令とは、上位の法令の執行を目的とし、上位の法令で定められている国民の権利や義務の詳細やその実現のための手続を定めるものである。委任命令は、法律の委任を受けて国民の権利や義務の内容を定める命令である。委任命令の制定には法律の根拠が必要であるが、執行命令の制定は権利や義務を新たに定めるものではないため、法律の根拠は必要ないと考えられている。

② 法規命令は、その制定権限の所在によって形式が分けられる。国の法規命令には、内閣が制定する政令（憲法73条6号、内閣法11条）、内閣総理大臣が制定する内閣府令（内閣府設置法7条3項）、各省大臣が制定する省令（国家行政組織法12条1項）、外局の長等が制定する規則（内閣府設置法58条4項、国家行政組織法13条1項、独禁法76条、警察法12条等）、人事院等独立機関が制定する規則（会計検査院法38条、国家公務員法16条1項）などがある。地方公共団体の法規命令には、長が制定する規則（地方自治法15条1項）、行政委員会が制定する規則（地方教育行政の組織及び運営に関する法律15条1項等）がある。

　法規の制定をいずれの形式で行うのかは、対象となる事項を所管するのがいずれの機関かによって定まる。政令は、ⓐ憲法および法律の規定を実施するために必要な補充的事項で内閣またはその下にある行政機関が処理すべきもの（執行命令）、ⓑ個別の法律によって特別に委任された事項（委任命令）である。これに対して、内閣府令、省令は、ⓐ法律または政令を実施するために必要な補充的事項で、制定権者たる各省大臣が主任の大臣として内閣府設置法や各省設置法に基づいて分担管理する事務に関するもの、ⓑ法律または政令の特別の委任があれば法律または政令の所管事項に属するものである。なお、内閣府令および省令には「法律の委任がなければ、罰則を設け、又は義務を課し、若しくは国民の権利を制限する規定を設けることができない。」（内閣府設置法7条4項、国家行政組織法12条3項）。これら以外の規則等については、それぞれの機関の独立性を保障する趣旨で規則制定権が与えられており、規則で定めるのはそれらの専属的所管に属し、法律による場合を除いて政令や省令では定めることができないと解されている。

　なお、行政機関の意思決定や事実を公式に国民・住民に知らせる形式として**告示**がある。告示は国の場合は官報に、地方公共団体の場合は公報に掲載されるが、法律に基づくものであれば（生活保護法8条1項に基づく厚生労働大臣の生活保護の基準の告示、環境基本法16条1項に基づく環境省の環境基準の告示等）、そうでないものもある（文部科学省の「大学、大学院、短期大学及び高等専門学校の設置等に係る認可の基準」）。告示の性質は、法規命令であったり、行政基準や事実行為であったりすることがあり、個別に判定されなければならない。

内部的な制定手続はそれぞれの法規命令について次のとおりである。政令については主任の大臣から政令案を添えて閣議請議がなされ各大臣の賛成によって閣議決定となり、公布・施行される。閣議請議の前に、内閣提出法律案と同様に、内閣法制局[2]で審査されるが、この場合規定事項が法律の明確な根拠を有するかが審査される。府令・省令は、各府省の定める決裁の手続により大臣の決裁を受けることで成立する。府省令を所管する担当部局が府省令案を起案してその審査を担当する部局の審査を受ける。規則については、府令・省令の場合に準じた手続で制定される。

5　法規命令──委任と規律内容の限界〔設問2〕

　法規命令を制定する権限を行政に委任する法律の規定のあり方と委任命令の内容について限界がある。
　①　法律による法規命令への委任のあり方については、国会が唯一の立法機関であるとする憲法の定め、および法律の法規創造力の原則の意義を失わせるような一般的・概括的な「白紙委任」は許されない。このことにかかわって、国家公務員の政治的行為を禁止し、その範囲を人事院規則の定めるところに委ねている国家公務員法102条1項の規定がこの委任の方法の限界を逸脱するものとして問題とされてきた。しかし、最高裁の判例は、明確な理由を示してはいないが、国家公務員法102条1項に、憲法に違反するところはないと判示してきた。最判昭33・5・1刑集12・7・1272は、「人事院規則1417は、国家公務員法102条1項の委任に基き制定せられたものであり、そして国家公務員法102条が憲法14条又は28条に違反するものでないことは当裁判所の判例とするものであるところ（昭和31年（あ）635号、同33・3・12大法廷判決、昭和31年（あ）634号、同33・4・16大法廷判決）、前記人事院規則は、右国家公務員法102条1項に基き、

---

2) 内閣法制局は、内閣の補佐機関として内閣法制局設置法によって設置され、閣議に附される法律案、政令案および条約案の審査、法律案および政令案の立案、法律問題に関し内閣ならびに内閣総理大臣および各省大臣に対し意見を述べ、内外および国際法制ならびにその運用に関する調査研究等を行う。

一般職に属する国家公務員の職責に照らして必要と認められる政治的行為の制限を規定したものであるから、前記大法廷判決の趣旨に照らし、実質的に何ら違法、違憲の点は認められない」とした。

また、最判昭49・11・6刑集28・9・393（猿払事件最高裁判決）は、「政治的行為の定めを人事院規則に委任する国公法102条1項が、公務員の政治的中立性を損うおそれのある行動類型に属する政治的行為を具体的に定めることを委任するものであることは、同条項の合理的な解釈により理解しうるところである。そして、そのような政治的行為が、公務員組織の内部秩序を維持する見地から課される懲戒処分を根拠づけるに足りるものであるとともに、国民全体の共同利益を擁護する見地から科される刑罰を根拠づける違法性を帯びるものであることは、すでに述べたとおりであるから、右条項は、それが同法82条による懲戒処分及び同法110条1項19号による刑罰の対象となる政治的行為の定めを一様に委任するものであるからといって、そのことの故に、憲法の許容する委任の限度を超えることになるものではない。」とした。

委任のあり方に関しては、さらに法規命令の制定を委任された行政機関が法律の根拠なくさらに下位の規定に委任する再委任が許容されるか否かが問題となる。最判昭33・7・9刑集12・11・2407は、政令である酒税法施行規則による帳簿記載事項の詳細の税務署長への再委任は、酒税法の委任の趣旨に反したり、憲法で禁じられたりしていないと判示した。

②　次に、行政機関が法律の委任に基づいて制定した法規命令は委任の範囲を超える定めを行ってはならない。

このことは、行政手続法38条1項が「命令等を定める機関……は、命令等を定めるに当たっては、当該命令等がこれを定める根拠となる法令の趣旨に適合するものとなるようにしなければならない。」と定め、さらに同条2項が「命令等制定機関は、命令等を定めた後においても、当該命令等の規定の実施状況、社会経済情勢の変化等を勘案し、必要に応じ、当該命令等の内容について検討を加え、その適正を確保するよう努めなければならない。」と定めたところである。

判例には、法律の委任を受けて制定された法規命令が委任の趣旨に反しない

としたもの、および反するとしたものがある。

最判平2・2・1民集44・2・369は、銃砲刀剣類所持等取締法に基づく規則に関して委任の趣旨に反しないとしたものである。同法14条1項は、「都道府県の教育委員会は、美術品若しくは骨とう品として価値のある火縄式銃砲等の古式銃砲又は美術品として価値のある刀剣類の登録をするものとする。」と定め、外国刀剣の登録を除外していない。同条5項はその「鑑定の基準及び手続その他登録に関し必要な細目」の定めを文部科学省令に委任しているが、これに基づいて制定された銃砲刀剣類登録規則（文部科学省令）4条2項は刀剣類の鑑定は、日本刀に限定して行うこととしている。同規則の定める要件が、法律の委任の趣旨に反しないかについて、判決は次のように判断した。「いかなる刀剣類が美術品として価値があり、その登録を認めるべきかを決する場合にも、その刀剣類が我が国において有する文化財的価値に対する考慮を欠かすことはできないものというべきである。……規則が文化財的価値のある刀剣類の鑑定基準として、前記のとおり美術品として文化財的価値を有する日本刀に限る旨を定め、この基準に合致するもののみを我が国において前記の価値を有するものとして登録の対象にすべきものとしたことは、法14条1項の趣旨に沿う合理性を有する鑑定基準を定めたものというべきであるから、これをもって法の委任の趣旨を逸脱する無効のものということはできない。」と。

これに対して、最判平3・7・9民集45・6・1049は、旧監獄法に基づいて14歳未満の幼年者と在監者の面会を禁止した監獄規則（法務省令）について、法律の委任の趣旨に反するとした。判決は、旧監獄法45条は被勾留者と外部の者との接見を原則として許し、例外的に、障害発生の防止のために必要な限度で接見に合理的な制限を加えることができるとしているにすぎないと解し、同法50条は、命令（法務省令）をもって、面会の立会、場所、時間、回数等、面会の様態についてのみ必要な制限をすることができる旨を定め、被勾留者と幼年者との接見を原則禁止する規則の「規定は、……それ自体、法律によらないで、被勾留者の接見の自由を著しく制限するものであって、法50条の委任の範囲を超えるものといわなければならない。」とした。

それでは、【設問】のように、新薬事法の一般医薬品の販売方法に関する規定

の趣旨・内容に基本的な変更がないのに、施行規則の改正によって従来許容されていた通信販売を制限することにはどのような問題があるだろうか。施行規則の規定内容が法律による委任の趣旨に反するかどうかが問題である。

最判平25・1・11民集67・1・1（以下、「平25最判」という）がこの点について判断した。判決では、「厚生労働大臣が制定した郵便等販売を規制する新施行規則の規定が、これを定める根拠となる新薬事法の趣旨に適合するもの（行政手続法38条1項）であり、その委任の範囲を逸脱したものではないというためには、……新薬事法中の諸規定を見て、そこから、郵便等販売を規制する内容の省令の制定を委任する授権の趣旨が、上記規制の範囲や程度等に応じて明確に読み取れることを要する」としたうえで「国会が新薬事法を可決するに際して第一類医薬品及び第二類医薬品に係る郵便等販売を禁止すべきであるとの意思を有していたとはいい難い。そうすると、新薬事法の授権の趣旨が、第一類医薬品及び第二類医薬品に係る郵便等販売を一律に禁止する旨の省令の制定までをも委任するものとして、上記規制の範囲や程度等に応じて明確であると解するのは困難であるというべきである。」とし、新施行規則の各規定は第一類および第二類医薬品の郵便等販売を「一律に禁止することとなる限度において、新薬事法の趣旨に適合するものではなく、新薬事法の委任の範囲を逸脱した違法なものとして無効」とした。

6　行政基準

(1)　意義と種類

行政基準は、行政が定立する規範のうち法規としての性質をもたないものである。行政組織内部の組織のあり方や事務処理手続等について定める規定がこれに当たる。これらの制定には普通法律の根拠は必要ではない。

定まった形式で定められる必要はなく、要綱等の形式で定められる。

内容もさまざまであるが、行政組織内部にとどまらず、外部の国民に対しても影響があるものとして次のようなものがある。

① 組織に関する基準

国の府・省は法律に基づいて設置され、政省令によって細目が定められ、さらに、訓令（☞第4講）、内部組織規則等の行政基準によって行政内部の事務分掌を定めている。

② 部分社会秩序に関する基準

部分社会とは市民社会とは別扱いされる自律的な社会・団体をさす。国公立の学校の学則、国公立図書館等の利用規則などであり、これらの基準に違反した場合には一定の制裁的措置がとられる場合がある。

③ 行政の行動基準

行政機関が、規則を定めて行動の基準とする場合がある。これには、いかなる場合にいかなる処分を行うかについて行政に判断の余地が認められている場合に、予め基準を定める裁量基準（☞第3講）、補助金等の給付の基準となる補助要綱、住宅建築や宅地開発等の適正化を図るために地方公共団体が行う行政指導の基準である指導要綱（☞第9講）などがある。

(2) 行政基準に対する法的統制

行政基準は、法律の根拠に基づいて制定されるものではないが、一定の場合にはその制定が法的に求められる場合がある。行政手続法は、申請に対する処分について審査基準の制定を義務付け（5条）、不利益処分について処分基準を定める努力義務を定めているが（12条☞第6講）、これは上の③行政の行動基準のうち裁量基準に当たる。また、その制定手続については法規命令と同様に、行政手続法の命令等制定手続が適用される（39条）。

7　行政規範制定の手続

法規命令と行政基準の両者を併せた行政規範のうち行政手続法が定める「命令等」の制定については、制定機関は制定に際して命令等の案と関連資料を公示して意見公募の手続を実施しなければならない（行政手続法39条）（☞第13講）。また、個別の法律により、公聴会の開催（労働基準法113条、船員法121条等）や審

議会への諮問（地方公務員等共済組合法122条、地方交付税法23条等）が求められている場合がある。

8 医薬品の通信販売は禁止されるべきか〔設問3〕

　新薬事法に基づく一般用医薬品の販売規制をめぐって問題となったことは、法律によって認められている第一類、第二類医薬品の郵便等通信による販売が行政制定規範である施行規則によって禁止されたことであり、平25最判はこの点をとらえて、施行規則による禁止が法律の委任の範囲を超え違法とした。したがって、法律が明示的に第一類、第二類の医薬品について通信販売を禁止したとするならば、それは職業選択の自由に対する不要または過剰な規制として憲法違反となりえたかという問題がある。

　医薬品の販売段階で対処すべきリスクは、医薬品が販売されてから服用に至る過程で生じうる、誤用、濫用、保管方法を誤るなどのことによって生じる医薬品需要者の生命や健康等に悪影響を及ぼしうるリスクである。医薬品そのもののもつ効能、効果、および安全性は、基本的に製造承認や、再審査、再評価の制度によって担保されることを前提とする。販売段階でのリスクへの対処として、一定の医薬品についての通信販売を禁止することが職業選択の自由を制限することにならないかが問題である。薬局の距離制限に関する最高裁の判決（最判昭50・4・30民集29・4・572）は、薬事法の薬局開設の地域的制限に関する規定は、「不良医薬品の供給の防止等の目的のために必要かつ合理的な規制を定めたものということができないから、憲法22条1項に違反し、無効である。」とした。

　この点、平25最判では、上記2にみた新薬事法制定の過程において政府部内でも一般用医薬品の販売または授与の方法としてインターネットを通じた郵便等販売が、対面販売より劣るといった知見は確立されたものではなく、薬剤師が配置されていない事実に直接起因する一般用医薬品の副作用等による事故も報告されていないという認識があったと認定した。距離制限に関する最高裁の判決の基準に照らせば、安全確保のために通信販売を禁止することが必要かつ合理的ではないとすれば、法律が明示する場合でも通信販売の禁止は、比例原

則（☞第1講）に照らして過剰な規制として職業選択の自由を侵害し憲法違反となる可能性があるといえる。しかし、医薬品の販売の場合、比例原則が厳格に適用されることができず、一般的に規制の必要性が肯定されうるとすれば、通信販売の禁止も憲法に違反するとまではいえないとも考えられる。

　実際には、先の最高裁判決を受けて新薬事法等が改正され、2014年6月から新しい医薬品販売制度が施行された。新たなルールでは、医薬品の区分が見直され、使用に特に注意が必要な一部の医薬品を「要指導医薬品」として新たな区分に位置づけて対面販売に限る一方（新薬事法4条5項4号・36条の6第1項）、第一類、第二類、第三類のすべての一般用医薬品は、施行規則等の省令で定められたルールの下、インターネットや電話などで販売できることとされた。省令に具体的なルールの規定を委任するについて、新薬事法に明確な委任の根拠規定を設け、厚生労働省令で「薬局における医薬品の販売又は授与の実施方法（その薬局においてその薬局以外の場所にいる者に対して一般用医薬品（……）を販売し、又は授与する場合におけるその者との間の通信手段に応じた当該実施方法を含む。）に関する事項」を定めることができるとした（新薬事法9条1項2号）。新施行規則は、インターネット販売等を含む「その薬局又は店舗におけるその薬局又は店舗以外の場所にいる者に対する一般用医薬品又は薬局製造販売医薬品（……）の販売又は授与」を「特定販売」と呼び（1条2項4号）、実店舗に貯蔵・陳列している医薬品への限定や広告についてその具体的ルールを定めた。

【発展問題：地方公共団体の行政規則等】
　行政手続法39条は、内閣や行政機関が「命令等」（法律に基づく命令または規則、審査基準、処分基準、および行政指導指針）を定めようとする場合に、意見公募手続を実施して広く一般の意見を求めなければならないと定めている。この規定は、地方公共団体が「命令等」を定める場合については適用を除外されているが（行政手続法3条3項）、地方公共団体は、行政手続法の趣旨にのっとって、行政運営における公正の確保と透明性の向上を図るため必要な措置を講ずるよう努めなければならない（同法46条）。ほとんどの地方公共団体では行政手続条例を定めているが、命令等の制定についての手続規定はこの条例とは別の条例または要綱で定めている地方公共団体が多く、また意見公募手続の対象となる「命令等」の範囲は地方公共団体によりまちまちである。地方公共団体における「命令等」の制定手続に関する

措置の状況を調べて、それらが行政手続法の趣旨にのっとったものとなっているか検討してみよう。

【参考文献】

- 薬事医療法制研究会編『改正薬事法における医薬品販売制度——インターネット販売等の新しいルール』(じほう、2014年)
- 下山憲治「一般用医薬品の流通・販売規制に関する考察——医薬品ネット販売訴訟東京地裁判決を契機に」東海法科大学院論集3巻 (2012年) 79-100頁
- 野口貴公美「行政立法——『裁判規範性』に関する一分析」磯部力・小早川光郎・芝池義一編『行政法の新構想Ⅱ——行政作用・行政手続・行政情報法』(有斐閣、2008年) 25-49頁

第6講　食の安全に関する規制の仕組み——行政処分(1)

【設　問】
　古くは、水俣病事件やカネミ油症事件などが有名であるが、近時でも、狂牛病（BSE）の発生、遺伝子組換え食品の開発と普及、ファーストフード店の仕入先での使用期限切れ鶏肉の使用、焼肉店での牛生レバーの提供による食中毒の発生など、「食の安全」の問題は、姿を変えて繰り返し発生している。わが国においては、食品衛生法が「飲食に起因する衛生上の危害を防止し、もって国民の健康の保護を図ること」（1条）を目的として制定されている。そこで、「食の安全」に関する行政法律である食品衛生法について、次の問いを考えてみよう。

〔設問1〕　食品衛生法は、主として「食品」（4条1項）と「添加物」（同条2項）について規制しているが、両者に対する規制の仕方はどのように異なるだろうか、また、その違いはどのような理由に基づくものと考えられるだろうか。

〔設問2〕　サラリーマンであるAさんは、会社を定年前に退職して中華料理店を始めることを考えているが、Aさんは、自由に開店することができるだろうか。受講生の皆さんが、大学の学園祭で焼きそば、たこ焼きなどを調理して販売する屋台（模擬店）を出店しようとする場合はどうだろうか。

〔設問3〕　ある地域で数十名の食中毒患者が発生したため、報告を受けた保健所長が調べてみたところ、すべての患者が同じ日に同じ弁当屋で弁当を購入したことが明らかとなり、この弁当屋の調理場から食中毒の原因菌が発見された。この場合に、行政はどのように対応すべきだろうか。

1　本講の課題

　前講で行政機関による一般的抽象的な規範の制定である行政規範の制定について学んだのに引き続き、本講からは、行政機関が行う個別具体的な措置について学習することにしよう。そのうち、本講および**第7講**において取り上げるのが、**行政処分**（**行政行為**ともいう）である。
　ここで、行政処分の特徴を挙げると、①行政府（行政機関）が、②対外的に、

第1部　入門編

> ☞ POINT
> 法律の条文で「Aその他B」という規定と「Aその他のB」という規定では意味合いが異なる。前者の場合にAとBは並列の関係にあるのに対し、後者の場合にAはBの例示である。

③公権力の行使として、④具体的な規律を加える、⑤法行為であるということになる。この行政処分は、②対外的な行為である点で、行政組織内部の行為である訓令・通達（☞**第4講**）とは異なり、③公権力の行使（公権力の行使とは何かということを説明することは容易ではないが、ここでは、**第2講**で学んだように、相手方である国民の同意を得ることのない一方的な行為であると理解しておこう）である点で、非権力的な行為（すなわち、相手方である国民の同意を得る行為）である行政指導（☞**第9講**）や行政契約（☞**第15講**）とは異なる。また、行政処分は、④具体的な規律を加える行為である点で、一般的抽象的な規律を加える行為である法規命令（政省令等）の制定（☞**第5講**）とは区別され、⑤法行為である点で、権力的な事実行為である即時強制（☞**第8講**）とは区別される。もともと行政処分は、学問上（＝講学上）の概念であったが、実定法（＝実際の法律）でも「処分」＝「行政庁の処分その他公権力の行使に当たる行為」（行政手続法2条2号、行政不服審査法1条2項、行政事件訴訟法3条2項）というほぼ同じ概念が用いられている。

　まず、本講では、食品衛生法の仕組みに即して、行政処分は、どのような具体的な場面で行われるものか、また、行政処分にあたって、行政庁はどのような手続を踏まないといけないかについて考えてみることにしよう。

2　食品衛生法の規制の対象と方法〔設問1〕

　〔設問1〕にあるように、食品衛生法は、主として「食品」と「添加物」を規制の対象にしている（5条以下）。まずは、「食品」と「添加物」の性格はどう違うか、その違いに基づいて、両者の規制の仕方がどのように異なるかをみておくことにする。

　前者の「食品」の規制については、人が口にする物は、日本のような狭い国に限っても地域ごとにずいぶんと異なるし、また、時代によっても変わるので、そもそも「食品」をどのように定義して、規制の対象とすべきか、という

問題が生じる。食品衛生法4条1項本文は「食品」を「全ての飲食物」と広く定義しており[1]、ある物が「食品」に該当するかどうかは、突き詰めると社会通念によって判断するしかないだろう。

ただし、食品衛生法は、国民による飲み食いのすべてを規制の対象にしているわけではない。同法が規制しているのは、食品の販売（たとえば、5条）などの社会公共の秩序と安全を脅かす活動だけである（☞第1講）。より具体的に、同法6条は、食品または添加物のうち、特に「人の健康を損なうおそれ」があるものについて、販売などを禁止し、これに違反した者に対して罰則（「3年以下の懲役又は300万円以下の罰金」）を科すものとしている（71条1項1号）。たとえば、同法6条1号は、「腐敗し、若しくは変敗したもの又は未熟であるもの」については、通常「人の健康を損なうおそれ」があるため、原則的に販売等を禁止し、そのうえで、鮒寿司や納豆のように、腐敗・変敗したものであっても「一般に人の健康を損なうおそれがなく飲食に適すると認められているもの」について、禁止を解除するという規定になっている。さらに、同条2号から4号がどのような内容の規定かは、受講生の皆さんに各自確認してもらいたいが、いずれにしても、食品や添加物の販売などは、営業の自由（憲法22条1項）という国民の自由にかかわるので、仮に「人の健康を損なうおそれ」がない食品や添加物の販売などまで禁止すれば、国民の自由の過度の侵害という問題が生じることになる（☞第1講）。

とはいえ、すでに触れたように、人が口にする物は時代によって変わるので、新たに「人の健康を損なうおそれ」があるかどうかがはっきりしない食品が登場することがある。たしかに、一方では、このような食品について、「人の健康を損なうおそれ」があることが判明しない以上、販売の禁止などの規制をかけることは営業の自由の侵害であるという考え方があるだろう。しかし他方で、営業の自由よりも国民の生命・健康を重視すべきであり、したがって、「人の健康を損なうおそれ」がないことが判明しなければ、規制をかけること

---

1) 同条1項ただし書は、食品から「医薬品、医療機器等の品質、有効性及び安全性の確保等に関する法律……に規定する医薬品、医薬部外品及び再生医療等製品」を除外している。

> **【コラム：危険ドラッグに対する地方公共団体の規制】**
> 　いわゆる危険ドラッグが原因と考えられる交通事故が多発し、一時期、大きな社会問題となったことがあるが、特定の危険ドラッグを規制の対象としても、すぐに成分の異なるものが現れるため、法的規制が追いつかないという問題があった。この問題に対して、鳥取県薬物の濫用の防止に関する条例（平成25年鳥取県条例第6号）は、規制の対象となる「薬物」の定義（2条）として、「大麻取締法（……）第1条に規定する大麻」（1号）、「覚せい剤取締法（……）第2条第1項に規定する覚せい剤及び同条第5項に規定する覚せい剤原料」（2号）などを具体的に列挙するのに加え、「前各号に掲げる物と同等に、興奮、幻覚、陶酔その他これらに類する作用を人の精神に及ぼし、人の健康に対する被害が生ずるおそれがある物であって、人が摂取し、又は吸入するおそれがあるもの（酒類、たばこ及び医薬品医療機器等法第2条第1項に規定する医薬品を除く。以下「危険薬物」という。）」（7号）と包括的に規定し、特に危険薬物のうち、知事が薬物の専門家の意見を聴いて指定したものを「知事指定薬物」（9条1項）とすることで、規制の網を広げようとしている。危険ドラッグの包括的な規制は、鳥取県の条例が全国初とされるが、現在では、大阪府の条例（平成24年大阪府条例123号）や京都府の条例（平成26年京都府条例第52号）なども、包括的な規制を行っている。

が許されるという考え方（**予防原則**）も十分成り立つ。食品衛生法は、後者の考え方を取り入れて、「一般に飲食に供されることがなかった物であって人の健康を損なうおそれがない旨の確証がないもの又はこれを含む物」について、厚生労働大臣が、薬事・食品衛生審議会の意見を聴いて、食品として販売を禁止することを認めている（7条1項）。一部の国からの輸入食品のように「人の健康を損なうおそれ」があるかどうかを突き止めることが難しい食品や添加物についても、類似の規定が置かれている（8条1項）。

　後者の「添加物」は、「食品の製造の過程において又は食品の加工若しくは保存の目的で、食品に添加、混和、浸潤その他の方法によって使用する物」（食品衛生法4条2項）であり、食品とは異なり、もともと人が口に入れるものでは必ずしもないので、国民の生命・健康を保護するためには、より強い規制が必要とされるし、許されるだろう。食品衛生法は、上記の6条・8条の規制に加えて、「添加物（天然香料及び一般に食品として飲食に供されている物であって添加物と

して使用されるものを除く。)並びにこれを含む製剤及び食品」については、販売などを原則的に禁止し、「人の健康を損なうおそれ」のない場合として厚生労働大臣が薬事・食品衛生審議会の意見を聴いて定める場合に例外を認めている(10条)。

3 許認可とその手続〔設問2〕

(1) 営業許可制度

　食品衛生法は、上記の規制に加えて、「飲食店営業その他公衆衛生に与える影響が著しい営業(……)であって、政令で定めるもの」の施設につき、都道府県は、条例で、業種別に、公衆衛生の見地から必要な基準を定めなければならないと規定し(51条)、さらに、このような営業を営もうとする者は、厚生労働省令で定めるところにより、都道府県知事の許可を受けなければならないと規定し(52条1項。以下、52条許可という)、これに違反した者に対して罰則(「2年以下の懲役又は200万円以下の罰金」)を科すものとしている(72条1項)。そして、ここでいう「政令で定めるもの」には、「飲食店営業(一般食堂、料理店、すし屋、そば屋、旅館、仕出し屋、弁当屋、レストラン、カフェー、バー、キャバレーその他食品を調理し、又は設備を設けて客に飲食させる営業をいい、次号に該当する営業を除く。)」(食品衛生法施行令35条1号)が含まれる。したがって、〔設問2〕のケースにおいて、脱サラして中華料理店を始めることを考えているAさんは、自由に開店することはできず、都道府県知事の許可を受けなければならない。もっとも、食品衛生法および同法施行令によって都道府県が処理することとされている事務は、指定都市(☞補論1「大都市制度のあり方」)が処理することになっている(地方自治法252条の19第1項9号、同施行令174条の34第1項)ので、たとえば、Aさんが京都市内で中華料理店を開業しようとしているとすると、京都市長の委任を受けた京都市保健所長の許可(京都市長の権限に属する衛生事務委任規則〔昭和26年京都市規則第41号〕1条1項18号によって、52条許可に関する権限は保健所長に委任されている)を受けなければならないことになる(以下では、特に断らないかぎり、Aさんは京都市内で開業しようとしているとしよう)。

そして、この52条許可は、1で述べた行政処分に該当する。食品衛生法は、「飲食店営業その他公衆衛生に与える影響が著しい営業（……）であって、政令で定めるもの」をひとまず禁止したうえで、一定の要件を充たす者について営業の自由を回復させるのであり、この52条許可は、行政処分の定義にぴったりと当てはまる（警察許可については☞第1講）。

ちなみに、食品衛生法51条でいう「政令で定めるもの」には、「喫茶店営業（喫茶店、サロンその他設備を設けて酒類以外の飲物又は茶菓を客に飲食させる営業をいう。）」（食品衛生法施行令35条2号）が含まれており、この「喫茶店営業」には、コップ式自動販売機も含まれると考えられている。コップ式自動販売機に保健所長の営業許可済票が貼付されているのを目にしたことがある人も多いのではないだろうか（みた記憶がない人は、学内の自動販売機で確認してみよう）。

さて、それでは、受講生の皆さんが、大学の学園祭で食品を調理して販売する模擬店を出店しようとする場合にも、52条許可を受けないといけないのだろうか。実は、食品衛生法は、「営業」を「<u>業として</u>、食品若しくは添加物を採取し、製造し、輸入し、加工し、調理し、貯蔵し、運搬し、若しくは販売すること又は器具若しくは容器包装を製造し、輸入し、若しくは販売することをいう。ただし、農業及び水産業における食品の採取業は、これを含まない。」（下線部は筆者）（4条7項）と定義しており、模擬店の出店のように、たまたま営業に類する行為を行う場合は、そもそも「営業」に該当しないと考えられている。たしかに、数日間の学園祭の期間中に模擬店を出店しても、社会公共の秩序と安全に及ぼす影響はさして大きくなく、52条許可を必要とするほどのものではないかもしれない。しかし、学園祭には不特定多数者が来場するため、影響がないとも言い切れないだろう。そこで、こうした模擬店の出店については、届出などを求める地方自治体が多いようである。これは、行政指導（☞第9講）に当たる。

(2) 許認可の手続

行政手続法は、「行政運営における公正の確保と透明性（行政上の意思決定について、その内容及び過程が国民にとって明らかであることをいう。……）の向上を図

り、もって国民の権利利益の保護に資すること」（1条）を目的とした法律であり、この行政手続法は、行政処分を**申請**（2条3号）**に対する処分**（**許認可**といってもよい）と**不利益処分**（同条4号）に大別して、行政庁がそれぞれの処分を行うときにとるべき手続を規律している。[2] 52条許可は、前者の許認可に含まれるので、行政手続法が定める許認可手続をみることにしよう。

行政手続法5条は、許認可のための**審査基準**を定め、行政上特別の支障があるときを除いて公にすることを行政庁に義務付けている。審査基準の具体性については、「許認可等の性質に照らしてできる限り具体的なものとしなければならない。」とされ、審査基準を公にする方法については、「法令により申請の提出先とされている機関の事務所における備付けその他の適当な方法」とされている。この審査基準の設定と公表は、行政庁による許認可の審査が場当たり的になることを防ぐとともに、国民が許認可を受けられるかどうかの見通しをよくするために、行政手続法が特に義務付けたものである。したがって、特に想定外の事態でも生じないかぎり、行政庁は自らが設定して公表した審査基準に従って許認可の審査をしなければならないだろう。

52条許可の基準となるのは、まずは、食品衛生法51条に基づいて都道府県が条例で定める基準である（食品衛生法52条2項）。すでに説明したように、食品衛生法および同法施行令によって都道府県が処理することとされている事務は、指定都市が処理することになっているが、（ややこしいことに）特に同法51条の条例の制定に関する事務は除外されているので（地方自治法施行令174条の34第1項括弧書き。ただし同条2項も参照）、京都市保健所長が52条許可をするときに従わなければならないのは、京都府が条例で定めた基準である。そして、京都府の食品衛生法に基づく公衆衛生上講じるべき措置の基準等に関する条例（平成12年京都府条例第5号）4条および別表2は、食品衛生法51条の基準として、「営業の施設は、公衆衛生上不適当な場所に位置しないこと。」（1号）、「営

2）　行政手続法は、多くの行政領域（特に3条1項7号〜10号を参照）において、また、地方公共団体の機関が条例または規則に基づいてする処分（同条3項）について、適用を除外されている。ただし、後者について、ほとんどの地方自治体は、行政手続法と類似の行政手続条例を制定している。

業の施設は、十分な広さを有し、住居その他営業に関係のない場所と区分するとともに、使用目的に応じて区画すること。」（2号）などを列挙したうえで、「1から6までに定めるもののほか、公衆衛生上必要な営業の施設の基準として規則で定める事項」と規定し、これを受けた京都府の食品衛生法施行細則（平成12年京都府規則第12号）6条および別表第3は、第1の共通基準（この基準には、施設に関する(1)から(10)までの基準と、設備に関する(1)から(13)までの基準がある）と第2の業種別基準（たとえば、飲食店営業については、(1)一般施設に関して「カウンター又は隔壁等により他と区画された調理場を設けること。」などの基準があり、(2)自動販売機による営業に関して「設置場所は、屋内であること。ただし、ひさし、屋根等で雨水の侵入を防止できる場所にあっては、この限りでない。」などの基準がある）を詳細に規定している。このように、審査基準が法令においてすでに具体的に規定されているときには、加えて裁量基準（☞第3講）を定立しないことも許される[3]。

　行政手続法6条は、**標準処理期間**（申請がその事務所に到達してから当該申請に対する処分をするまでに通常要すべき標準的な期間）を定めることを行政庁の努力義務とし、定めた標準処理期間を公にすることを行政庁に義務付けている。公にする方法は、審査基準の場合と同様である。52条許可については、7日から15日程度の標準処理期間を設定している地方自治体が多いようである。

　行政手続法7条は、**審査・応答義務**を規定している。具体的にいうと、行政庁は、申請がその事務所に到達したときは遅滞なく当該申請の審査を開始しなければならない。行政庁がまず行う審査は、「申請書の記載事項に不備がないこと」などの「法令に定められた申請の形式上の要件」を充足しているかどうかの審査、すなわち、形式要件の審査であり、この形式要件を充足していない申請については、速やかに、申請者に対し相当の期間を定めて当該申請の補正を求める（これは、行政指導に該当する）か、当該申請により求められた許認可等

---

[3] 52条許可には、5年を下らない有効期間その他の必要な条件を付けることができる（食品衛生法52条3項）。この条件（たとえば、「生ものを取り扱ってはならない。」）は、学問上は、行政処分の本来の内容に付加される従たる内容の行政庁の意思表示である**付款**に該当する。京都府の食品衛生法施行細則9条および別表5は、有効期間について具体的な基準を規定している。

を拒否しなければならない。これは、行政庁による申請の「握りつぶし」や「店晒し」を防止するためである。

　行政手続法が予定している審査は、申請書に基づく書面審査だけである。ただし、多くの地方自治体では、52条許可の申請に先立って、事前相談が行われているようである。審査の結果、行政庁が許認可を行うと判断した場合には、その意思が申請者のもとに到達した時点で、許認可の効力が発生する（最判昭29・8・24刑集8・8・1372）。52条許可の場合であれば、許可書が申請者に届いた時点である。京都市食品衛生法施行細則（昭和25年京都市規則第96号）10条によると、52条許可を受けた者は、営業所内の見やすい場所に、許可書を掲示しておかなければならない（次回、飲食店に行ったときに許可書を探してみよう）。

　他方で、行政庁が許認可を拒否する場合には、行政手続法8条に従って、申請者に対し、**同時に**、**理由の提示**をしなければならない（ただし、「法令に定められた許認可等の要件又は公にされた審査基準が数量的指標その他の客観的指標により明確に定められている場合であって、当該申請がこれらに適合しないことが申請書の記載又は添付書類その他の申請の内容から明らかであるとき」には、申請者の求めがあったときにこれを示せば足りる）。また、行政庁が処分を書面でするときには、理由を**書面**によって提示しなければならない。理由の提示の制度趣旨は、一般に「処分庁の判断の慎重・合理性を担保してその恣意を抑制するとともに、処分の理由を相手方に知らせて不服の申立に便宜を与える」（最判昭38・5・31民集17・4・617）ことであり、したがって、行政庁が提示する理由は「いかなる事実関係に基づきいかなる法規を適用して〔許認可〕が拒否されたかを、申請者においてその記載自体から了知しうるもの」（最判昭60・1・22民集39・1・1）でなくてはならない。審査基準の重要性を考えると、審査基準の内容が複雑であるときには、審査基準の適用関係も示すべきだろう（最判平23・6・7民集65・4・2081を参照）。

4　不利益処分とその手続〔設問3〕

(1)　行政調査

　医師が食中毒患者を診断したときには、直ちに最寄りの保健所長にその旨を

届け出なければならず（食品衛生法58条1項）、この届出を受けた保健所長は、速やかに都道府県知事等（京都市のように保健所を設置する市においては、市長。同法22条3項）に報告するとともに、調査しなければならない（同法58条2項）。まさしく〔設問3〕のケースでは、こうした規定に従って、保健所長は調査を行ったわけである。

　行政機関が正しい活動を行うためには、あらかじめ必要かつ十分な情報を収集しておかなければならない。この意味において、行政機関は調査義務を負っている。[4] これは、法治主義（☞**第2講**）の要請であると考えることができる。したがって、行政機関は、その所掌事務の範囲内であれば、調査を行う権限を有するはずであるが、相手方の任意の協力を得て行われる**任意調査**にとどまらず、罰則により担保された**間接強制調査**や、相手方の抵抗を排除しても行うことのできる**実力強制調査**を行うためには、法律の授権を必要とする。

　食品衛生法28条1項は、厚生労働大臣、内閣総理大臣または都道府県知事等（京都市においては、京都市長の権限に属する衛生事務委任規則1条1項17号によって、京都市保健所長）に対し、「必要があると認めるとき」に、報告の徴収、臨検検査、サンプルの無償収去を授権している。これらの調査は、罰則（「50万円以下の罰金」〔食品衛生法75条1号・2号〕）により担保された間接強制調査である。同法28条2項は、臨検検査またはサンプルの無償収去の場合において、職員の身分証の携帯・（関係者の請求があるときの）提示を義務付けており、これは、調査の手続に関する規制である。また、同条3項は、これらの調査権限について、[5]

4）　もちろん、すでに説明した許認可の手続においても、行政調査の重要性は変わらない。食品衛生法施行規則67条1項は、52条許可の申請書に「申請者の住所、氏名及び生年月日（法人にあっては、その名称、主たる事務所の所在地及び代表者の氏名）」（1号）、「営業所所在地」（2号）、「営業所の名称、屋号又は商号」（3号）などを記載するとともに、営業設備の構造を記載した図面を添付することを要求しているが、これも、行政調査の一環と捉えることができる。

5）　なお、同法28条1項が規定する報告の徴収、臨検検査、サンプルの無償収去のうち、報告の徴収は、相手方に作為の義務を課する**義務賦課型の調査**である一方で、臨検検査とサンプルの無償収去は、行政機関の事実行為（行政職員が現場にやってくる）を伴う**事実行為型の調査**であるという整理が可能である。義務賦課型の調査は行政処分に該当するが、行政調査については、行政手続法が定める行政処分手続は適用が除外されてい

「犯罪捜査のために認められたものと解釈してはならない」と規定しており、これは調査の目的に関する規制である。

> ☞ POINT
> このほかに、行政処分の職権取消には法律の根拠は不要であることで争いがないのに対して、行政処分の撤回については争いがあるという違いがある。

(2) 52条許可の取消し、営業の禁止・停止

さて、保健所長による調査の結果、弁当屋の弁当が食中毒の原因であることが明らかになれば、この弁当屋は、上記の食品衛生法6条に違反していたということになる。この場合に、都道府県知事等（京都市においては、京都市長の権限に属する衛生事務委任規則1条1項21号によって、やはり京都市保健所長）は、52条許可を取り消し、または営業の全部もしくは一部を禁止し、もしくは期間を定めて停止することができる（食品衛生法55条1項）。これらの52条許可の取消し、営業の禁止・停止も、行政処分に当たる。

なお、食品衛生法55条1項は「取り消し」という表現を用いているが、この52条許可の取消しは、学問上の**行政処分の撤回**に該当する。学問上は、行政処分にもともと瑕疵があったことを理由として、行政庁が処分の効力を消滅させる**行政処分の職権取消**（行政処分の効力は原則的に処分の時点にまで遡って消滅する）と、行政処分の後の事情を理由として、行政庁が処分の効力を消滅させる**行政処分の撤回**（行政処分の効力は撤回の時点から将来に向かって消滅する）が区別されている。食中毒は52条許可の後の事情であるので、この52条許可の取消しは、撤回に該当するというわけである。

(3) 不利益処分の手続

そして、これらの52条許可の取消し、営業の禁止・停止は、行政手続法上の不利益処分に含まれる。以下では、行政手続法が定める不利益処分の手続をごく簡単にみておくことにしよう。

行政手続法12条は、**処分の基準**（処分基準）を定め、かつ、これを公にしてお

る（行政手続法3条1項14号）。

くことを行政庁の努力義務とし、処分の基準の具体性について、「不利益処分の性質に照らしてできる限り具体的なものとしなければならない。」としている。このように、処分の基準の設定・公表は、審査基準の場合とは異なり、法的義務ではなく努力義務である。処分の基準はむやみに公表すると、違法行為を誘発するおそれがある。受講生の皆さんの中にも、「授業を5回以上欠席した者は、期末試験の受験を認めない」という基準を目にしたら、「ならば授業を4回までなら欠席しても構わない」と考える人がいるのではないだろうか。

行政手続法13条は、行政庁が不利益処分をする場合に、名宛人となるべき者に対し、**意見陳述手続**をとることを要求している。不利益処分の内容に応じて、意見陳述手続には、**聴聞**（行政手続法13条1項1号）と**弁明の機会の付与**（同条1項2号）の2種類があり、営業許可の取消し（撤回）の場合には、聴聞が要求され（同条1項1号イ）、営業の禁止または停止の場合には、弁明の機会が要求される。聴聞（行政手続法15条以下を参照）は口頭の審理であるのに対し、弁明の機会の付与（同29条以下を参照）は原則的に書面による審理である。ただし、「公益上、緊急に不利益処分をする必要がある」（同13条2項1号）ときには、意見陳述手続を省略することができるため、〔設問3〕のケースがこれに該当するかどうかが問題となる。

行政手続法14条は、行政庁が不利益処分をする場合には、名宛人に対し、**同時に**、**理由の提示**をすることを義務付けている（ただし、「当該理由を示さないで処分をすべき差し迫った必要がある場合」には、名宛人の所在が判明しなくなったときその他処分後において理由を示すことが困難な事情があるときを除き、処分後相当の期間内に、理由を示さなければならない）。行政庁が不利益処分を書面でするときには、理由を**書面**によって提示しなければならない。理由の提示の制度趣旨、要求される理由の具体性については、行政手続法8条の場合と同様に考えてよいだろう。[6]

---

6) さらに、食品衛生法に違反した者の名称等が公表されることもある（食品衛生法63条）（公表については☞**第8講**）。

5　まとめ

　本講では、食品衛生法の仕組みに即して、行政処分がどのような具体的な場面で行われるのか、また、行政庁が行政処分を行うときにどのような手続をとらなければならないのか、についてみてきた。「食の安全」に関する行政規制においては、規制の相手方（営業者）と規制の受益者（食品を口にする国民）が存在するはずであるが、本講の【設問】のケースでは、規制の受益者の姿ははっきりとは現れず、両者が直接衝突することはなかった。行政規制の相手方と受益者が激しく対立するケースは、次講で、取り扱うことにしよう。

> 【発展問題：憲法と行政手続】
> 　行政機関が何らかの活動を行うときにとるべき手続を考えるにあたって、まず参照すべきは行政手続法（あるいは、地方自治体独自の行政手続条例）であるが、すでに説明したように、行政手続法が規律していないケースは結構多い。このようなケースを行政手続法が規律していないのは、立法者が適正手続は必要ないと判断した結果ではなく、むしろ国の省庁の反対が強かった行政手続法をなんとか成立させるための戦略の結果であるので、こうしたケースでは、憲法に立ち戻って、適正手続のあり方を考える必要がある。それでは、憲法に基づいて、どのような許認可の手続が要請されるのだろうか（最判昭46・10・28民集25・7・1037を参照）、また、どのような不利益処分の手続が適正と考えられるのだろうか（最大判平4・7・1民集46・5・437を参照）、さらに、行政調査にも令状主義（憲法35条）や供述拒否権の保障（同38条）が及ぶのだろうか（最大判昭47・11・22刑集26・9・554を参照）。

【参考文献・参考HP】
・食品衛生法について
　　公益社団法人日本食品衛生協会『新訂 早わかり食品衛生法〔第5版〕──食品衛生法逐条解説』（公益社団法人日本食品衛生協会、2013年）
・「鳥取県薬物の濫用の防止に関する条例」について
　　http://www.pref.tottori.lg.jp/241537.htm（鳥取県HP）

第7講　廃棄物処理に関する規制の仕組み──行政処分(2)

> 【設問】
> 私たちが暮らす社会で排出される廃棄物は、「廃棄物の処理及び清掃に関する法律」（以下、単に「廃棄物処理法」という）に従って処理されている。
> 〔設問1〕　皆さんが生活の中で排出するゴミはどのように処理されているだろうか、観察してみよう。家庭から出るゴミと、飲食店等で出るゴミでは、処理のされ方が異なるだろうか。建築廃材や工場から出る産業廃棄物の場合はどうだろうか。
> 〔設問2〕　皆さんの生活する場所の近くに産業廃棄物の処分場があったとしよう。その処分場には県の職員が時おり立入調査をしているようなので心配になり、専門家に依頼して処分場近くの川の水質を調査してもらったところ、高い濃度の鉛が検出された。この川の水は、農業用水や生活用水としても利用されている。この場合、皆さんは、産業廃棄物の処理について監督権限を有する行政機関に対してどのような働きかけをすることが考えられるだろうか。
> 〔設問3〕　市町村と産業廃棄物処理業者の間などで、廃棄物処理の方法や処分場の調査等について協定が結ばれていることがある。こういった協定は廃棄物処理法に根拠規定があるものではないが、このような方法をとることは許されるべきであろうか。

1　本講の課題

　本講では、**第6講**に続き、行政機関が法令に基づいて規制を行う場合について、廃棄物処理に関する規制を題材として学習を進める。

　これまで学んできたように、行政規制を法令に従って行うことの趣旨の1つは、過剰な規制によって規制を受ける者（本講の例でいうと廃棄物処理業者など）の利益が損なわれないようにすることである。他方で、たとえば本講が取り上げる廃棄物処理のような例では、行政規制が十分に行われない場合、廃棄物処理場の周辺住民の生活環境や健康といった重要な法益が侵害されるおそれがあ

る。このように、廃棄物処理に関する規制については、規制を受ける者と規制の受益者の利益が対立する場面が生じうる。本講では、両者のこのような利益の対立について、廃棄物処理行政においてどのような調整が図られるのかを検討する。

2 廃棄物処理に関する規制の仕組み〔設問1〕

(1) 廃棄物処理の必要性、廃棄物処理の責任の所在

現代社会で私たちが行う生産活動・消費活動からは、大量の廃棄物が排出されている。近年では、家庭ゴミ等の**一般廃棄物**の排出量は年間4500万トン程度、**産業廃棄物**の排出量は4億トン弱で推移してきているが(平成29年度版環境白書183頁・184頁)、この廃棄物が適切に処理されなければ、たちまち衛生上の問題が生じるであろう。このように、廃棄物の適正な処理は、国や地方公共団体が取り組まなければならない公的な政策課題となっている。

廃棄物の適正処理が国や地方公共団体によって取り組まれなければならない課題であるとして、廃棄物を適正に処理する責任を具体的に負っているのは誰なのであろうか。この点について、廃棄物処理法では、すべての廃棄物について国や地方公共団体が自ら処理責任を負うという仕組みはとられておらず、廃棄物の種類に応じて処理責任の主体が区分されている。

皆さんの生活に伴って発生する家庭ゴミは、決められた日時・場所に出しておけば回収が行われているであろう(もっとも、近年では、指定ゴミ袋を購入するなどして、家庭ゴミの処理について料金を負担しなければならないとされている場合も多い)。これは、廃棄物処理法で、家庭ゴミ等の一般廃棄物について市町村が適正に処理する責任を負うとされているためである(廃棄物処理法6条の2第1項)。一般廃棄物については、それを適切に処理するという公共的な課題について、基礎的な地方公共団体である市町村が処理責任を負うことを基本として対応が図られているということができる。

---

1) 廃棄物処理法では、一般廃棄物は、「産業廃棄物以外の廃棄物」と定義されている(2条2項)。

第1部　入門編

これに対して、事業活動に伴って発生する産業廃棄物[2]（以下、「産廃」ということがある）については、排出事業者に対して適正な処理を行う責任が課されている（廃棄物処理法11条1項）。環境に対してマイナスの影響を与える者はそのコストを負担しなければならないという原則（**汚染者支払原則**〔Polluter-Pays-Principle：PPP〕などと呼ばれる）が、産業廃棄物処理に関する制度設計の基本とされているのである。

(2) 一般廃棄物の処理の仕組み

> 💡 **KEY WORD**
> 一般廃棄物処理計画のように、行政が策定する計画のことを、**行政計画**という。一般廃棄物処理計画は、一般廃棄物の処理に携わる事業者等に対して強い影響力をもっている。

上述のように、一般廃棄物については、市町村が適正に処理を行う責任を負っている。一般廃棄物の適正処理は、私たちが衛生上問題のない生活環境ですごすために不可欠な「公共サービス」と位置づけられているといってもよいであろう。この一般廃棄物の処理は、市町村が定める**一般廃棄物処理計画**に従って行われている。この計画には、当該市町村での一般廃棄物の発生量・処理量の見込み、一般廃棄物の排出抑制のための方策、分別して収集するものとした一般廃棄物の種類と分別の区分、一般廃棄物の適正処理とこれを実施する者に関する基本的事項、一般廃棄物の処理施設の整備に関する事項等が定められる（廃棄物処理法6条2項；身近な市町村での計画を参照してみよう）。

もっとも、一般廃棄物すべてを市町村自らが実際に（市町村の職員を用いて）処理しているわけではない。廃棄物処理法では、一般廃棄物の処理を市町村以外の者に**委託**することも認められている（6条の2第2項を参照）。これは、行政の事務処理が市町村から外部に委託される場合の例である。また、民間の事業者が市町村長の許可を受けて、一般廃棄物の処理を事業として行うことも認め

---

[2] 廃棄物処理法は、事業活動に伴って発生する廃棄物すべてを産業廃棄物としているわけではない。事業活動に伴って生じる廃棄物のうち、廃棄物処理法2条4項およびその委任に基づく同法施行令2条が挙げる20種類の廃棄物が、廃棄物処理法にいう「産業廃棄物」である。排出量が多い産業廃棄物は、汚泥、がれき類、動物のふん尿等である。

られている（廃棄物処理法7条）。一般廃棄物の処理方法について、廃棄物処理法の委任を受けた政令が詳細な**処理基準**を定めており（廃棄物処理法施行令3条、4条）、市町村や受託者、許可業者はこの基準を遵守して一般廃棄物の処理を行わなければならない。

　ところで、一般廃棄物には、家庭ゴミのほかに、事業活動に伴って発生するが産業廃棄物には該当しない廃棄物も含まれる。たとえば、一般のオフィスで発生する紙ゴミや、飲食店営業に伴って発生する食品残さがこれにあたり、**事業系一般廃棄物**と呼ばれている。これは、廃棄物処理法の定義との関係では一般廃棄物に位置づけられ、市町村による処理責任の対象ともなりうるが、他方で、事業者には、排出する廃棄物の種類を問わず、「その事業活動に伴って生じた廃棄物を自らの責任において適正に処理」する責務が課されている（廃棄物処理法3条1項）。事業者は、この責務に従い、市町村の清掃工場に一般廃棄物を処理料金を支払って搬入したり、一般廃棄物処理業の許可業者に処理を委託したりしなければならない。

【コラム：「廃棄物」の定義】

　脚注2で触れたように、廃棄物処理法の「産業廃棄物」の定義は複雑である。また、「一般廃棄物」は「産業廃棄物以外の廃棄物」と消極的に定義されているに留まる。加えて、「廃棄物」という概念自体についても、厳密な定義が容易でないことが問題となることがある。

　廃棄物処理法上、「廃棄物」は、「ごみ、粗大ごみ、燃え殻、汚泥、ふん尿、廃油、廃酸、廃アルカリ、動物の死体その他の汚物又は不要物であって、固形状又は液状のもの」と定義されているが（2条1項）、ある物が**不要物**かどうかの判断について占有者の意思をどう考慮するかによっては、客観的には有用性のない物について

---

3) 一般廃棄物処理業の許可については、一般廃棄物処理計画を基準として需給調整を行うことができると考えられており（最判平26・1・28民集68・1・49等を参照）、飲食店営業の許可など、学問上「警察許可」と呼ばれる許可（☞**第1講**）と性質が異なる。

4) 2015年度の一般廃棄物の収集量についてみると、市町村（または事務組合）による「直営」での収集が22.4％、市町村からの委託業者による収集が49.7％、許可を受けた一般廃棄物処理業者による収集が27.9％となっている（環境省大臣官房廃棄物・リサイクル対策部廃棄物対策課「日本の廃棄物処理平成27年度版」34頁）。

廃棄物処理法の規制が潜脱される事態を招きかねない（「リサイクル目的」として廃タイヤが大量に集積される場合など）。

　現在の行政解釈では、廃棄物該当性について、物の性状、排出の状況、通常の取扱い形態、取引価値の有無、占有者の意思等を総合的に判断するとしつつ、占有者の意思について客観的な事情による裏づけが求められるようになってきている（平成12年7月24日衛環65号など）。

　最高裁判例では、これと同様の解釈を行いつつ、無許可で豆腐製造業者から「おから」を引き取った事業者を廃棄物処理法違反として処罰することを認めたものがある（最決平11・3・10刑集53・3・339）。

(3) 産業廃棄物の処理の仕組み

　産業廃棄物の不適正処理や不法投棄がしばしば社会的に大きな問題となってきたことについては、皆さんも耳にしたことがあるであろう。産業廃棄物には有害な（あるいは有害化しうる）物質が含まれることが多く、排出量においても一般廃棄物を大きく上回っている。産業廃棄物の適正な処理を確保することは、重要な政策課題であるといえる。

　上記のように、産業廃棄物については、適正処理の責任が排出事業者に課されている。この処理責任の履行の仕方としては、排出事業者が産業廃棄物を自ら処理する方法（自己処理、自社処理などといわれる）のほか、産業廃棄物処理業の許可を受けた業者に産廃処理を委託することも認められている（廃棄物処理法12条5項以下）。実際は、この委託による処理が行われる場合が通例である。産業廃棄物については、排出事業者が第一次的な処理責任を負うことを明確にしつつ、その処理が社会内で事業として行われることを認め、行政がそれを監督することを通じて適正な処理を確保するという方法がとられているということができる。

　一般廃棄物の場合と同様に、産廃の保管や処理、委託についても、産業廃棄物処理基準（廃棄物処理法施行令6条）、委託基準（同令6条の2）、保管基準（廃棄物処理法施行規則8条）が定められており、産廃の保管や処理、処理委託は、これらの基準を遵守して行われなければならない。

　すでに述べたように、産業廃棄物の処理は、処理委託を受けた産廃処理業者

によって行われることが多い。そのような産廃処理の適正を確保するための行政規制の中心は、産廃処理施設の設置および産廃処理業について都道府県知事による**許可**制がとられていることである。5) そして、産廃の不適正処理に対しては、都道府県知事が改善命令等の監督権限を行使することになる（許可制による規制の基本的な仕組みについては☞**第6講**）。6) 以下では、この産廃処理に関する許可権限や監督権限がどのように運用されるべきかについて、〔設問2〕を念頭において考えてみよう。

3 廃棄物処理行政と第三者の利益の考慮〔設問2〕

(1) 産業廃棄物の不適正処理による危険の重大性

第1講で学んだように、行政規制の手段を具体的に考える際には、①行政規制の前提にある公共政策、②行政規制によって防止しようとする危険の重大性、③行政規制によって制限される国民の自由の程度の3点のバランスを取ることが必要である。

①に関しては、2(1)でみたとおり、現代社会における廃棄物の処理は私的な領域で完結しておらず、産廃の適正処理の確保について、公的な政策課題として取り組まれなければならないのであった。③に関しては、産廃処理を事業として行う者に対して規制が過剰に行われると、事業者の経済的な利益が損なわれるおそれがある。行政規制のあり方を考える際の枠組みに関し、ここまでは**第6講**で扱った食品衛生法による規制の場合と同様である。

産廃処理に関する規制の特徴は、②にかかわる。産業廃棄物には、有害な化学物質が付着・混入していることも多い。その処理が適切に行われない場合、土壌や地下水が汚染されるなどして深刻な環境汚染を招くおそれがあり、ひい

---

5) 政令指定都市、中核市等では、以下で取り上げる産業廃棄物の処理に関する規制権限の多くは、市長が行使する。
6) このほかに、産業廃棄物の処理の委託者が委託した廃棄物の処分について管理を行うためのマニフェスト（産業廃棄物管理票）制度も、産廃の適正処理を確保するための特徴ある仕組みである。

ては廃棄物処理施設の周辺住民等の健康が損われるおそれもある。私たちの健康や、(少なくとも健康被害を引き起こさない程度に) 良好な生活環境を享受する利益は、法的な観点からも保護すべき必要性の高い重要な価値であると考えられる。不適正な産廃処理によってこれらの法益が損なわれないようにするためには、規制権限を有する行政が、法令に従いながらも、充分な規制を行うことが重要となる。

(2) 行政規制をめぐる三面関係

行政規制によって防止すべき危険の重大性と行政規制のあり方の関係について、説明をもう少し一般化できないか考えてみよう。

行政規制に関する法律の条文の多くは、許認可や命令など、行政機関が規制の相手方に対して行う作用について、要件・効果を定めるという構造をとっている。すなわち、行政法律では、規制を行う主体である行政が、規制を受ける客体である国民に対してどのような場合にどのような作用を行うかということ、つまり、規制を行う行政と規制を受ける者(「名宛人」、「相手方」)との関係が、さしあたっては、主題となっているといえる。

規制を行う行政と規制を受ける国民という二者の関係を、規制をめぐる**二面関係**ということができる。「法律による行政の原理」(☞**第2講**)など、伝統的な行政法の基本原理が形成された時期の行政法学の基本的な関心は、行政規制を法律が定めるルールに従って行わせることにより、規制を受ける者の自由(廃棄物処理に関していうと、廃棄物処理を事業として行う者の経済的活動の自由など)に対して過剰な規制が及ぶことを防ぐことにあったということができる(**自由主義型の行政法**)。

しかし、科学技術が発達し産業化の進んだ現代社会では、私たちや企業が行う諸活動(とりわけ諸種の事業活動)から生じうる危険は増大している。その中で、私たちの健康(場合によっては生命)や(少なくとも健康被害にはつながらない程度の)生活環境が守られるように、的確に行政規制が実施される必要性が高まっている。行政による規制権限の行使のあり方について考える際の枠組みにも、規制により保護される者(行政規制を行う主体ではなく、規制を受ける客体でも

図7-1　行政規制をめぐる二面関係と三面関係

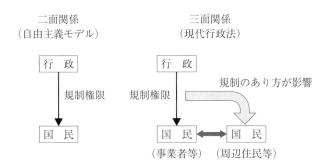

ないため、行政による権限の行使については「**第三者**」という言い方がされることがある）の利益が適切に位置づけられる必要がある。このように、**現代行政法**の特徴として、規制の対象となる活動に伴う危険の重大性にかんがみて、規制を行う行政・規制を受ける相手方の二者に加え、規制により保護を受ける「第三者」を加えた**三面関係**において行政規制のあり方を考えるべき場合があることを指摘することができる。

(3) 廃棄物処理の規制をめぐる三面関係
① 産業廃棄物処理に関する許可制の特徴

以上のことが、産廃処理に関する許可制の特徴としてどう表れているかをみてみよう。

廃棄物処理法および関係法令が定める産廃処理施設・処理業の許可基準からは、許可にあたって、産廃処理が周辺住民等の第三者の法益にどのような影響を与えるのかを厳密に審査すべきとされていることがわかる。産廃処理施設の設置許可については、当該処理施設の設置計画が環境省令で定める技術上の基準に適合していること（廃棄物処理法15条の2第1項1号）、周辺地域の生活環境について適正に配慮していること（同項2号）等が要件とされており、同項1号に基づく廃棄物処理法施行規則12条、12条の2や、「一般廃棄物の最終処分場及び産業廃棄物の最終処分場に係る技術上の基準を定める省令」において、産

廃処理施設の設備・構造等に関し非常に詳細な基準が定められている。産廃処理業の許可についても、事業の用に供する施設が環境省令で定める基準に適合することが要件とされており（廃棄物処理法14条5項1号・10項1号）、この規定を受けた省令でも周辺環境への影響に関する審査項目が詳細に規定されている（廃棄物処理法施行規則10条、10条の5）。

　また、産廃処理施設の設置許可手続にも、特徴的な点がみられる。産廃処理施設設置許可の申請については、行政手続法第2章が定める「申請に対する処分」の手続規定が適用されるのに加えて、特別な手続として、産廃処理施設を設置することが周辺地域の生活環境に及ぼす影響について調査を行い、その結果を申請書に添付しなければならないとされている（廃棄物処理15条3項）。この調査手続は、生活環境影響調査制度（ミニ・アセスメント）とよばれており、そこで周辺住民らの関与が一定程度認められていることが特徴である。すなわち、生活環境影響調査の結果は許可申請書とともに1ヶ月間公衆の縦覧に供され、産廃処理施設の設置に利害関係を有する者には、生活環境保全上の見地から、都道府県知事に対して意見書を提出することが認められている。また、関係地域の市町村長には、同様に、都道府県知事に対して意見を述べることが認められている（同条4～6項）。[7]

　一般に、許認可手続では、規制により保護を受ける者（先に用いた言い方でいうと、行政規制の主体・相手方ではない「第三者」）の参加が制度化されていることは多くない。しかし、産廃処理施設に関する規制については、適切な規制が行われなかった場合に周辺住民らに生じる不利益が深刻・重大なものであるため、設置許可の事前手続において**利害関係を有する第三者の参加**が認められているのである。

　② 産業廃棄物処理業に関する監督権限の行使

　次に、許可を受けて現に行われている産廃処理に対し、都道府県知事がどの

7）　また、産業廃棄物処理施設の設置許可にあたっては、周辺地域の生活環境への配慮に関し、専門的知見を有する者の意見を聴かなければならないともされている（廃棄物処理法15条の2第3項）。このような行政決定過程への専門家の関与は、専門性が高い行政決定を行う際の手続としてしばしば用いられる。

ように監督権限を行使すべきかについて考えてみよう。廃棄物処理法上、産廃処理に関して都道府県知事が行使しうる監督権限は、産廃処理施設設置許可や産廃処理業許可の取消し〔学問上の撤回〔☞第6講〕；廃棄物処理法14条の3の2、15条の3〕、産廃処理施設に関する改善命令等（同15条の2の7）、産廃の不適正な処理に対する改善命令（同法19条の3）や、不適正処理・不法投棄により生活環境の保全上支障（または、そのおそれ）が生じた場合の原状回復等の措置命令（同法19条の5）等である。

〔設問2〕の場合、都道府県知事としては、どのような監督措置を行うことが考えられるだろうか。〔設問2〕で、産廃の処理基準に適合しない廃棄物処理が行われたことが明らかになった場合、都道府県知事としては、廃棄物処理法19条の3第2号に該当するとして、産廃の処分方法の変更を求めるなどの改善命令を発することが考えられる。また、たとえば、現に廃棄物処理施設周辺の川に有害物質が浸出しているといったような場合には、「生活環境の保全上支障」（または、そのおそれ）が生じているとして、その支障を除去するための措置を命ずることも考えられる。ここでは、より事態が深刻な、「生活環境の保全上支障」が現に生じている場合について考えてみよう。廃棄物処理法19条の5第1項は、簡略化すると、次のような規定である。

廃棄物処理法19条の5第1項
　産業廃棄物処理基準……に適合しない産業廃棄物の保管、収集、運搬又は処分が行われた場合において、生活環境の保全上支障が生じ、又は生ずるおそれがあると認められるときは、都道府県知事（……）は、必要な限度において、次に掲げる者（……）に対し、期限を定めて、その支障の除去等の措置を講ずべきことを命ずることができる。
　一　当該保管、収集、運搬又は処分を行った者（……）
　［2号以下、略］

ここで、廃棄物処理法19条の5第1項の柱書きが「……措置を講ずべきことを命ずることができる」という規定ぶりになっていることもあり、「生活環境の保全上支障が生じ」ている場合について、都道府県知事には、措置命令を発するか否かに関し、一定の裁量（効果裁量）が認められると考えられる。

もっとも、産廃処理施設周辺で生活用水としても使われている川から現に高濃度で鉛が検出されているという〔設問2〕のような場合について考えると、措置命令により保護されるべき利益が周辺住民の健康（場合によっては生命）という重要なものであるということができ、措置命令権限を行使しないことが裁量権の逸脱・濫用として違法と評価される場合もでてくるであろう[8]（裁量権限の行使のあり方が違法とされる場合について☞第3講）。

このように、行政規制により防止すべき危険の重大性は、規制権限行使の具体的なあり方の評価にも影響を与えるのである[9]。

4 公害防止協定による廃棄物の適正処理の確保〔設問3〕

ここまでみてきたように、廃棄物処理法上、産廃処理に関する規制は、主として都道府県において行われることとなっている。他方で、廃棄物処理法では産廃処理に関する規制権限を与えられていない市町村においても、住民に身近な地方公共団体として生活環境の保全に関して積極的な役割を果たそうと考えることがあるであろう。

法律上の規制権限を与えられている都道府県・政令指定都市等について考えてみても、廃棄物処理法に基づく規制の手段の中心となるのは、許可（ないし、その拒否や取消し〔学問上の撤回〕）や措置命令といった行政処分を行うことである。許可（あるいは許可の取消し〔撤回〕）や措置命令等の行政処分は、公権力の行使として行われる法行為であるため、規制の相手方である事業者に対して強い効力を発揮する（これらの行政処分は、事業者の意思にかかわらず行政が必要と判断すれば行いうるし、相手方である事業者に対して法的な意味での拘束力を有する）。しかし、廃棄物処理に関し規制を行う方法として、行政処分という権力的な手

---

[8] 〔設問2〕は、行政訴訟において、福岡県知事が廃棄物処理法19条の5による措置命令権限を行使すべきとされた、福岡高判平23・2・7判時2122・45を参考にしている。
[9] これに対し、たとえば第6講で取り上げた食品衛生法による規制については、保健所による飲食店の監督が不十分な場合があったとしても、飲食店の潜在的な利用者である消費者が行政を被告として訴訟を提起するなどして規制のあり方の是正を図るということは、制度として予定されていない。

段以外にも取りうる方法はないのかを問うことは有益であろう。

　廃棄物処理に関する規制に限らず、環境規制の分野で一般に、法律上の規制権限を有しない地方公共団体による対応、あるいは、行政処分のような権力的な手段によらない対応を行うための方法の１つとして、行政と規制の相手方である事業者の間などで**合意**を形成し、その合意に沿って公共的観点から望ましい状態を実現する、ということが行われてきている。環境規制の分野での行政と事業者の間などで結ばれるこのような合意は、**公害防止協定**、**環境保全協定**などと呼ばれている。この合意による手法には、規制の相手方の事情や地域ごとの事情といった個別の情況に応じた規制を行うことができるというメリットもある。[10]

　いろいろな地方公共団体で産廃処理業者との間で結ばれた協定をみると、環境保全のための事業者の責務に関する一般的な条項のほか、施設の稼働日や稼働時間に関する定め（平日の午前９時から午後５時までに限る、など）、施設の使用期限（廃棄物の埋立て開始から〇年間、など）、廃棄物の搬入経路（廃棄物の搬入に通学路を使用しない、など）、環境影響の自主測定（環境モニタリング）の実施、廃棄物処理に関する報告・情報の公開や定期的な連絡協議、行政や住民の立入調査を認める規定、生活環境に影響しうる事故が生じた場合の対応といった、廃棄物処理法による規制にはない詳細な事項に関する規定も含まれていることがわかる。このような協定は、廃棄物処理業者と地方公共団体との間だけでなく、自治会等の住民団体との間で結ばれる場合もある。

　産廃処理業者と地方公共団体との間などで交わされるこのような文書には「協定」という名称が用いられているが、学問上、この協定にどの程度強い拘束力があるかが議論されてきた。環境保全に関する地方公共団体等と事業者の合意が、法的な意味でも拘束力を有する**契約**と

> **KEY WORD**
> 行政体が国民等との間で締結する契約を、**行政契約**という。詳細について、**第15講**で学習する。

---

10) この他に、市町村が水道水源保護を目的とする条例を制定し、産廃処理施設に対して独自に規制を行う例もある。また、都道府県等で条例や要綱を作成し、産廃処理施設の設置許可申請に先立って地域住民との協議を求めたり、同意書の提出を求めたりする例も多い（要綱に基づく指導については☞**第９講**）。

位置づけられるかどうかがここでの問題である（環境保全協定が契約としての効力を有するのであれば、協定を守らない事業者に対して訴訟を提起して協定の遵守を求めるといったことが考えられることとなる）。「協定」は合意によるものとはいえ、上にみたように、法律に基づく規制が予定していないような厳しい規定も含まれているため、「法律による行政の原理」との関係からも慎重な検討が必要になる。最高裁判所の判例では、産廃処分業者と町が結んだ公害防止協定のうち廃棄物処分場の使用期限を定める条項について、「法的拘束力を否定することはできない」としたものがある（最判平21・7・10判時2058・53）。

5 まとめ

本講では、環境規制等、国民の生活にとって充分な行政規制が行われることが重要な場合には、規制を行う行政・規制を受ける者・規制により保護されるべき国民の三面関係において、行政権限の行使のあり方について考えなければならないことを学んだ。リスク社会ともいわれる現代にあっては、行政規制によって国民が社会内で行われる諸種の活動に伴う危険から守られねばならないということを意識すべき場合が増えている。このような観点が、法律に基づく行政規制のあり方について考える際の枠組みにも影響を与えてきている。

また、本講では、廃棄物処理法に基づく権力的な規制を補うものとして、行政と事業者の間などの合意（協定）によって公益上望ましい状態の実現を図るという手法にも意義が認められてきていることを学習した。

【発展問題：行政規制によって保護される者と、訴訟による権利利益の保護】

行政規制により保護を受けるべき者が、行政権限の行使のあり方について訴訟（行政訴訟）で争う場合がある。たとえば、周辺地域の生活環境保全への配慮を欠く産廃処理施設に許可が出たとして、周辺住民が**許可の取消し**を求める場合等である。

このような裁判では、許可等の適法性が訴訟で争われることになるものの、周辺住民は許可の直接の当事者（許可の主体・許可の名宛人）ではなく「第三者」であるため、許可等について訴訟によって争う**原告として適格**かが問われることになる。別の例では、原子力発電所の周辺住民が原子炉設置許可について訴訟を提起する場

第7講　廃棄物処理に関する規制の仕組み

合等にも、同様の問題が生じる。
　このような点が問題となるのは、行政権限の行使について訴訟制度を利用して争うには相応の資格が必要（公共的な面をもつ行政決定の適法性についてであっても、誰もが自由に裁判所の判断を求めることができるのではない）と考えられているためである（行政事件訴訟法9条を参照）。この問題の背景には、政策的・公共的決定に裁判所がどのようにかかわるべきか、という問題がある。裁判所という機関は何のために存在するのか、皆さんはどう思われるだろうか（☞**第15講**）。
　この問題の解答の手がかりとして付け加えると、廃棄物処理施設の設置許可等の適法性が争われる訴訟では、設置許可が違法であった場合に周辺住民が被りうる不利益が重大であるため、周辺住民に原告適格が認められると、裁判所も判断している（最判平26・7・29民集68・6・620を参照）。

【参考文献・参考HP】

・廃棄物処理に関する政策の動向や統計について
　　http://www.env.go.jp/recycle/waste/index.html（環境省HP）
・本講で触れた現代的な行政法の特徴について
　　原田尚彦『行政法要論〔全訂第7版補訂2版〕』（学陽書房、2012年）第3章
・環境法のテキストとして
　　吉村良一ほか編『環境法入門――公害から地球環境問題まで〔第4版〕』（法律文化社、2013年）
・産廃規制に関して地方公共団体が行う工夫について
　　北村喜宣『自治体環境行政法〔第7版〕』（第一法規、2015年）

第8講　都市公園の整備工事のためのテントの撤去
——行政上の義務履行確保

【設問】

都市部において、公園は、市民の活動の場、憩いの場であるとともに、災害が発生したときの避難地になるなど、様々な役割を果たしている。最近、地方公共団体の中には、たとえば、自身が設置・管理する都市公園のネーミングライツ（命名権）を民間事業者に売却し、民間事業者の負担によって都市公園の整備工事を行うといった手法を用いるところも出てきたが、しかし、公園の整備工事を行ううえで、いわゆるホームレスの人々がテント等を設置して住み着いているため、大きな障害になるというケースが発生している。ホームレスの問題は、もちろん公共政策上の重要課題の1つであるが、本講ではホームレスの問題そのものはひとまず置くとして、地方公共団体が設置・管理する都市公園の整備という公共政策を実現する観点から、次の問いを考えてみよう。

〔設問1〕　地方公共団体は、ホームレスの人々に対して、テントを撤去して公園から退去してもらうために、どのような対処方法が考えられるだろうか。たとえば、地方公共団体の職員が、いきなり公園に出向いて、テントを強制的に撤去するという法制度はどのように評価できるか。

〔設問2〕　〔設問1〕について、地方公共団体の長が、ホームレスの人々に対して、テントの撤去や公園からの退去を命じるという法制度をとったと仮定して、次に、ホームレスの人々が長の命令に従わなかったとしたら、地方公共団体は、どのように対処すべきだろうか。

1　本講の課題

　前講まで学んできたように、公共政策を実現する過程においては、法律、行政規範、行政処分が国民に対して様々な義務を課すことがある。たとえば、**第1講**に登場した道路交通法は、運転免許を受けることなく自動車を運転することを禁止しているし、**第5講**に登場した厚生労働省令は、一定の医薬品の通信販売を禁止するものであった。また、**第7講**でみたように、廃棄物処理法に基

【コラム：ネーミングライツ】

　ネーミングライツとは、ある論者によると、「施設、設備等対象物に対し名称を付与することに一定の経済的価値を見出し、この名称を付与する権利」（市川裕子『ネーミングライツの実務』〔商事法務、2009年〕3頁）と定義される。そして、施設等の所有者は、ネーミングライツを取得しようとする相手方（＝スポンサー）と契約を締結し、施設等のネーミングライツをスポンサーに付与する一方で、スポンサーはその対価として契約料金を支払う、というのがネーミングライツの基本的な仕組みである（同書13頁）。ネーミングライツは、民間企業が所有する施設だけではなく、地方公共団体が所有する施設にも導入されており、たとえば、京都市が所有する西京極野球場については、ネーミングライツ名称「わかさスタジアム京都」、契約相手方「株式会社わかさ生活」、契約期間「10年間（平成21年4月〜平成31年3月）」、契約金額「総額2億5000万円（2500万円／年）」とされている（京都市HP）。【設問】のケースのモデルとなった東京地判平27・3・13判例地方自治401・58では、東京都渋谷区が区立宮下公園のネーミングライツを株式会社ナイキに売却し、公園の整備工事を行う計画の一環として、ホームレスの人を公園から退去させ、残置物件を撤去したことの違法性が争われたが、その前提として、ネーミングライツの売却契約の違法性も争われている（行政契約については☞第15講）。

づいて、都道府県知事は、産廃処理施設に関する改善命令等を行うことができる。このように法令や行政処分によって国民に課される義務を**行政上の義務**という。本講において問題となる行政上の義務は、その内容に着目すると、大きく、**作為義務**（＝一定のことを行う義務）と**不作為義務**（＝一定のことを行わない義務）に分けることができ、さらに、前者の作為義務は、**代替的作為義務**（＝他人が代わって行うことができるもの）と**非代替的作為義務**（＝他人が代わって行うことができないもの）に分けることができる。ちなみに、後者の不作為義務は、そもそも非代替的なものである。というのも、他人が代わって行わない、というのは無意味だからである。

　そして、このような行政上の義務を課された国民（＝義務者）がその義務を自発的に履行すれば、それで話はおしまいであるが、しかし、義務者の中には自らに課された義務を履行しない者も当然いる。仮に、行政上の義務が履行されない状態のまま放置しておくと、いくら法令や行政処分によって国民に義務を

課したとしても、それは絵に描いた餅であり、ひいては、公共政策の実現に支障を来すことになる。そこで、義務者が自発的に自らの義務を履行しないときに備えて、**行政上の義務履行確保**のための手段を考えておかなければならない。以下では、【設問】のケースに即して、都市公園の整備という公共政策を実現するために、ホームレスの人々に対して、テントを撤去して公園から退去してもらおうとすれば、どのような対処方法が考えられ、また、どのような対処方法が望ましいか、といった問題意識をもって、行政上の義務履行確保の手段について考えていくことにしよう。

2 行政上の即時強制〔設問1〕

　ホームレスの人々に対して、テントを撤去して公園から退去してもらうために地方公共団体がとるべき対処として、受講生の皆さんがまず思いつくのは、テントの撤去や公園からの退去を命じるということであろう。つまり、ひとまず、法令や行政処分によって、ホームレスの人々に対してテントを撤去する義務や公園から退去する義務を課すということである。そして、仮に、ホームレスの人々がこれらの義務を自発的に履行しなければ、次に、行政上の義務履行確保の問題が生じることになる。

　実際に、都市公園法および多くの地方公共団体が定める都市公園条例は、このような法制度をとっている。すなわち、都市公園法は、「都市公園に公園施設以外の工作物その他の物件又は施設を設けて都市公園を占用しようとするときは、公園管理者の許可を受けなければならない。」と定め（6条1項）、都市公園の無許可の占用を禁止したうえで、「この法律（……）若しくはこの法律に基づく政令の規定又はこの法律の規定に基づく処分に違反している者」に対し、公園管理者は、「都市公園に存する工作物その他の物件若しくは施設（……）の改築、移転若しくは除却、……若しくは都市公園を原状に回復することを命ずることができる。」と定めている（27条1項1号）。また、たとえば、京都市都市公園条例（昭和35年京都市条例第16号）は、「何人も、公園において、次に掲げる行為をしてはならない。」と定め（5条）、禁止される行為として、「立入禁止区

域に立ち入ること。」(同条4号)、「公園をその用途外に使用すること。」(同条9号)、「前各号のほか、公園の利用及び管理に支障がある行為をすること。」(同条10号)を掲げ、市長が「区域を定めて公園の利用を禁止し、または制限することができる」状況の1つとして、「公園に関する工事のためやむを得ないと認めたとき」を挙げる(6条2号)。そのうえで、同条例は、「この条例もしくはこの条例の規定に基づく規則またはこの条例の規定に基づく処分に違反している者」に対して、市長は、「行為の中止、原状回復もしくは公園から退去を命ずることができる。」と定めている(13条1項1号)。

したがって、こうした法制度によれば、無許可で設置されたテント等の物件については、それらの物件の撤去を命じることができる。そして、公園の整備工事のために必要があるときには、立入禁止区域を設けることができ、仮に、立入禁止区域に立ち入る者がいれば、行為の中止や公園からの退去を命じることができるのである。

しかし、ひとまず、法令や行政処分によって、ホームレスの人々に対して一定の義務を課すという法制度のほかに、たとえば、【設問】中にあるような、地方公共団体の職員が、いきなり公園に出向いて、テントを強制的に撤去するという法制度も一応は考えることができる。このように、法令や行政処分による行政上の義務の賦課という段階を経ることなく、行政機関が国民の身体や財産に強制を加える行為を**行政上の即時強制**(**即時執行**)という。まずは行政上の義務を賦課して、国民がその義務を自発的に履行することを期待するという法制度と、行政上の義務を賦課することなく、国民の身体や財産に強制を加えるという法制度を比較すると、前者の法制度は、国民が自らの義務を自発的に履行する余地を認めるものであり、また、不利益処分を行う段階で行政庁は事前手続をとる必要がある(☞**第6講**)ため、国民の権利保護という点で優れている(ただし、「勧告」を前置した即時強制の例として、感染症の予防及び感染症の患者に対する医療に関する法律19条に基づく強制入院を参照)。それゆえ、一般に、前者の法制度が後者の法制度に優先するのであり、後者の法制度を採用することが許容されるのは、行政上の義務の賦課という段階を経ることが、時間的に不可能な場合か実際上考えられない場合であるとされてきた(また最近では、執行が容易で、

相手方に対する不利益が小さい場合にも、即時強制が利用されることがある。屋外広告物法7条4項に基づく簡易除却を参照）。たとえば、真冬の公園で泥酔して眠っている人がいて、放っておくと危険な場合には、警察官はとりあえず派出所などに連れて行って保護するが（警察官職務執行法3条1項1号）、これは、泥酔者に対して何か義務を課すことは実際上考えられないため、即時強制が許されるというわけである。違法駐車車両のレッカー移動（道路交通法51条3項）も、即時強制の例である。他方で、テントを設置して公園に住み着いているホームレスの人々に対して一定の義務を課すことは、通常は、時間的に不可能というわけでも実際上考えられないというわけでもないから、いきなり公園に出向いて、テントを強制的に撤去することは認められないということになる。

3　行政上の強制執行〔設問2〕

したがって、【設問】のケースでは、ホームレスの人々に対して、テントを撤去して公園から退去してもらうために、地方公共団体は、ひとまず、テントの撤去や公園からの退去を命じるということになる。そうすると、次に、ホームレスの人々が自らに課された義務を自発的に履行しない場合に備えて、行政上の義務履行確保の手段を考えておかなくてはならない。このように、国民が自らに課された行政上の義務を自発的に履行しない場合において、義務者の意思に反して強制的に義務の内容を実現することを**行政上の強制執行**という。もちろん、行政上の強制執行のためには、法律の根拠が必要である。

伝統的に行政上の強制執行の手段として考えられてきたのは、以下の4つである。

(1)　行政上の代執行

行政上の代執行とは、行政機関が義務者に代わって義務の内容を実現するものである。「行政機関が義務者に代わって」義務の内容を実現するわけであるから、代執行が利用できるのは、代替的作為義務についてだけである。また、行政機関が強制を加えることができるのは、義務者の財産に限られ、身体までには及ばない。行政上の代執行は、行政上の義務履行確保に関する一般法であ

る行政代執行法において定められており、その意味において、行政上の義務履行確保の一般的な手段であるということができる（行政代執行法を準用する個別法の例として、土地収用法102条の2第2項、建築基準法9条12項）。

(2) 執行罰

執行罰とは、行政機関が義務者に対して心理的圧迫を加えることによって義務の内容を実現するものであり、具体的には、行政機関が一定の期限を示して、その期限内に義務が履行されない場合には過料に処することを予告する。義務者としては、期限内に義務を履行しないと過料に処されることになるので、しぶしぶでも義務を履行することが期待できるというわけである。行政上の代執行とは異なり、執行罰は、理論的には、代替的作為義務だけではなく、非代替的作為義務や不作為義務についても利用できるが、現行法では、行政上の義務履行確保の一般的な手段ではなく、個別の行政法律（砂防法36条）が定めるかぎりで利用できるにとどまる。

(3) 行政上の直接強制

行政上の直接強制とは、行政機関が義務者の身体または財産に対して直接に強制を加えることによって義務の内容を実現するものである。行政上の代執行とは異なり、理論的には、代替的作為義務だけではなく、非代替的作為義務や不作為義務にも利用できる点、しかし、現行法では、行政上の義務履行確保の一般的な手段ではない点は、執行罰と同様である（行政上の直接強制を定める個別法の例として、学校の施設の確保に関する政令21条、成田国際空港の安全確保に関する緊急措置法3条6項・8項）。さらに、行政上の直接強制では、行政機関が義務者の財産だけではなく、身体にまで強制を加えることができる（ただし、代替的作為義務について、行政機関が義務者の財産に対してのみ強制を加える場合には、それが行政上の代執行にとどまるのか、行政上の直接強制に該当するのか、分かりにくいことがある）。

(4) 行政上の強制徴収

行政上の強制徴収とは、金銭納付義務について、行政機関が義務者の財産に

対して強制を加えることによって義務の内容を実現するものである。金銭納付義務は、一応、代替的作為義務の一種といえるが、行政機関が義務者に代わって義務の内容を実現しても、無意味である（行政上の代執行の前後で、行政体の財布の中身は増えず、結局は義務者から費用を徴収する必要がある）。行政上の強制徴収は、国税徴収法47条以下が規定する滞納処分（＝国税滞納処分）をモデルとして、個別の行政法律で定められている（具体例として、国民年金法96条4項。なお、地方税法上の滞納処分も国税滞納処分をモデルとしている）。国税滞納処分は、大きく、①財産の差押、②財産の換価、③換価代金等の配当という3つの段階で行われる（ただし、金銭を直接に差し押さえるときには、②の段階はない）。

【設問】のケースにおいて、地方公共団体の長がホームレスの人々に対して課す義務は、テントを撤去する義務と公園から退去する義務であり、金銭納付義務ではないので、上記の強制執行の4つの手段のうち、行政上の強制徴収は無関係である。そこで、残る3つの手段のうち、まずは、行政上の義務履行確保の一般的な手段である行政上の代執行を行うことを考えてみよう。

そもそも、テントを撤去する義務と公園から退去する義務について、行政上の代執行を行うことは可能であろうか。

行政代執行法2条は、「法律（法律の委任に基く命令、規則及び条例を含む。以下同じ。）により直接に命ぜられ、又は法律に基き行政庁により命ぜられた行為（他人が代ってなすことのできる行為に限る。）について義務者がこれを履行しない場合、他の手段によってその履行を確保することが困難であり、且つその不履行を放置することが著しく公益に反すると認められるときは、当該行政庁は、自ら義務者のなすべき行為をなし、又は第三者をしてこれをなさしめ、その費用を義務者から徴収することができる。」と定めている。

この規定のうち、「法律（……）により直接に命ぜられ、又は法律に基き行政庁により命ぜられた行為（他人が代ってなすことのできる行為に限る。）について義務者がこれを履行しない場合」という部分は、既に述べたように、行政上の代執行が可能なのは、行政上の義務についてであり、かつ、そのうちの代替的作為義務についてだけであることを意味するものである。テントを撤去する義務は代替的作為義務であるが、公園から退去する義務は代替性がないので（他

人が代わって公園から出て行くというわけにはいかない)、テントを撤去する義務についてのみ行政上の代執行が可能ということになる。

そして、実際に行政上の代執行を行うためには、「他の手段によってその履行を確保することが困難であり、且つその不履行を放置することが著しく公益に反すると認められる」という要件を充足する必要があり、さらに、行政代執行法3条は、戒告(同条1項。「相当の履行期限を定め、その期限までに履行がなされないときは、代執行をなすべき旨を、予め文書で戒告しなければならない。」)および通知(同条2項。義務者が「指定の期限までにその義務を履行しないときは、当該行政庁は、代執行令書をもって、代執行をなすべき時期、代執行のために派遣する執行責任者の氏名及び代執行に要する費用の概算による見積額を義務者に通知する。」)という事前手続を定めている(事前手続の省略につき、同条3項を参照)[1]。

これに対し、公園から退去する義務については、行政上の代執行が不可能であるので、それ以外の義務履行確保の手段を考えなくてはならない。ここで、さしあたり考えられる手段は、執行罰と行政上の直接強制であるが、これらは個別の行政法律の根拠を必要とするものであるため、それならば、地方公共団体が、あらかじめ条例において執行罰や行政上の直接強制を定めておけば、これらを行政上の義務履行確保の手段として利用することができるのではないだろうか。

しかし、行政代執行法1条は、「行政上の義務の履行確保に関しては、別に法律で定めるものを除いては、この法律の定めるところによる。」と規定している。そして、既述のように、行政代執行法は、2条の「法律」については、わざわざ括弧書きで「法律の委任に基く命令、規則及び条例を含む。」と説明しているのに対し、1条の「法律」には、このような括弧書きを付けていないことを考えると、1条の「法律」とは、国会が制定した文字通りの法律であると

---

1) また、公園に置き去りにされて所有者が不明となったテントを撤去する場合には、「相当の期限を定めて、その措置を行うべき旨及びその期限までにその措置を行わないときは、公園管理者又はその命じた者若しくは委任した者がその措置を行うべき旨をあらかじめ公告しなければならない。」(都市公園法27条3項)とされている(簡易代執行については☞**第12講**)。

> 【コラム：自主条例や同条例に基づく行政処分によって課された行政上の義務の代執行】
> 　本文で述べたとおり、行政代執行法2条でいう「法律」とは、括弧書きで「法律の委任に基づく命令、規則及び条例を含む。」と説明されている。そこで、条文を素直に読むと、行政上の代執行は、法律の委任に基づいて制定された条例や同条例に基づく行政処分によって課された行政上の義務については可能であるが、法律の委任なしに制定された条例（＝自主条例。条例の分類および内容については☞第11講、補論2「特色ある自主条例」）や同条例に基づく行政処分によって課された行政上の義務については不可能である、ということになりそうである。しかし、これでは、地方公共団体が行政上の代執行を利用できる場面があまりにも限定されてしまうため、やや苦しい解釈ではあるが、「法律の委任に基づく」という文言が「条例」だけには係らないとか、「法律の委任」の中には地方自治法14条1項が「普通地方公共団体は、法令に違反しない限りにおいて第2条第2項の事務に関し、条例を制定することができる。」と規定していることが含まれるといった解釈を施すことで、自主条例や同条例に基づく行政処分によって課された行政上の義務についても、行政上の代執行が可能であると一般に考えられている。

解釈できる。したがって、行政代執行法1条は、行政上の義務の履行確保に関しては、法律で定めなければならない、言い換えると、行政上の義務履行確保は**法律事項**であることを宣言するものであり、それゆえ、地方公共団体が自身の条例において執行罰や直接強制を定めることは許されないことになるのである（なお、前掲東京地判平27・3・13では、東京都渋谷区がホームレスの人を公園から退去させるに当たって直接強制をしたことが違法であると認定されている）[2]。

4　行政上の制裁〔設問2〕

このように、【設問】のケースにおいて、地方公共団体は、テントを撤去する義務はともかく、公園から退去する義務については、義務履行確保の手段を行政上の強制執行以外に求めなくてはならない。ここで、義務履行確保の手段として考えられるのが、**行政上の制裁**である。行政上の制裁とは、行政上の義務

---

[2]　他方で、地方公共団体による行政上の強制徴収については、地方自治法231条の3が根拠となる。

に違反した者に対して課される不利益であり、行政上の強制執行が行政上の義務の内容を強制的に実現しようとする「前向き」な措置であるとすれば、行政上の制裁は、「後ろ向き」な措置であるということができる。とはいえ、行政上の義務を課された義務者としては、普通は制裁を科されたくないと考えるだろうから、行政上の制裁は、行政上の義務が不履行の状態に陥ることを予防する効果を発揮することが期待できるのである。

行政上の制裁は、大きく、行政罰とその他の制裁に分けることができる。

(1) 行政罰

行政罰とは、行政上の義務に違反した者に対して科される罰であり、さらに、罰の内容に応じて、刑法9条に列挙された刑罰（死刑、懲役、禁固、拘留、科料、没収）を内容とする**行政刑罰**と過料を内容とする**秩序罰**に分けることができる。

行政刑罰は、刑罰を内容とするものであるため、刑事訴訟法の規定に従い、裁判所において科される。都市公園法は、同法6条1項に違反して都市公園を無許可で占用した者に対して、同法27条の監督処分を予定するのと同時に、「6月以下の懲役又は30万円以下の罰金」という行政刑罰も定めている（40条2号）。このように、法令上の義務違反に対して、是正措置を介在させることなく、罰則を適用する制度を**直罰制**という。

他方で、秩序罰たる過料は、国の場合には、非訟事件手続法（119条以下）に従い、当事者の普通裁判籍の所在地を管轄する地方裁判所において科され、地方公共団体の場合には、長によって科される（地方自治法149条3号）。地方公共団体の長が過料を科すためには、事前の告知と弁明の機会の付与が必要であり（同法255条の3）、過料を納期限までに納付しない者が、督促（同法231条の3第1項）にも応じないときには、行政上の強制徴収が行われる（同条3項）。たとえば、京都市路上喫煙等の禁止等に関する条例（平成19年京都市条例第2号）では、路上喫煙等禁止区域（5条）における路上喫煙等の禁止（6条）に違反した者は、「2000円以下の過料」に処される（11条）。

【コラム：交通反則金制度】
　本文で説明したように、行政刑罰は、刑事訴訟法の規定に従い、裁判所において科されるものであるが、道路交通法違反のすべての事件をこの原則に従って処理しようとすると、事件数があまりにも多いため、刑事手続がパンクしてしまう。そこで、現行の道路交通法は、刑罰が科される行為のうちの一定のもの（＝反則行為）について、交通反則金制度という特別の手続を導入している。まず、警察官は、反則行為をした者（＝反則者）があると認めるときは、原則として、その者に対し、速やかに、反則行為となるべき事実の要旨および当該反則行為が属する反則行為の種別等を書面で告知する（126条1項）。次に、警察官から報告を受けた警察本部長は、告知を受けた者が当該告知に係る種別に属する反則行為をした反則者であると認めるときには、その者に対し、当該反則行為が属する種別に係る反則金の納付を書面で通告する（127条1項）。そして、通告を受けた者が、交通反則金制度の適用を受けようとする場合には、原則として当該通告を受けた日の翌日から起算して10日以内に通告に係る反則金を国に対して納付しなければならず（128条1項）、反則金を納付した者は、当該通告の理由となった行為に係る事件について、公訴を提起されないことになる（同条2項）。また、反則者は、反則金の納付の通告を受け、かつ、上記の期間が経過した後でなければ、当該反則行為に係る事件について、公訴を提起されない（130条）。

(2)　その他の制裁

　このほかに行政上の制裁に該当するものとして、たとえば、公務員法上の懲戒処分を挙げることができる。懲戒処分は、公務員に一定の義務違反があった場合に制裁として行われる措置であって（☞第3講）、上級機関が発した訓令・通達への下級機関の服従を担保する機能を有するものである（☞第4講）ことは、既に学習したとおりである。また、許認可の撤回（☞第6講）が、行政上の義務違反を理由として行われるときには、行政上の制裁に該当する。

　さらに、近年では、行政上の制裁として、行政上の義務に違反した旨の事実の**公表、給水契約締結拒否**（☞第11講。広くいえば、**行政サービスの提供の拒否**）、課徴金、加算税などが利用されるようになってきている。制裁としての事実の公表は、行政上の義務に違反した者を「世間の晒し者」にするというものであり、行政上の義務履行確保の手段として適切であるかどうか、疑問が呈されている（公表の分類については☞第9講）。

地方自治法14条3項は、「普通地方公共団体は、法令に特別の定めがあるものを除くほか、その条例中に、条例に違反した者に対し、2年以下の懲役若しくは禁錮、100万円以下の罰金、拘留、科料若しくは没収の刑又は5万円以下の過料を科する旨の規定を設けることができる。」と規定しているので、【設問】のケースにおいて、地方公共団体は、公園からの退去命令に従わなかった者に対して、行政罰を科すことを条例で規定することが可能である。前出の京都市都市公園条例は、同条例13条1項の規定による市長の命令に違反した者に対しては、1万円以下の過料を科することとしている（17条）。

5　まとめ

　現行法のもとでは、行政上の義務のうち、代替的作為義務については、義務履行確保の一般的な手段として、行政上の代執行が用意されているが、非代替的作為義務と不作為義務については、個別の行政法律において、執行罰や行政上の直接強制、行政上の制裁を定めて、義務履行の確保を図る必要がある。しかも、行政代執行法1条は、行政上の義務履行確保を法律事項としているから、国の場合とは異なり、地方公共団体の場合には、条例において、執行罰、行政上の直接強制を自由に定めることは認められない。さらに、条例中に罰則を置くことはできるが、それは、あくまでも地方自治法14条3項が許容する範囲内においてである。行政上の制裁が、行政上の義務履行確保の手段として機能するのは、「行政上の義務違反によって得られる利益」を「行政上の制裁によって課される不利益」が上回るときであると考えられるので、科すことのできる罰の範囲が限定されていることは、行政上の義務履行確保の手段としての機能を弱めることを意味する。

　他方で、行政代執行法1条は、行政上の義務履行確保を法律事項としているといっても、行政代執行法は、1948年制定・施行の古い法律であるから、同法が行政上の義務履行確保の手段として想定していたのは、伝統的な行政上の強制執行の4つの手段だけであると考えられる。そうすると、地方公共団体は、地方自治法14条3項に基づいて条例中に行政罰を定めることができる以外に

も、公表、行政サービスの提供の拒否といった新たな義務履行確保の手段を採用することまで禁止されるわけではない。

　行政上の義務履行確保について、地方公共団体は、いわば両手両足を縛られた状態で何とか手段を編み出さなくてはならない。果たして、地方公共団体にとって、どのような工夫の余地があるか、より詳しくは、**第11講**で学習することにしよう。

> 【発展問題：行政上の代執行の問題点】
> 　本講のまとめにおいて、現行法のもとでは、行政上の義務のうち、代替的作為義務については、義務履行確保の一般的な手段として、行政上の代執行が用意されている、と述べたが、しかし、行政上の代執行には何も問題がない、ということでは決してない。たとえば、【設問】のケースにおいて、地方公共団体の職員が、テントの撤去を代執行しようとした場合に、仮に、ホームレスの人々やその支援者が身体を張って代執行を阻止しようとしたら、どうだろうか。職員は、さしあたりは説得を試みるべきであるが、説得に応じてもらえないときに、ホームレスの人々やその支援者を強制的に排除したとすれば、行政機関が義務者の財産だけではなく身体にまで強制を加えたわけであるから、定義上は、行政上の代執行の範囲を逸脱したことになる。しかし他方で、このようなときには、もはや代執行は許されず、職員は拱手傍観するしかないとすれば、法律が本来認めているはずの行政上の義務履行確保ができなくなってしまう。果たして、職員はどのように対処するのが適切なのだろうか。
> 　このほかにも、たとえば、違反建築物に対する是正措置命令（建築基準法9条1項）について、是正の方法が複数あるときには、行政上の代執行は困難である、といった問題点が指摘されている。

【参考文献・参考HP】

・都市公園について
　http://www.mlit.go.jp/crd/park/shisaku/p_toshi/index.html（国土交通省HP）
　都市公園法研究会編著（国土交通省都市局公園緑地・景観課監修）「都市公園法解説〔改訂新版〕」（日本公園緑地協会、2014年）
・行政上の代執行の問題点について
　広岡隆『行政代執行法〔新版〕』（有斐閣、1981年）
・より広く行政上の義務履行確保全般の問題点について
　西津政信『間接行政強制制度の研究』（信山社、2006年）

第9講　葬祭場の開業をめぐる業者と周辺住民のトラブル
——行政指導

> 【設　問】
>
> 第7講の【設問】で登場した産業廃棄物処理施設のように、世の中には、社会全体にとっては必要不可欠であっても、多くの国民が自分の暮らす場所の近くには造ってほしくないと考えている施設（＝迷惑施設）がある。受講生の皆さんも、このような迷惑施設をめぐるトラブルの1例として、葬祭場（以下、葬儀場、斎場ともいう）を手広く営んでいる業者が、新たな葬祭場の開業計画を立てたことに対して、その予定地の周辺に暮らす住民が強硬な反対運動を展開するというケースを見聞きしたことがあるかもしれない。このようなケースを念頭に置いて、次の問いを考えてみよう。
>
> 〔設問1〕　新たな葬祭場の開業計画に対してその予定地の周辺住民が反対するのはなぜか、また、反対の理由は正当と考えられるものだろうか。
>
> 〔設問2〕　葬祭場の開業について、現在の行政法律はどのように規制しているか。さらに、現行法の規制は、葬祭場の開業に周辺住民が反対する理由（言い換えれば、葬祭場の営業が周辺住民に与える不利益）や、葬祭場の営業が社会全体にもたらす利益を考えれば、十分であると評価してよいだろうか。
>
> 〔設問3〕　葬祭場の開業をめぐって業者と周辺住民との間でトラブルが発生した場合、周辺住民にとって最も身近な行政体である地方公共団体（市町村）は、現在の行政法律を前提として、どのように対応すべきであり、また、どのように対応しているだろうか。

1　本講の課題

　第7講に続き、本講でも、迷惑施設をめぐるトラブルのケースを取り上げることにしよう。【設問】に対する答えを先にいってしまうことになるが、**第7講と本講の【設問】のケースの間の実質的な違いは、産業廃棄物処理施設の設置のためには、都道府県知事の許可が必要である**（廃棄物の処理及び清掃に関する法律〔以下、廃棄物処理法という〕15条1項）**一方で、葬祭場の開業（＝建築および営業）**

のためには、一定の建築物の建築にとって必要な建築確認（建築基準法6条1項。☞第12講）を別にすれば、特別の許可は必要ではない、ということであり、その結果として、第7講の【設問】のトラブルは、《産業廃棄物処理業者―産業廃棄物処理施設を規制する権限を有する都道府県知事―産業廃棄物処理施設の稼働に反対する周辺住民》という3面関係の中で発生しているといえるのに対し、本講の【設問】のトラブルは、《葬祭場を開業しようとする業者―葬祭場の開業に反対する周辺住民》という国民相互の関係の色彩がより強いものである、ということである。

　そして、国民にとって最も身近な行政体である市町村としては、葬祭場の開業について、法令に基づく特別な規制権限を有しないにもかかわらず、業者と周辺住民の間のトラブルの解決に乗り出すよう要請される。そこで、市町村の行政機関が行うのが**行政指導**である。行政指導とは、**相手方の任意的な協力を得て行政目的を達成しようとする非権力的事実行為**であり、特に行政手続法では、「行政機関がその任務又は所掌事務の範囲内において一定の行政目的を実現するため特定の者に一定の作為又は不作為を求める指導、勧告、助言その他の行為であって処分に該当しないもの」（2条6号）と定義されている。[1] 市町村の行政機関が、業者と周辺住民の双方に対して話し合いによる解決を促すだけであれば、法的にみてこれといった問題はないが、トラブルのより確実な解決を目指して、どちらか一方に対して規制的な力をもつ行政指導を行うとすると、行政指導の非権力性という法的性格との抵触という問題が生じる。以下では、本講の【設問】のケースの利害状況を明らかにしながら、市町村の行政機関が良好な住環境・生活環境の確保を目的として行政指導を行うときにどのような法的規制を受けるか、みていくことにしよう。

1）　したがって、行政手続法上の行政指導の定義は、行政指導の対象が「特定の者に」限定されている点で、学問上の概念とは異なる。

2　葬祭場の営業が周辺住民に与える不利益〔設問1〕

　そもそも、葬祭場の開業に対して周辺住民が反対するのはなぜだろうか。産業廃棄物処理施設の設置の予定地の周辺住民が、自身の生命や身体の安全が脅かされるのではないかという不安を抱くというのは分かりやすいが、葬祭場の開業予定地の周辺住民が実際にどのような不利益を受けるのかは、それほどはっきりしない。そこで、まずは、現実に葬祭場を営む業者とその周辺住民との間で訴訟にまで発展した事案を手がかりにして、この点を確認しておくことにしよう。

　京都地判平10・12・18判タ1053・164の事案は、京都市伏見区内における葬儀営業に対して反対運動を行っていた住民が葬儀営業者を相手取って葬儀営業の差止めおよび損害賠償を求めた一方で、葬儀営業者も反対住民を相手取って営業妨害の禁止および損害賠償を求めた、というものである。この事案で、住民側は、本件葬儀営業による①財産権侵害（具体的には、所有不動産の価値の低下、営業上の売り上げの低下）、②環境権侵害、③人格権侵害（具体的には、ⓐ交通渋滞の悪化、違法駐車の増加、騒音の増加などの交通関係の環境悪化、ⓑ葬儀に伴う騒音〔読経やエアコンの運転音〕、ⓒ葬儀営業により、非日常的な「葬儀」や「死」を常に意識させられるうえ、日常生活における行動が制約されることなど）を主張した。裁判所は、住民側および葬儀営業者側双方の請求を斥けたものの、住民側の③人格権侵害の主張につき、本件葬儀営業によってⓐ～ⓒのいずれにも一定程度の影響が出ることは認めた（他方で、①財産権侵害の主張については、発生すると認めることはできないとし、②環境権侵害の主張については、「現段階においては、他人の行為の差止めや損害賠償請求の法的根拠となりうるような権利として確立したものとみることはできない」とした）。また、裁判所は、住民の反対運動について、「より良い生活環境を形成するために実力行使の伴わない平和的で秩序ある住民運動をすることは、一定の限度で許容されるべきものである」と評価している。

　さらに、最判平22・6・29判時2089・74の事案は、京都府宇治市内の葬儀場の周辺住民が葬儀場の営業を行っている業者を相手取って葬儀場において目隠し

のために設置されているフェンスをさらに1.5m高くすることなどを求めたというものである。この事案では、原告住民の自宅から、本件葬儀場に参列者が参集する様子のみならず、棺が本件葬儀場建物に搬入される様子や出棺の際に棺が本件葬儀場建物から搬出されて玄関先に停車している霊きゅう車に積み込まれる様子がみえ、原告住民は、本件葬儀場の営業に強いストレスを感じていた。原告住民の請求は最終的に最高裁によって斥けられたが、第一審（京都地判平20・9・16判例集未登載）および第二審（大阪高判平21・6・30判例集未登載）はともに住民側の請求を一部認容して、本件フェンスのうち原告住民の自宅に面する部分をさらに1.2m高くすることを業者に対して命じていた。第一審および第二審判決を破棄した最高裁判決は、全国紙でも報じられ、社会的にそれなりに注目を集めたようである。

　このほかに、過去の訴訟では、焼香の臭いや、会葬者が周辺住民の建物を覗きみる可能性も、葬祭場で行われる葬儀から周辺住民が受ける不利益として裁判所によって考慮されている（東京高判平15・1・16判例集未登載を参照。なお、遺体保管業に関する事案であるが、東京地判平25・4・25判時2199・31も参照）。

　これらの過去の訴訟によると、葬祭場の開業予定地の周辺住民が受けることが想定される不利益としては、主として、交通関係の環境悪化、葬儀から発生する騒音・悪臭、心理的不快感、プライバシーに関する問題があり、周辺住民は、これらの不利益を受けることを根拠として、直ちに葬祭場の開業を裁判所に阻止してもらえるわけではないが、さりとて、葬祭場の開業に反対することを単なる周辺住民の「エゴ」として切って捨てることもできない、ということになるだろう。

3　葬祭場の公益性と現行法に基づく行政規制〔設問2〕

　葬祭場の営業は周辺住民に対してこのような不利益を与えるものである反面、社会全体に対して一定の利益をもたらすものであることも見落としてはならない。たとえば、ある裁判例は、「本件のような葬祭場は、自宅では葬儀を行うことのできない地域住民にとって、身近で比較的安価に葬儀が挙行できる

場所として公益性を有していることは明らかである」と指摘し、だからこそ、「〔葬儀〕に伴う騒音等の被害は、近隣に住む者にとって不快に感じられることはあろうけれども、一定限度を超えない限りは受忍すべきものと考えられる」としたのである（前掲東京高判平15・1・16）。そして、このように葬祭場が一定の公益性を有していることから、地方公共団体が自ら葬祭場を設置することがある。たとえば、京都市は、「公衆衛生の向上を図る」という目的で、火葬施設を併設した京都市中央斎場を設置している（京都市中央斎場条例〔大正15年京都市条例第6号〕1条）。

　さて、それでは、葬祭場の開業（＝建築および営業）について、現在の行政法律はどのように規制しているのだろうか。すでに上記1で触れたように、葬祭場の開業については、建築確認を別にすれば、特別の許可は必要ではない。そして、一定の建築物について、ある場所にはどのような用途（＝使いみち）の建築物が建築できるか、逆に、どのような用途の建築物は建築できないか、を定めているのが、**用途地域**という法制度である。用途地域は、都市計画の中で定められ、具体的には、第一種低層住居専用地域、第二種低層住居専用地域、第一種中高層住居専用地域、第二種中高層住居専用地域、第一種住居地域、第二種住居地域、準住居地域、近隣商業地域、商業地域、準工業地域、工業地域、工業専用地域という12種類のものがある（都市計画法8条1項1号）。たとえば、前掲京都地判平成10・12・18の舞台となったのは、近隣商業地域に指定された地域であった。近隣商業地域とは、「近隣の住宅地の住民に対する日用品の供給を行うことを主たる内容とする商業その他の業務の利便を増進するため定める地域」（同法9条8項）と定義され、建築基準法48条8項によると、近隣商業地域内において、建築することが原則として許されない建築物が、同法別表第2（ち）項に列挙されている。受講生の皆さんにも、同法別表2には是非一度目を通してもらいたいが、（ち）項に列挙されているのは、1．（り）項の商業地域内に建築してはならない建築物（この中には、（ぬ）項の準工業地域内に建築してはならない建築物のうちの1号および2号に掲げるものが含まれる）、2．キャバレー、料理店その他これらに類するもの、3．個室付浴場業に係る公衆浴場その他これに類する政令で定めるものであり、葬祭場（葬祭場を使いみちとする建築物）は

掲げられていない。それゆえ、前掲京都地判平成10・12・18の事案では、葬儀営業をめぐって、葬儀営業者と反対住民との間でトラブルが発生したというわけである。

このように、葬祭場の開業は、用途地域の規制を受ける以外には（葬祭場を使いみちとする建築物の建築が実際に制限されそうなのは、第一種低層住居専用地域、第二種低層住居専用地域、第一種中高層住居専用地域くらいである）、基本的には国民の自由である。第7講の【設問】で登場した産業廃棄物処理施設の設置について、都道府県知事の許可を必要とし（廃棄物処理法15条1項）、さらに、産業廃棄物処分業についても、都道府県知事の許可が必要である（同法14条6項）こととは対照的である。葬祭場の営業と産業廃棄物処理業はともに本来的には国民の自由に属する事柄であり、また、葬祭場と産業廃棄物処理施設は一定の公益性を有する反面で周辺住民に不利益を及ぼしうるものであるという点で共通の性格を有しているが、葬祭場と産業廃棄物処理施設が有する公益性の程度の違いや、周辺住民に及ぼしうる不利益の大きさの違いが、おそらくは、両者に対する法的規制の違いに現れているのだろう。

なお、葬祭場と似て非なるものとして、火葬場がある。火葬場については、都市計画区域内においては、原則として、都市計画においてその敷地の位置が決定しているものでなければ、新築や増築が許されないことになっている（建築基準法51条。産業廃棄物処理施設の多くも、同条の規制を受ける〔建築基準法施行令130条の2の2第2号イ〕）。これは、やはり火葬場等の施設が有する公益性の大きさと周辺住民に及ぼしうる不利益の大きさから、都市内におけるこれらの施設の配置については都市計画上の観点から十分検討されたものでなくてはならないという理由によるものである。

4　行政指導による対応とその法的規制〔設問3〕

(1) 条例の制定による対応

とはいっても、〔設問1〕でみたように、葬祭場の建設予定地の周辺住民が一定の不利益を受けることは事実であり、それを理由として、葬祭場の建設に反

> **【コラム：都市計画と用途地域の指定】**
>
> 　用途地域との関係で、**都市計画**という言葉が出てきたので、ここで都市計画についてごく簡単に説明しておくことにしよう。都市計画法上の都市計画とは、「都市の健全な発展と秩序ある整備を図るための土地利用、都市施設の整備及び市街地開発事業に関する計画」で、同法第2章の規定に従い定められたものである（4条1項。都市計画の対象は、主として都市計画区域〔5条1項〕および準都市計画区域〔5条の2第1項〕であるが、ここでは前者を対象とした都市計画に限定する）。都市計画の内容は、当該都市計画区域の整備、開発及び保全の方針（＝都市計画区域マスタープラン）（6条の2）、市街化区域（＝すでに市街地を形成している区域およびおおむね10年以内に優先的かつ計画的に市街化を図るべき区域）と市街化調整区域（＝市街化を抑制すべき区域）との区分（＝区域区分、線引き）（7条）、都市再開発方針等（7条の2）のほか、用途地域（8条1項1号）の指定のような規制系の計画、および、都市施設（11条1項）の指定のような事業系の計画に大別することができる。都市計画を策定する主体は、都道府県および市町村であり、都市計画区域マスタープラン、区域区分に関する都市計画、都市再開発方針等に関する都市計画のほかに、市町村の区域を越える広域的・根幹的な都市計画は、都道府県が定め、その他の都市計画は、市町村が定める（15条1項。都道府県が都市計画を策定するときには、関係市町村の意見を聴かなくてはならない〔18条1項〕）。都道府県が策定した都市計画と市町村が策定した都市計画の間には、上下の関係がある（15条3項・4項）。なお、都市計画法13条は、都市計画基準として、都市計画を策定するときの考慮事項、目標を規定しており、その中で、「市街化区域については、少なくとも用途地域を定めるものとし、市街化調整区域については、原則として用途地域を定めないものとする」（同条1項7号）と規定されている。

対することを周辺住民の単なる「エゴ」として切って捨てることもできない。そこで、周辺住民にとって最も身近な行政体である市町村としては、良好な生活環境・住環境を守るため、このような現行の行政法律と周辺住民のニーズのギャップを何とか埋めるよう試みなくてはならない。

　その手段として、第1に考えられるのは、地方公共団体の自主法である条例（すなわち、葬祭場の開業を制限する条例）を制定することによって、現行の行政法律と周辺住民のニーズのギャップを埋めることである。しかし、こうした条例の制定による対応には、条例は国の法令に違反することができないとの限界がある（地方自治法14条1項）。条例が国の法令に違反するかどうかという判断

は、最大判昭50・9・10刑集29・8・489（徳島市公安条例事件）によれば、「両者の対象事項と規定文言を対比するのみでなく、それぞれの趣旨、目的、内容及び効果を比較し、両者の間に矛盾抵触があるかどうかによってこれを決しなければならない。」とされる。とりわけ、葬祭場の開業について、国の法令は特別の規制を課していないため、徳島市公安条例事件の最高裁判決の表現をそのまま借りると、「ある事項について国の法令中にこれを規律する明文の規定がない場合でも、当該法令全体からみて、右規定の欠如が特に当該事項についていかなる規制をも施すことなく放置すべきものとする趣旨であると解されるときは、これについて規律を設ける条例の規定は国の法令に違反することとなりうる」との問題が生じることになる（条例制定権の限界については☞第11講）。

(2) 行政指導による対応

もし、条例の制定によって、現行の行政法律と周辺住民のニーズのギャップを埋めることができないとすると、第2に、よりインフォーマルな手段である行政指導（たとえば、葬祭場の具体的な設計を指定する行政指導）による対応を考えざるをえない。つまり、市町村の行政機関は、葬祭場の開業を計画している業者の任意的な協力を得て、良好な住環境・生活環境を確保するという行政目的を達成しようとするのである。

① 法律の根拠の要否

もっとも、市町村の行政機関は、さしあたり法令および条例の根拠なしに、このような行政指導を行うわけであるが、行政指導に法律の根拠は必要ないのだろうか。法律の留保の原則（☞第2講）に関する諸見解のうち、②権力留保説をとると、行政指導は（その建前においては）非権力的事実行為であるため、法律の根拠は不要であることになる（最大判平7・2・22刑集49・2・1を参照）。これに対し、①侵害留保説をとると、侵害的な行政指導については、法律の根拠が必要であると考える余地があり、④重要事項留保説をとると、行政指導の内容次第で、法律の根拠が必要である場合が出てくる。さらに、③全部留保説をとると、行政指導一般について、法律の根拠が必要になる。行政指導について法律の根拠の要否の問題を検討するときには、行政指導をより細かく分類する作業

が必要になるが、【設問】のケースにおいて、市町村の行政機関が業者に対して侵害的な行政指導を行うとしても、その一方で、周辺住民にとっては（良好な生活環境・住環境を確保するための）授益的な行政指導であると評価できるので、③全部留保説を徹底しないかぎり、直ちに法律の根拠が必要であるということにはならないように思われる。逆に、市町村の行政機関が（行政指導の建前とは異なり）規制的な力をもつ行政指導を行えば、②権力留保説をとっても、法律の根拠が必要であると考えられることになる。

☞ POINT
行政指導は、まず、**国民に対する行政指導**と**行政体（行政機関）相互間の行政指導**に大別され、前者は、さらに、**助成的・授益的行政指導、規制的行政指導、調整的行政指導**に分類できる。

② 行政指導の法的規制

さらに、行政機関が行う行政指導については、行政手続法の第4章（32条〜36条の2）がその実体および形式を規律している。行政手続法は、地方公共団体の機関が行う行政指導については、適用が除外されている（行政手続法3条3項）が、ほとんどの地方自治体は、行政手続条例を制定しており、そこには、行政手続法第4章と同様の規定が置かれているので、本講では、行政手続法の規定をみておくことにしよう。

まず、行政手続法32条1項は、行政指導の一般原則について、「行政指導にあっては、行政指導に携わる者は、いやしくも当該行政機関の任務又は所掌事務の範囲を逸脱してはならないこと及び行政指導の内容があくまでも相手方の任意の協力によってのみ実現されるものであることに留意しなければならない。」と規定する。既述のとおり、行政指導の本来の法的性格は非権力的事実行為であり、行政指導が規制的な力をもつと、法律の留保の原則との関係で問題が生じる。また、行政指導が「当該行政機関の職務又は所掌事務の範囲を逸脱」したものである場合には、その行政指導はもはや行政体とは無関係な、「行政指導に携わる者」の個人的な行為と理解されることになる（☞第2講）。

同条2項は、「行政指導に携わる者は、その相手方が行政指導に従わなかったことを理由として、不利益な取扱いをしてはならない。」と規定する。仮に、行政指導の相手方が行政指導に従わなかったことを理由として、不利益な取扱

いを受けるとすれば、行政指導の相手方である国民は、行政指導に従わざるをえないのであり、そうすると、結局は行政指導が規制的な力をもつことになる。行政指導の相手方が行政指導に従わなかったという事実を公表することが、ここで禁止されている「不利益な取扱い」に該当するかどうかという問題がある。この問題については、公表が行政指導の相手方に対する制裁目的であるときには「不利益な取扱い」に該当して許されないが、国民一般への情報提供目的であるときには「不利益な取扱い」に該当しないという考え方があり、さらに、公表が情報提供目的であっても行政指導の相手方に対して制裁的効果をもつときには、「不利益な取扱い」に該当して許されないという考え方もある。[2]

　行政手続法33条は、申請に関連する行政指導について、「申請の取下げ又は内容の変更を求める行政指導にあっては、行政指導に携わる者は、申請者が当該行政指導に従う意思がない旨を表明したにもかかわらず当該行政指導を継続すること等により当該申請者の権利の行使を妨げるようなことをしてはならない。」と規定する。この規定は、たとえば、葬祭場を開業しようとする業者が葬祭場の建築確認を市町村の建築主事（建築基準法4条）に求めた場合に、いわば建築確認を人質にとって、当該市町村の担当者が、業者に対して、葬祭場の建築計画の変更を求める行政指導を行うといった状況に適用される（他方で、このような行政指導を避けたい業者は、建築確認を市町村に属しない指定確認検査機関〔同6条の2・77条の18～77条の21〕に申請することになる）。[3] 行政手続法33条の規定を文字どおり理解すると、業者が行政指導を拒否した時点で、当該市町村の担当職員は行政指導を止めなくてはならなくなりそうであるが、この規定は、最判昭60・7・16民集39・5・989（品川建築確認留保事件）の趣旨を踏まえたものであるといわれているので、この事件の最高裁判決をみておくことにしよう。当時

2）　ちなみに、個別の行政法律が行政指導を規定するとともに、行政指導への不服従に対する制裁を定める場合がある（例．所得税法148条2項・150条1項2号）。この場合には、これらの規定（＝特別法）が行政手続法32条2項（＝一般法）に優先する。

3）　行政機関が申請の取下げを求める行政指導を行う場合には、行政手続法7条の審査・応答義務（☞**第6講**）との関係で、いつからこのような行政指導を行うことができるかという問題がある。

の建築基準法は、建築確認の大部分の標準処理期間を21日と規定していた（現在は35日）が、この事件では、行政指導を理由として建築確認をどこまで留保することが許されるかが問題となり、最高裁は次のように判示した。

> 「右のような確認処分の留保は、建築主の任意の協力・服従のもとに行政指導が行われていることに基づく事実上の措置にとどまるものであるから、建築主において自己の申請に対する確認処分を留保されたままでの行政指導には応じられないとの意思を明確にしている場合には、かかる建築主の明示の意思に反してその受忍を強いることは許されない筋合のものであるといわなければならず、建築主が右のような行政指導に不協力・不服従の意思を表明している場合には、当該建築主が受ける不利益と右行政指導の目的とする公益上の必要性とを比較衡量して、右行政指導に対する建築主の不協力が社会通念上正義の観念に反するものといえるような特段の事情が存在しない限り、行政指導が行われているとの理由だけで確認処分を留保することは、違法であると解するのが相当である。」

この判示によると、建築主が行政指導を拒否しても、「当該建築主が受ける不利益と右行政指導の目的とする公益上の必要性とを比較衡量して、右行政指導に対する建築主の不協力が社会通念上正義の観念に反するものといえるような特段の事情」が存在するときには、行政指導を継続する余地が残ることになる。建築確認をどこまで留保することが許されるかという問題は、言い換えると、建築確認の時期（＝タイミング）に関する裁量の限界の問題であり、本来は建築確認の根拠法である建築基準法の目的（＝「建築物の敷地、構造、設備及び用途に関する最低の基準を定めて、国民の生命、健康及び財産の保護を図り、もって公共の福祉の増進に資すること」〔建築基準法1条〕）に従って決定されるべきものである（☞**第3講**）。しかし実は、最高裁は、建築基準法の目的だけではなく、当時の地方自治法の規定上、「普通地方公共団体は、地方公共の秩序を維持し、住民の安全、健康及び福祉を保持すること並びに公害の防止その他の環境の整備保全に関する事項を処理することをその責務のひとつとしている」ことにも着目して、上記の判示を導いた。このように最高裁が、時期に関する裁量の限界を画定する基準となる「法の趣旨・目的」を緩やかに解釈したということは、現在の行政法律だけでは国民が望む良好な住環境・生活環境を守ることができないがために、地方公共団体の機関がやむなく行う行政指導に対して最高裁が

第1部　入門編

> **【コラム：行政手続条例における地方自治体の創意工夫】**
> 　ほとんどの行政手続条例は、行政手続法をモデルとしたものであるが、地方自治体ごとの創意工夫もみられる。たとえば、長野県行政手続条例31条は、1項および2項において、行政手続法32条1項および2項に対応する規定を置き、3項において、「前項の規定は、公益の確保その他の正当な理由がある場合において、その相手方に対し、意見を述べる機会を与えた上で、県の機関が行政指導の事実その他必要な事項を公表することを妨げない。」と規定している。特に、行政指導への不服従の事実の公表が行政指導の相手方に対して制裁的効果をもつときには、「不利益な取扱い」に該当するという考え方をとると、この種の事実の公表は多かれ少なかれ制裁的効果をもつので、法律の根拠が必要ということになる。しかし他方で、個別の行政法律ではなく、行政手続条例のような一般法・通則法の規定が、法律の根拠として十分かどうかという問題もあるだろう。

好意的であることの現れであると考えることができるのではないだろうか（目的の解釈の方法について、最判昭53・5・26民集32・3・689と比較されたい）。

　このほかに、行政手続法34条は、許認可等の権限に関連する行政指導について規定し、同法35条は、行政指導の方式を規律する。同法36条は、複数の者を対象とする行政指導について、「同一の行政目的を実現するため一定の条件に該当する複数の者に対し行政指導をしようとするときは、行政機関は、あらかじめ、事案に応じ、行政指導指針を定め、かつ、行政上特別の支障がない限り、これを公表しなければならない。」と規定しており、この**行政指導指針**は、意見公募手続（☞**第5講**および**第13講**）の対象たる命令等に該当する（行政手続法2条8号ニ）。なお、同法36条の2は、行政指導の中止等の求めについて規定するが、この対象となる行政指導はその根拠となる規定が法律に置かれているものに限られる。

5　まとめ

　上記2において京都市伏見区内の事案を取り上げたが、その後、京都市では、「葬祭場の建築等に関し、必要な指導内容を定め、関係者が相互の立場を

尊重し、誠意を持って協力するよう努めることにより、紛争を未然に防止し、良好な市街地の環境の保全及び形成に資すること」を目的として「京都市葬祭場の建築等に関する指導要綱」が制定されるに至っている（2005年8月15日実施）。本講の最後に、その概要をみておくと、この要綱は、事業主に対して、葬祭場の建築等について市長との事前協議、標識の設置を求め、周辺関係住民等への周知等の努力義務を定めるとともに、事業主および周辺関係住民等の双方に対して、一方からの求めがあるときには協議に応じること、協定を締結することなどの努力義務を定めている。また、この要綱は、事業主に対して、建築計画上の措置に関する努力義務（たとえば、歩行者および自動車等の通行その他の交通環境に配慮すること）、管理運営上の措置に関する努力義務（たとえば、供花および榊は、原則として建物内に設置すること）も定めている。そして、この要綱の定める指導内容に事業主が従わないときには、意見を述べる機会を与えたうえで、事実の公表等必要な措置を採ることができるとされている。

【発展問題：「保育園落ちた」vs「子どもの声がうるさい」】
　近年、都市部では、保育所への入所待機児童の問題が深刻である一方で、保育所の開設計画が付近住民の反対によって頓挫する事例が相次いでいる。現在の行政法律は、保育所の開設についてどのように規制しており、現在の行政法律と付近住民のニーズとの間にどのようなギャップがあるのだろうか。また、このギャップを埋めるために、国や地方公共団体の行政機関は、どのように対応すべきなのだろうか。

【参考文献・参考HP】
・葬祭場をめぐるトラブルの背景と具体例について
　　柿田睦夫『現代葬儀考——お葬式とお墓はだれのため？』（新日本出版社、2006年）第3部
・都市計画法・建築基準法について
　　都市計画法制研究会編著『よくわかる都市計画法〔改訂版〕』（ぎょうせい、2012年）
　　逐条解説建築基準法編集員会編著『逐条解説建築基準法』（ぎょうせい、2012年）
・要綱行政一般について
　　大田直史「行政手続法下の要綱行政」室井力先生古稀記念論文集『公共性の法構造』（勁草書房、2004年）263頁以下

第2部
応用編

第10講　生活保護の実施、介護保険の運営
——給付行政

> 【設　問】
> 社会保障の実施に関する国・地方公共団体の役割について、次のような場合を考えてみよう。
> 〔設問1〕　憲法25条が保障する「健康で文化的な最低限度の生活を営む権利」を具体化する法律の1つに生活保護法がある。同法によって行われる生活保護の水準とは、具体的にはどのようなものだろうか。生活保護の水準（「生活保護基準」）がどのように定められているか、調べてみよう。
> 〔設問2〕　生活保護の受給者は、福祉事務所から、生活や就労に関する指導・指示を受けることがある。福祉事務所は、この指導・指示を通じて、被保護者の生活のあり方にどのようにかかわるのが適切だろうか。たとえば、被保護者が保有する自動車を処分するようにとの指導は、どのような場合であれば許されるだろうか。
> 〔設問3〕　あなたの身近に介護を必要とする高齢者がいたとしよう。
> ①　介護保険を利用して介護を受ける場合、どのような手順で保険給付を受けることができるのだろうか。その際、介護費用はどのように賄われるのだろうか。
> ②　介護保険のもとでサービスを提供する事業者は数多く存在する。適切な事業者をどのように選択したらいいだろうか。介護サービスの選択について、アドバイス等を受けることはできるのだろうか。
> ③　利用する介護施設で、スタッフの数が足りない、あるいは、居室のスペースが過密であるなどの問題が見受けられるとき、地方公共団体等は何らかの監督措置をとってくれるのだろうか。

1　本講の課題

　国や地方公共団体は、私たちの生活基盤の整備やより質の高い生活の実現、一定の産業育成などを目的として、さまざまな財やサービスを提供している。

本講では、そのうち、私たちの生活の保障にかかわる社会保障給付ついて行われる行政活動を取り上げる。

国や地方公共団体の行政活動は、大きくは規制行政と給付行政に分けることができる。食品衛生や廃棄物処理に関する監督（☞**第6講、第7講**）が、国民の自由を制限しつつ公益上望ましい状態の実現を目指す規制行政であるのに対し、本講で取り上げる、国や地方公共団体が財やサービスの提供を行う際の行政活動は、**給付行政**と呼ばれている。給付行政は、政府が国民生活や企業活動の諸局面に対して介入を行い、積極的な役割を果たすようになった20世紀以降の国家（**福祉国家**などと呼ばれる）に特徴的なものである。

現代国家において、私たちの生活や企業活動は政府による財・サービスの給付に依存している部分があり、給付行政は私たちや企業の存立の基礎にかかわっているともいえる。このような給付行政と法律の関係には、どのような特徴がみられるのであろうか。以下では、生活保護の実施と介護サービスの提供を題材として考える。

2 社会保障の給付水準の設定
——生活保護基準を例に〔設問1〕

社会保障給付についても、根拠となる法律が多数定められている。他方で、社会保障の具体的な水準の設定は、行政機関が定める基準（☞**第5講**）による部分も大きい。ここでは、生活保護の実施を題材として、社会保障の給付水準がどのように設定されているかをみてみよう。

(1) 公的扶助制度の必要性と課題

社会保障制度のうち、最低限度の生活水準を下回る困窮状態にある者に対して、その不足分を補うために保険料等の拠出を前提とせず行われる所得保障給付を、**公的扶助**という。憲法25条で「健康で文化的な最低限度の生活を営む権利」（**生存権**）が保障されており、これを受けた**生活保護法**によって公的扶助が実施されている。

私たちの生活を保障する最後のセーフティネットともいわれる公的扶助が、

国・地方公共団体によって維持されなければならないのは何故だろうか。歴史的には、公的扶助制度が整備されるようになった当初は、治安対策としての性格が強かったとされている。そして、その背景には、貧困を個人の責任により生じる問題、とりわけ、個人の素行等による道徳的な問題とする見方があった。たとえば、1601年エリザベス救貧法、1834年新救貧法など、公的扶助制度が早くに整備されたイギリスの制度について見ても、就労可能者に強制的な労働が課されたり、扶助の水準が自立的に生活を維持する者よりも低くなければならないとの原則（劣等処遇の原則）がとられたりするものであった。

これに対し、現代国家において公的扶助が社会保障の一環として行われていることは、貧困がもっぱら個人に帰せられる問題なのではなく、貧困の原因となる失業や賃金収入の低下が個人の自助努力をこえた社会経済的な問題として生じるという認識を前提としている。多くの国で市場を軸に経済が展開し、多くの者が雇用を通じた賃金によって生活していることを考えると、最低限度の生活の保障について公的な制度が必要とされることについても了解できるであろう。

日本では、第二次世界大戦後に生活保護制度が整備されて以降、他の社会保障制度の整備や経済の長期的発展に伴って生活保護の受給者数の減少傾向が続いてきた。しかし、1990年代半ば以降は受給者の増加傾向が顕著であり、2015年度では、生活保護の受給者数は約216.3万人、保護率（被保護者数／人口）では1.70％となっている（平成29年度版厚生労働白書271頁）。また、生活保護制度の運用に関する課題として、不正受給が一定程度みられること、他方で、生活保護の受給要件を充たす者に対して保護が行われていない漏給が多く、公的扶助制度としての捕捉率が低いことが指摘されている。

(2) 生活保護法による公的扶助

生活保護法の目的は、生活に困窮する者の「最低限度の生活」の保障と、その「自立」の助長である（1条）。同法は、生活保護に関する基本原理・実施上の原則として、生活保護が無差別平等に行われるべきこと（2条）、生活に困窮する者の資産・能力などを活用のうえで行われること（**補足性の原理**：4条）、

第2部　応用編

> **【コラム：福祉国家の正当性】**
> 　（個人や社会内の諸団体の自発的な「施し」によるのではなく）なぜ政府が再分配施策（公的扶助はその1つである）を行うのかという問いは、法哲学、倫理学などの分野で盛んに論じられる問題でもある。
> 　日本を含め福祉国家的施策をとってきた国家の社会保障制度の理解に親和的なのは、社会経済的不平等は社会の最も不利な状況にある構成員にとって最大の利益となる限りで正当化される（J・ロールズ）、あるいは、各人の自律的な生き方の追求に利用可能な財・機会などの資源をできるだけ均等に分配することが正義にかなう（R・ドゥオーキン）とする、平等主義の要素をもつリベラリズムである。
> 　これに対しては、個人の自己決定や市場原理を重視するリバタリアニズム（R・ノージックなど）などから批判が向けられてきており、現実の福祉国家の行き詰まりもあって、新保守主義的な政策をとる国家の思想的背景ともなっている。
> 　このような論争は、社会権を保障する憲法条項をもつ日本においても、その背景にある理念的基礎の検討に資するものとして受け止めることができる（以上につき、たとえば田中成明『現代法理学』〔有斐閣、2011年〕377頁以下を参照）。

要保護者の実際の必要に応じて有効・適切に行われるべきこと（**必要即応の原則**：9条）などを定めている。

　実施される保護の内容については、生活扶助、教育扶助、住宅扶助、医療扶助、介護扶助、出産扶助、生業扶助、および、葬祭扶助の8種類が規定されている（生活保護法11条1項）。これらの扶助の要否につき、以下に述べる**生活保護基準**に従って判断が行われる。

(3) 生活保護基準を設定する厚生労働大臣の裁量

　生活保護法は、要保護者の需要を測定する基準を厚生労働大臣が定めるとしている（8条1項）。生活保護を実施すべきかどうか、どのような保護を実施するかについては、この規定に基づく「生活保護法による保護の基準」（生活保護基準）によって判断される。生活保護基準を定める際に考慮すべき事情としては、保護を要する者の年齢、世帯構成、所在地域などが挙げられている（同条2項）。

　保護基準は、生活扶助、教育扶助、住宅扶助などの扶助の種類ごとに定めら

れる。生活保護のうち中心となる生活扶助についてみると、個人を単位として年齢区分ごとに設定される第1類費（食費、被服費など）と、世帯を単位として世帯人員別に設定される第2類費（水光熱費、家具什器費など）の合計により、基準生活費が定められている（これに、世帯の状況に応じて、障害者加算、母子加算などの加算が行われる）。生活扶助や住宅扶助については、物価などの地域差に配慮して、所在地域別に保護基準が定められている。

> 🐙 POINT
> 生活保護基準は告示の形式で定められる。これは、保護を請求する権利を具体化するものであるから、法規の性格を有すると考えられる。

　生活保護法は保護基準の内容に関する詳細な規定を欠くため、保護基準を定める厚生労働大臣は、専門技術的観点および政策的観点から裁量的な判断を行うことになる。しかし、行政機関の裁量はあくまで法律との関係で適正に行使されるべきものであるから、保護基準の設定に関する裁量の行使も、生活保護法（および憲法25条）の規定の趣旨に沿ったものでなければならない。たとえば、生活保護法が規定する、無差別平等の原理や必要即応の原則に反する保護基準を設定することは許されない。

　手続的には、保護基準の設定・改定の際に、学識経験者等からなる会議体での検討がふまえられてきている[1]。そこでは、最低限度の生活費の算定方法や[2]、加算項目の付加／削減など、保護基準改定の基本的な方向性に関して専門的な観点から検討が行われる。このような専門的な会議体の審議をふまえて行政機関が決定を行うことは、裁量判断を適正化するために一定程度有効な方法である。もっとも、法律学の研究者の中では、保護基準を法律の別表などで定めることを求める見解も有力である。

　生活保護の受給に関する裁判では、保護基準が定める保護の水準が「健康で

---

1) 現在は、厚生労働省に設置された社会保障審議会の生活保護基準部会が、保護基準について専門的に調査審議を行う役割を与えられている。
2) 保護基準の算定方法は、マーケット・バスケット方式（最低限度の生活に必要な食費、被服費などを積み上げて基準額を算出）、エンゲル方式（栄養所要量を充たしうる食費を積算し、同程度の食費を支出する世帯のエンゲル係数から基準額を逆算）、格差縮小方式（一般世帯の消費水準の伸びに格差縮小分を加味して基準額を算定）、水準均衡方式（保護基準を一般世帯の消費水準の変動と均衡させる形で算定）と変化してきた。

文化的な最低限度の生活」を営むのに不十分ではないかと争われることがあり、その際には、保護基準の設定にかかる厚生労働大臣の裁量について司法審査が行われる。判例も、保護基準の設定に関して厚生労働大臣に裁量が認められるとしている（最大判昭42・5・24民集21・5・1043〔朝日訴訟〕などを参照）。そのうえで、近年では、保護基準の設定に際して厚生労働大臣がどのような判断過程を経て決定を行ったかに着目した司法審査も行われており（最判平24・2・28民集66・3・1240〔生活保護老齢加算廃止違憲訴訟〕）、裁量審査の密度が一定程度向上しているとみることができる（判断過程に着目した裁量審査について☞第3講）。

3　生活保護の実施と調査、指導・指示〔設問2〕

次に、生活保護が実際に実施される過程で行われる行政活動についてみてみよう。

(1)　生活保護の実施体制、実施過程

生活保護の実施の事務は、地方公共団体の行政機関が行う。生活保護法19条1項は、生活保護の基本的な実施機関を、都道府県知事、市長及び福祉事務所を管理する町村長としている。

生活保護は、原則として、保護を要する者の申請を受けて実施される（生活保護法7条）。申請が行われると、申請者の世帯について保護を要するかどうか、どのような扶助が必要かの審査が行われる。生活保護は補足性の原理に従って行われるため、申請者の資産・収入の状況や健康状態などが保護の要否に関する判断の前提となる。このため、保護の実施機関は、資産や収入の状況等に関し、要保護者の居所への立入り等の調査を行い（同法28条）、官公署や銀行、要保護者の雇主等に資料の提供・報告を求めることができる（同法29条）。

3）　生活保護基準のほかにも、健康保険の診療報酬点数表や介護保険事業の運営基準など、社会保障の分野では、重要な基準が行政機関によって定められることが多い。

4）　ただし、要保護者が急迫した状況にある場合には、保護実施機関の職権で必要な保護を行わなければならない（生活保護法25条1項）。

保護実施機関の権限は、通常、当該地方公共団体の福祉事務所長に委任されている。福祉事務所長の補助機関として実際に要保護者・被保護者に接するのは、**ケースワーカー**（生活保護現業員、地区担当員）と呼ばれる職員である。ケースワーカー[5]は、要保護者の面接相談から、保護の申請に伴う資力等の調査、保護の要否を決する際の説明と保護の給付、被保護者の状況把握・自立に向けた相談援助まで、日々要保護者・被保護者に接して、保護の実施と自立の支援に携わる。その際には、生活保護法22条により協力機関とされている民生委員のほか、保健・医療にかかわる関係機関・専門職とも連携が行われる。

制度への信頼を確保するために生活保護は適正に実施される必要がある。このため、不正な手段（たとえば、収入や資産を申告しないなど）によって保護を受けた者（および、他人に不正な手段によって保護を受けさせた者）に対しては、保護費用の徴収を行うことができ（同法78条）、罰則も規定されている（同法85条1項）。2013年の生活保護法改正では、不正事案への対応強化のため、上記の調査権限の強化や罰則の引き上げが行われた[6]。

(2) 生活の維持・向上に関する指導・指示

生活保護の実施過程では、保護の実施機関から被保護者に対して、「生活の維持、向上その他保護の目的達成に必要な指導又は指示」が行われることがある（生活保護法27条1項）。そして、被保護者は、保護の実施機関からうけた指導・指示には従わなければならないと規定されており（同法62条1項）、被保護者が指導・指示に従う義務に違反したときには、保護の変更、停止または廃止が行われうる（同条3項）。

---

5) ケースワーカーには、社会福祉主事に任用されている者があたる。社会福祉主事への任用については、大学等で社会福祉に関する科目を一定以上修めたことなどの資格要件が定められている（社会福祉法19条）。

6) 不正受給の防止策として、運用面では、福祉事務所への警察官OBの配置等の取り組みが行われている。

7) 他方で、指導は「被保護者の自由を尊重し、必要の最小限度に止めなければならない」こと、「被保護者の意に反して、指導又は指示を強制し得るものと解釈してはならない」こと（生活保護法27条2項・3項）も規定されている。

第2部　応用編

> ☞ POINT
> 生活保護法27条による指導・指示は被保護者の生活のあり方に対して強い影響力をもっており、行政処分との異同が議論されている。

　この**指導・指示**は、生活の維持・向上その他保護の目的達成のために行われなければならず、たとえば、単純に資産の保有に着目してその処分を求める指導・指示は、生活保護法27条にてらして違法となりうる（通院のために必要な自動車を保有していた身体障害者である被保護者に対して自動車の処分を指示したことが違法とされた例として、大阪地判平25・4・19判時2226・3）。

　生活困窮者に対する指導は、生活保護の実施より前の段階でも行われることがある。生活保護の申請に関する実務では、申請に先立って福祉事務所の職員から申請をしようとする者に対して指導が行われることが多い（生活保護法に根拠のある指導ではないが、**面接相談**、**事前指導**などと呼ばれる）。もっとも、このような指導が申請者の意思に反して行われるとすれば、行政手続法の規定（☞第6講、第9講）の趣旨にも適合せず、申請権の侵害とされる場合もある（最近のものとして、さいたま地判平25・2・20判時2196・88）。

【コラム：自立の助長、生活困窮者の支援】

　近年の生活保護の実施に関する特徴として、就労可能な稼働年齢層の受給者が増加していることがある。その背景としては、1990年代半ば以降の経済停滞・雇用環境の変化により労働の不安定化、低所得者の増加が起きている一方で、これまでの社会保障制度では失業（未就労）というリスクに対する支援が十分でなかったことがある。

　このような課題に対応すべく、就労による自立を促進するための生活保護法改正が行われてきた（自立の助長のための相談・助言の明文化〔27条の2〕、被保護者就労支援事業の法定〔55条の6〕など）。また、2013年には**生活困窮者自立支援法**が成立し、生活保護の受給に至る前の段階の生活困窮者も含めて、就労その他の自立に関する相談支援や、離職により住宅を失った者に対する住居確保給付金の支給などが開始された。これらにより、稼働年齢層が就労の機会を得られないまま保護の受給に至ることを防止することが期待されている。

4 事業者による福祉サービスの提供と行政活動

　上記2、3で取り上げた公的扶助は、国・地方公共団体が、社会保障給付としての財・サービスの提供に中心となってかかわる制度であった。次に、これとは異なり、国・地方公共団体が社会保障制度の運営を行うものの、保障内容であるサービスの提供そのものは民間の事業者が行う場合を取り上げる。具体的には、介護保険制度による高齢者福祉の実施に関する国・地方公共団体の役割について考える。

(1) 介護保障の必要性と介護保険制度の特徴

　社会保障制度のうち、高齢者や障害者など生活を営むうえで一定の社会的支援を必要とする人々に対して、自立した日常生活・社会生活を営むために必要な援助を行うことを目的とするものを、**社会福祉**という。高齢者福祉のための制度の一環として、介護保障の中心となっているのが介護保険制度である。

　日本では高齢化が急速に進んできており、介護保障の必要性は益々高まっている。そのような介護の提供をもっぱら家庭（家族）に委ねることは公共政策として妥当ではなく（介護をもっぱら家庭に委ねることは、たとえば、家庭内に要介護者がいる者の社会進出を阻害する等の効果をもつ）、介護給付を公的な制度として保障することが必要である（**介護保障の社会化**）。高齢社会における介護需要に対応すべく制定された**介護保険法**（2000年4月施行）は、次のような特徴をもつ介護保障制度を採用した。

　第1に、社会保険の仕組みを通じて介護保障が行われることとされた。このことは、介護保障を受けることについて保険料の**拠出**が基本となること、他方で、保険料の拠出と介護給付の間に給付・反対給付の関係があることにより、介護給付に対する権利性が明確になることを意味する。

　第2に、介護保険法は、高齢社会で必要な介護の供給を確保するために、公的保険のもとでの介護事業に多様な主体が参入することを認めた。特に居宅で

> **【コラム：社会福祉基礎構造改革】**
>
> 　1990年代以降、経済基調の変化や少子高齢化を受け、社会保障全般について種々の改革が進められている。社会福祉制度についても、**社会福祉基礎構造改革**と呼ばれる抜本的な改革が行われた。
>
> 　従来は、社会福祉サービスの供給について、そのニーズに対して行政機関が福祉の措置を実施するという形式がとられていた。措置制度は、行政庁が職権で措置の必要性やその内容について判断するものであったため、福祉サービスを供給する物的・人的基盤の不足ともあいまって、措置の実施を求める利用者の権利や措置内容に対する選択権が否定されがちであった。
>
> 　社会福祉基礎構造改革は、こうした課題を克服するために、社会福祉制度を利用者本位のものとし、多様でより質の高い福祉サービスを提供することを目指すものであった。このために、福祉サービスの利用方式について、利用者と事業者の間での契約によって利用関係を設定する方法が基本とされた（「**措置から契約へ**」）。介護保険制度は、このような改革の中で創設されたものである（障害者福祉や児童福祉に関しても、同様の性格をもつ改革が行われている）。

の介護サービスは、社会福祉法人[8]だけでなく、医療法人、特定非営利活動法人（NPO）や営利法人等によっても提供されている（逆に、地方公共団体等は、介護サービスの提供それ自体を中心的に担うこととはされていない[9]）。

　第3に、被保険者が介護保険を利用して受ける介護サービスの内容は、被保険者と介護サービス事業者の契約によって決まる（**高齢者福祉の契約化**）。保険適用によって受給するサービスの内容が行政機関によって決められるのではなく、被保険者（利用者）の選択権が認められる。

(2)　介護保険の基本的な仕組み　〔設問3①〕

　介護保険制度の目的は、介護が必要な状態にある高齢者等が、尊厳を保持

---

8)　社会福祉法人は、従来から社会福祉事業の担い手として重要な役割を果たしてきた。施設経営を伴う社会福祉事業は、基本的に社会福祉法人（および地方公共団体）が行うとされている一方で、営利法人等より厳しい監督に服する。

9)　介護サービスの開設主体のうち、たとえば訪問介護や通所介護等については、5〜6割程度が営利法人となっている（厚生労働省「平成28年度介護サービス施設・事業所調査の概況」6頁）。

図10-1 介護サービスの種類と利用の流れ

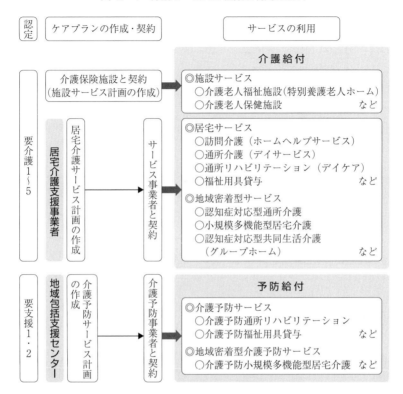

し、その有する能力に応じ自立した日常生活を営むことができるようにすることにある（介護保険法1条を参照）。保険給付に関する原則として、可能な限り居宅で日常生活を営むことができるような給付とすること（同法2条4項）や、要介護状態の軽減または悪化の防止、また医療との連携に力点がおかれること（同条2項）が規定されている。

介護保険の保険者は、市町村および特別区（以下、単に「市町村」という）とされており（同法3条）、保険料の徴収、被保険者の介護ニーズの認定、保険給付の実施といった直接的な保険運営の事務を担っている。

---

10) 単独の市町村では介護保険の運用が難しい等の理由で、複数の市町村が広域連合等を設置している場合もある。

図10-2 保険者・被保険者・事業者と規制監督権限行使の関係

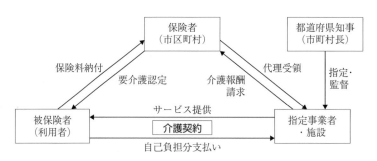

　介護保険の被保険者は、65歳以上の者（第1号被保険者）と、40歳以上65歳未満の医療保険加入者（第2号被保険者）である（同法9条）[11]。保険給付を受けようとする被保険者は、まず、介護・支援の必要性について市町村から認定を受ける（**要介護認定・要支援認定**）[12]。市町村は、要支援1・2、要介護1～5の7段階の要支援状態区分・要介護状態区分への該当性（またはいずれにも非該当）の判定を行う。

　被保険者は、介護保険の適用を受けるためには、都道府県知事または市町村長から指定をうけた事業者・施設から介護サービスの提供を受けなければならない。提供されるサービスの内容の詳細については、指定事業者・施設と被保険者の契約で定められる。

　保険給付として、要介護者に対しては介護給付が、要支援者に対しては予防給付が行われる。被保険者の要介護度・要支援度に応じて決まる支給限度基準額の範囲内で、サービスの受給に要した費用の8割または9割の額が給付される（利用者は、1割または2割の自己負担を行う）[13]。このように、介護保険の保険給付はサービスの受給に要した費用の支給とされているが（サービスの現物給付で

---

11) 第2号被保険者は、アルツハイマー性認知症、脳血管疾患などの特定疾病によって要介護状態・要支援状態が生じた場合にのみ、保険給付を受給できる。
12) 要支援状態とは、要介護状態には至らないものの、日常生活や複雑な動作などの一部で介助や支えを必要とする状態である。
13) 一定額以上の所得を有する第1号被保険者は、2割の自己負担となる（2018年8月以降は、特に所得が高い第1号被保険者は、3割を自己負担することになる）。

はない）、保険者から介護サービス事業者に対してこれに相当する額を支払うことも認められている（指定事業者等による保険給付の代理受領）。

(3) **介護契約締結の支援**　〔設問3②〕

介護保険では、数多くの事業者が多様なサービスを提供する中で、被保険者（利用者）が自身にとって適切なサービスを提供する事業者・施設を選択し、契約を結ぶことが必要になる。

もっとも、利用者と事業者の間には、情報の非対称性、交渉力の格差といった実質的な非対称性があり、利用者の判断能力が十分でない場合もある。したがって、介護保険制度の特徴である契約化がメリットとして機能するためには、利用者と事業者の間の介護契約が適正に結ばれるように、利用者による契約の締結を支援することが必要である。

以下、介護契約を締結する利用者を支援するための仕組みを概観してみよう。

① **ケアマネジメント**

介護保険のもとで被保険者が受けるサービス内容の決定・事業者の選択を行う際には、**ケアマネージャー**（**介護支援専門員**：介護保険法7条5項・69条の2以下）と呼ばれるスタッフが調整役としての役割を担う。ケアマネージャーは、被保険者や家族と相談のもと、被保険者のニーズに応じた介護サービス計画（**ケアプラン**）を作成し、事業者との連絡調整を行う。要支援者については、市町村（または市町村から委託を受けた社会福祉法人等）が運営する地域包括支援センターが介護予防サービス計画を作成する（介護予防ケアマネジメント）。

介護サービスを通じて利用者の生活全体を支えるうえで、ケアマネジメントのもつ意義は大きい（特に居宅サービスについては複数の事業者からのサービスを組み合わせて受ける場合もあり、ケアマネージャーによる調整の意義は大きい）。ケアマネージャーは、サービス提供開始後も被保険者の状況のモニタリング、必要に応じた介護ニーズの再評価を行い、介護サービスの実施過程に継続的にかかわる。介護保険法は、在宅の要介護者に対するケアマネジメントを居宅介護支援と呼び、それに要する費用について居宅介護サービス計画費として10割の保険給付を行うとしている（介護保険法46条）。要支援者に対する介護予防サービ

計画の作成についても、介護予防サービス計画費として10割の保険給付が行われる（同法58条）。

② 介護サービス事業者の評価と情報提供

利用者の選択権の保障のためには、介護サービス事業者に関する適切・十分な情報が利用者に提供されることが必要である。

福祉サービス提供事業者による情報提供については、社会福祉について全般的な事項を定める社会福祉法に規定がある。同法は、社会福祉事業経営者の情報提供の努力義務（75条1項）、利用契約申込み時の説明の努力義務（76条）、誇大広告の禁止（79条）などを規定する。これらは、介護サービス事業者にも適用される。

介護保険法では、介護サービス事業者が、サービスの提供実績、従業者一人当たりの利用者数、従業者の教育訓練の実施状況等の介護サービス情報を都道府県知事に報告しなければならないとされている（115条の35第1項参照）。そして、都道府県知事は、介護サービス事業者から報告を受けた情報を公表しなければならない（同条2項；都道府県知事には、介護サービス情報の報告に関連して調査権限も与えられている[14]）。事業者が介護サービス情報の報告を行わない場合や、虚偽の報告を行った場合には、是正命令や、指定の取消し処分などの対象になる。

また、介護サービス事業者に関する情報の正確性の確保に資するものとして、事業者が提供するサービスに関する第三者評価の仕組みがある。社会福祉法は、福祉サービスの質の公正かつ適切な評価の実施に資するための措置を講ずる国の努力義務を規定しており（78条2項）、厚生労働省通知によって、都道府県ごとに福祉サービスの第三者評価を推進する取り組みが行われている。もっとも、第三者評価の受審は義務ではなく、評価受審や評価結果公表の件数

---

14) 厚生労働省の「介護サービス情報公表システム」（http://www.kaigokensaku.mhlw.go.jp）で、都道府県ごとに、所在地や利用したいサービスに応じて介護事業所・施設を検索することができる。事業所・施設に対する第三者評価がリンクされている場合もある。

が多くないことが課題とされている。[15]

③ 判断能力が十分でない人に対する支援

介護サービスを利用する高齢者等については、認知症等により、判断能力が十分でないことも少なくない。そのような場合にサービスや事業者の選択・契約締結を支援する制度として、次のようなものがある。

社会福祉法で、福祉サービスの利用を援助する事業が都道府県社会福祉協議会・指定都市社会福祉協議会[16]を中心に行われるとされており（81条）、これによって、福祉サービスの利用に関する相談・助言や、サービス受給手続に関する援助を受けることができる。[17] 介護サービスの利用に関する情報の入手・理解・判断を本人のみで適切に行うことが困難な場合にも、援助を受けて介護契約を締結することが可能となる。

より一般的な法制度としては、消費者契約法や成年後見制度がある。介護サービスを提供するのは事業者であり、利用者は消費者として介護サービスを購入する立場にあるため、介護契約には消費者契約法が適用される。同法は、不実告知により誤認が惹起された場合等の取消権（4条）、事業者の損害賠償責任を免除する条項の無効（8条）などを規定する。また、成年後見制度（民法7条以下、任意後見契約に関する法律）によれば、判断能力が不十分で本人に契約締結能力がない場合にも介護サービスの利用が可能となる。近年では、介護契約締結を動機とする成年後見制度の利用も増えてきている。

(4) 介護保障に関する行政の役割〔設問3③〕

介護保険制度では、営利法人を含む多様な主体が介護サービスを提供する一方で、国や地方公共団体は介護サービスの提供そのものを中心となって行うも

---

15) 地域密着型サービスのうち認知症対応型共同生活介護（グループホーム）については、定期的に外部評価を受審し結果を公表することが義務づけられている。
16) 社会福祉協議会は、都道府県・市町村単位で設置され、その区域内の社会福祉事業等を行う者が参加して、連絡・調整、社会福祉に関する助成等を行う。
17) 福祉サービス利用援助事業は、公共料金の支払といった日常的金銭管理の援助などと併せて、日常生活自立支援事業とも呼ばれている。市区町村社会福祉協議会等が窓口となって受付を行う。

のとは位置づけられていない。介護保険制度を通じた介護保障に関し、国や地方公共団体はどのような役割を担うものとされているのだろうか。

① 介護サービス事業者に関する規制・監督

まず、介護サービス事業者に対して行政機関が行う規制・監督についてみてみよう。

営利法人の参入も多い居宅サービス事業者を例にとると、介護保険制度のもとでサービスを提供しようとする場合、事業者は、事業所ごとに都道府県知事（政令指定都市・中核市では市長）の指定を受けなければならない。この指定を受けるためには、厚生労働省令で定める基準に従って都道府県条例が定める従業者の知識・技能・員数の基準や、事業の設備・運営に関する基準を満たさなければならない（介護保険法70条）。指定は、6年ごとの更新制である（同70条の2）。

事業者は、指定を受けた後の事業の運営にあたっても、従業者や設備・運営に関する基準を遵守しなければならない。この点について監督を行うために、都道府県知事・市町村長には、報告の徴収、帳簿書類の提出・提示の命令、事業所への立入検査等の権限が与えられている（同76条）。事業者が従業者や設備・運営に関する基準を遵守しない場合、都道府県知事は改善の勧告・命令を発することができる（同法76条の2）。事業者が改善の命令に従わない場合、都道府県知事は、指定の効力の停止・指定の取消しを行うことができる（同法77条）。

介護保険施設についても、都道府県知事等が同様の規制監督権限を有する（同法86条以下）。地域密着型サービスの事業者に対しては、市町村長が同様の規制監督権限を有する（同法78条の2以下）。

② 必要な介護サービスの確保

次に、介護保険に関連する次のような制度の存在から、必要な介護給付の確保に関する役割を担うことが福祉行政として期待されているということができる。

まず、市町村や都道府県は、介護サービスの量の見込みやその確保について計画を定めることとされている。市町村は3年を1期とする**介護保険事業計画**を策定し、そこでは、保険給付の対象となるサービスの種類ごとの見込量や見

込量確保のための方策などが定められる（介護保険法117条）。都道府県は介護保険事業支援計画を策定し、そこでは、介護保険施設の種類ごとの必要入所定員総数や、介護従事者の確保に関する事項が定められる（同法118条）。これらは、市町村・都道府県の計画を通じて、社会的に必要な介護サービスの確保を目指す趣旨であると考えられる。

　また、老人福祉法では、介護保険による居宅介護の利用や介護保険施設への入所がやむをえない事由によって著しく困難であると認める場合、市町村が居宅介護や老人ホームへの入所等の措置を実施すべきことが規定されている（10条の4・11条）。これによれば、老人福祉法による措置の実施が、介護保険による介護給付との関係で、補完的ながら連続的なものと位置づけられているといえる。この規定について、たとえば介護保険事業者が経営上の理由によって撤退した場合に、市町村に措置として介護を提供する責任が生じると解することも可能であろう。

5　まとめ

　社会保障給付が行われる場合のうち、公的扶助である生活保護の実施と、社会福祉施策である介護保険給付について、国・地方公共団体がどのようにかかわっているかをみてきた。

　生活保護については、保護を実際に実施することについて、国・地方公共団体の行政機関が中心となって責任を担っているのであった。また、本講では、生活保護基準を例として、社会保障給付の具体的な水準の設定につき、行政機関が定める基準によっている部分があることを取り上げた。

　介護保障等の社会福祉の分野では、福祉サービスを実際に提供することについて民間の事業者の役割が大きくなっている。しかし、国や地方公共団体は社会的ニーズに応じた介護保障の基盤整備について責任を負い、また、介護サービスが適正に提供されるように事業者に対する規制監督権限を行使しなければならない。社会福祉に関する国・地方公共団体の役割が単純に縮小したということではなく、福祉の実現に関する国や地方公共団体の責任のあり方が大きく

変化してきているというべきことになろう。

> 【発展問題：介護事故と行政体の責任】
> 　介護サービスの実施過程で事故（介護事故）が発生した場合、被害を受けた利用者側としては、事業者に対して損害の賠償を求めることが考えられる。事業者の損害賠償については、事業者が加入する賠償責任保険による対応が進んできている。
> 　介護事故等について、介護サービスが公的な保険制度の枠組みにおいて提供されることに着目し、介護保険制度を創設し運営している国や地方公共団体の責任を追及する余地はないだろうか。皆さんは、介護保険制度の枠内で生じる事故等について、国や地方公共団体がどのように責任をとるべきだと思われるだろうか。
> 　社会福祉法人等による福祉の実施が地方公共団体からの措置の委託として行われている場合には、福祉措置の実施過程で生じた事故について地方公共団体が法的責任を負う場合がある（最判平19・1・25民集61・1・1を参照）。これを参考にすると、事業者による介護の提供がどの程度「公的」な性格をもつといえるかが重要となる。また、行政機関が、介護サービス事業者に対してどのように規制監督権限を行使したか（あるいは、規制監督権限の行使を怠っていなかったか）も重要な点である。
> 　「措置から契約へ」の改革は、このような問題とも関連している。このようなこともふまえて、介護保険の制度設計の是非について、改めて考えてみよう。

【参考文献】

・社会保障法のテキストとして
　河野正輝・江口隆裕編『レクチャー社会保障法〔第2版〕』（法律文化社、2015年）
・本講2、3について、
　阿部和光『生活保護の法的課題』（成文堂、2012年）
・生活保護の実施にあたる職員が実際に用いるものとして
　『生活保護手帳』（中央法規、各年度版）
・本講4について、特に、
　豊島明子「福祉における公私関係の考察：情報提供・援助・苦情解決を素材に」紙野健二ほか編『室井力先生追悼論文集 行政法の原理と展開』（法律文化社、2012年）

第11講　パチンコ店の営業規制

【設　問】

パチンコ店の営業は、「風俗営業等の規制及び業務の適正化等に関する法律」（以下、「風営法」という）による許可制の対象となっている。

〔設問1〕　パチンコは、娯楽・遊技である。なぜ、パチンコという遊技に関して法律による規制を行わなければならないのだろうか。パチンコ店営業に対する規制の必要性について説明を考えてみよう。

〔設問2〕　皆さんが生活する場所の近くに、パチンコ店が出店されることになったとしよう。出店業者は、近隣住民向けに説明会を開催するとのことである。皆さんは、パチンコ店出店による生活環境の変化を懸念するとすれば、出店計画のどこに着目してチェックするとよいだろうか。

〔設問3〕　Ａ社がパチンコ店の出店を計画していたところ、営業所予定地に隣接してＫ市立図書館が設置され、出店が不可能となった。Ａ社が調べたところ、背景として、Ａ社のパチンコ店出店の阻止を求める住民の陳情を受けてＫ市が急遽図書館を設置したという事情があるようである。Ａ社は、このパチンコ店出店のために投じていた費用につき、Ｋ市に対して賠償を請求できるだろうか。

〔設問4〕　パチンコ店の出店に関しては、風営法による規制に加えて、市町村が独自に条例を定めるなどして規制を行っている場合がある。身近な市町村で何らかの取り組みが行われていないか調べてみよう。

1　本講の課題

　本講では、規制行政についてこれまでに学んだことを前提に、パチンコ店に対する規制を題材として、規制行政をすすめる中で生じる法律問題についてより立ち入った学習を行う。

　地方公共団体の行政は、その地域の住民の意向を受けつつ行われることがある。パチンコ店の出店は、地域の生活環境の保全という観点から住民の関心の対象となり、場合によっては、地域住民の反対を受けることもある。パチンコ

店営業者に認められる経済活動の自由を尊重し、かつ、住民の利益を守り、住民の意向に配慮するためには、行政は、どのように規制を行うべきだろうか。2でパチンコ店に対する規制の仕組みを概観したうえで、3、4で、実際に紛争になった事例を参考に考える。

パチンコ店に対して地方公共団体が行う規制のうち、5では、市町村が独自の条例を制定して規制を行う場合を取り上げる。地方公共団体が、風営法よりも厳しい規制をどこまで行えるかが問題となる。

2　風営法による「ぱちんこ屋」規制の趣旨〔設問1〕

風営法では、パチンコ店の営業が「まあじゃん屋、ぱちんこ屋その他設備を設けて客に射幸心をそそるおそれのある遊技をさせる営業」として「風俗営業」の1つに挙げられており（2条1項4号）、パチンコ店の営業には、都道府県公安委員会の許可が必要とされている（3条）。ここでは、まず、風営法によるパチンコ店に対する規制の趣旨を確認してみよう。

(1)　「ぱちんこ屋」に対する規制の歴史

風営法は、飲酒、射幸、性といった人の欲望に立脚した歓楽性・享楽性にかかわる営業を、「風俗営業」として規制の対象としている。「風俗」のあり方は、地域によって多様であり、また、時代とともに変化する。現在の風営法につながる風俗営業規制は、明治期以降に、各地の警察によって行われた諸種の風俗取締り（風俗警察）を淵源とする。戦前、たとえば東京では、「遊技場取締規則」、「舞踏場取締規則」、「待合、芸妓屋営業取締規則」等の警視庁令により、各種の風俗営業に対する規制が行われた。

第二次世界大戦後、「日本国憲法施行の際現に効力を有する命令の規定の効力等に関する法律」（昭和22年法律第72号）により、風俗警察の根拠であった庁府県令も1947年末をもって効力を失った。この結果、風俗取締りの「空白」が生じてしまい、戦後の社会の混乱の中で「風俗の紊乱」と呼ばれる状況が生じた。この混乱の中、風俗営業規制の必要性に対応するため、「風俗営業取締法」と

いう名称で制定されたが現在の風営法である（1984年に、現在の法律の名称に変更された）。

ところで、1948年の制定時の風俗営業取締法では、「ぱちんこ屋」の営業は規制の対象とされていなかった。というのも、当時、日本ではパチンコが娯楽として本格的には普及しておらず、「ぱちんこ屋」の営業は風営法を適用して規制を行うべき対象とは考えられていなかったからである。

日本におけるパチンコの始まりにはいくつかのルーツが考えられるようであるが（一説では、兵庫県宝塚新温泉にあったレジャー施設に大正末年から昭和初年にかけて導入されたドイツ製・アメリカ製の遊技機が、日本でのパチンコの発祥とされる）、現在のパチンコ営業につながる遊技機は、ちょうど風営法が制定された頃の名古屋で開発された。パチンコ遊技機の発達により、短時間で大きく儲かったり大きく損をしたりすることが可能となり、射幸心をそそる営業とみなされるようになったため、1954年の風営法改正で、「ぱちんこ屋」の営業が風営法による規制対象に明記されたのである。

(2) パチンコ店営業に対する規制の根拠

このようにして行われるようになったパチンコ店営業に対する規制には、どのような公益上の必要があるのだろうか。

風営法1条は、同法の目的を、「善良な風俗と清浄な風俗環境を保持し、及び少年の健全な育成に障害を及ぼす行為を防止する」こととする。パチンコ店に対する規制も、風営法による風俗営業規制の一環として、これらの目的に資するものと位置づけられる。

パチンコ店営業と風営法1条が掲げる目的の具体的な関係としては、パチンコ店の営業の方法次第では（たとえば、短時間で大きく儲かったり大きく損をしたりするような営業方法による場合には）著しく客の射幸心をそそって善良の風俗・清浄な風俗環境を害するおそれがある（ややもすると風俗犯罪〔たとえば賭博罪〕をも誘発しかねない）と説明されている。また、後述のように、パチンコ店を含む風俗営業施設について、学校、児童福祉施設などから一定距離以内の地域での営業が制限されていること等は、風営法1条がいう「少年の健全な育成に障害を

【コラム：規制対象となる「風俗営業」の変化】
　従来、風営法では、客にダンスをさせる営業を風俗営業に指定し、規制の対象としてきた。これに対し、2012年に大阪のダンスクラブが無許可での風俗営業を行っているとして検挙された事件をきっかけに、「ダンス規制」への反対運動が展開された（なお、この事件については、無罪判決が確定している）。これを受け、2015年6月に風営法が改正され、「客にダンスをさせ」る営業（改正前の風営法2条1項1号・3号・4号）が、規制の対象である「風俗営業」から除外された（深夜に客を遊興させ、かつ、酒類の提供を伴う飲食をさせる営業は、許可制による「特定遊興飲食店営業」とされ、午前0時以降の営業も可能となった）。
　「客にダンスをさせ」る営業は、風営法の制定時、既に同法の規制の対象とされていた。当時は、男女の濃密な身体接触が売買春につながりやすいと考えられたようである（売買春そのものを取り締まる法令が不備であったことも背景として挙げられる）。
　風営法の制定以後、規制対象となる風俗営業の内容については、「玉突場」の除外（1955年）、ゲームセンター等の追加（1984年）などの変化があった。以上のことは、風俗営業規制のあり方が、社会の「風俗」の移り変わりとともに変化していかなければならないことを示している。

及ぼす行為を防止する」ことにかかわるであろう。
　「射幸心」（偶然の利益を労せずに得ようとする欲心）は、さしあたっては個人の問題（「私的な領域」に属する問題☞第1講）である。しかし、射幸心を著しくそそりかねないような営業が横行するならば、それが社会の「風俗」の「善良」でない状態を招く可能性は確かに否定できないであろう。この点で、パチンコ店の営業は、公共の安全と秩序の維持にかかわりをもつものとされるのである[1]。
　もちろん、パチンコは娯楽であるから、健全にパチンコ店営業が行われればパチンコに興じる者に憩いがもたらされるはずであり、社会的な政策としても健全な娯楽の提供には価値が認められよう。また、パチンコ店の営業者には、経済活動の自由の一環として、公共の福祉に反しない限りで営業の自由が認められなければならない。これらの利益と、上記の規制の必要性を調整するため

---

[1]　なお、刑法学の通説では、「賭博罪」（刑法185条）は「社会的法益に対する罪」と性格づけられている。

に風営法が制定され、「風俗営業の健全化に資するため、その業務の適正化を促進する等の措置を講ずる」（風営法1条）という公共政策が採用されているのである。

3　パチンコ店営業に関する規制の概要と許可手続〔設問2〕

　風営法は、パチンコ店を含む風俗営業に関する許可につき、申請者に関する人的側面での要件や、営業所の構造・設備に関する物的要件を定め、また、営業所の所在地に関して営業制限地域の設定を規定している（4条）。また、許可を受けて風俗営業を行う者の「遵守事項等」として営業時間や騒音等に関する制限を定め、監督措置の仕組みを規定している（12条～26条）[2]。以下、これらの仕組みについて概観してみよう。

(1)　営業者や営業態様に関する規制

　パチンコ店を含む風俗営業について、風営法上の許可基準では、次のような要件が規定されている。

　風俗営業許可を受けようとする者に関しては、たとえば、過去5年以内に賭博罪その他の風俗事犯によって罰金以上の刑に処せられた者（風営法4条1項2号ロ）、風俗営業許可の取消し処分を受けてから5年を経過していない者（同項5号）、「集団的に、又は常習的に暴力的不法行為……を行うおそれがあると認めるに足りる相当な理由がある者」（同項3号；暴力団構成員等を念頭においている）等の**欠格事由**が多数規定されている。風俗営業の健全化を図り、風俗営業に対する社会的信用を高めるためとされる。

　風俗営業の営業所の構造・設備については、風俗営業の種別に応じて国家公安委員会規則が定める技術上の基準に適合することが求められている（風営法4条2項1号）。この規定を受けた「風俗営業等の規制及び業務の適正化等に関する法律施行規則」（以下、施行規則という）7条は、パチンコ店の構造・設備に

---

[2]　なお、風営法上、個室付浴場業その他の「性風俗関連特殊営業」については、届出制による規制が行われている（風営法27条以下）。

> **KEY WORD**
> 地方公共団体が制定する条例には、法律の規定からの委任に基づいて制定されるもの（**委任条例、法律執行条例**などと呼ばれる）と、地方公共団体で自主的に制定される**自主条例**とがある。

関し、必要な防音設備を備えることや、客室内に見通しを妨げる設備を設けないことを求めている。

特にパチンコ店の遊技機に関しては、「著しく客の射幸心をそそるおそれがあるものとして国家公安委員会規則で定める基準に該当するもの」である場合には公安委員会が営業許可を拒否できるとされている（風営法4条4項）。この規定の委任を受けた施行規則8条は、「一分間に四百円……の遊技料金に相当する数を超える数の遊技球（……）を発射させることができる性能を有する遊技機」、「一時間にわたり遊戯球を連続して発射させた場合において獲得することができる遊戯球の数が発射させた遊戯球の数の三倍を超えることがある性能を有する遊技機」等を「著しく客の射幸心をそそるおそれがある」遊技機としている。

パチンコ店を含む風俗営業については、風営法と都道府県条例によって営業制限地域が設定され、許可基準の1つとなっている。これについては、後に詳しく取り上げる。

風俗営業については、営業時間制限（風営法13条）や騒音・振動の規制（同法15条）、広告・宣伝の規制（同法16条）、18歳未満の者の立ち入らせの禁止（同法22条1項5号）等の遵守事項が定められている。特にパチンコ店営業については、遊技料金・賞品提供方法・賞品の価格の最高限度（同法19条・施行規則36条）[3]、遊技機に関する規制（風営法20条・施行規則8条）、客に提供した賞品の買取の禁止（風営法23条1項2号）等の遵守事項が規定されている。

これらの遵守事項では、規制の細部について都道府県条例に規定が委任されている部分があり、風像営業規制の詳細については一定の地域差がみられる。たとえば、風営法13条1項の基準では風俗営業は午前6時から深夜零時まで可能となっているが、同条2項が都道府県条例でより厳しい規制を行うことを一定範囲で認めており、たとえば、京都府、大阪府では、午前10時から午後11時

---

3) たとえば、パチンコ店で提供できる賞品の価格の最高限度は9600円に消費税相当額を加えた額である（施行規則36条3項）。

までしかパチンコ店の営業を行うことはできない。

　これらの遵守事項を含め、風営法等への違反を行った風俗営業者は、公安委員会が善良な風俗を害する行為等を防止するために発する指示（風営法25条）や、営業停止命令・営業許可取消し（同法26条）の対象となる。18歳未満の者の立ち入らせ禁止や、提供賞品買取禁止等への違反には、直罰も可能な罰則規定（☞第8講）も置かれている（同法50条1項4号、52条2号）。

(2) 風俗営業の営業制限区域

　〔設問2〕のようにパチンコ店の出店が企図された場合に、周辺住民として大きく関心を寄せる事柄の1つは、どこにパチンコ店の営業が許可されるのかという点であろう。パチンコ店を含む風俗営業の出店場所に対する規制として、風営法は、営業制限区域（営業所を営業制限区域内とする許可申請は認められない）を設定するという方法を採用している。

　風俗営業の営業制限区域は、風営法と同法施行令が定める規制の枠組みに則って、都道府県条例で定められる。風営法4条2項2号は、公安委員会が風俗営業許可をしてはならない場合の1つとして、「営業所が、良好な風俗環境を保全するため特にその設置を制限する必要があるものとして政令で定める基準に従い都道府県の条例で定める地域内にあるとき」を挙げる。この規定を受けた「風俗営業等の規制及び業務の適正化等に関する法律施行令」6条では、営業制限地域は、住居集合地域や、周辺での良好な風俗環境を保全する必要がある施設がある地域について、営業の種類や地域の特性、既設の風俗営業の営業所の数等を考慮して指定することとされている。これらを受けて、たとえば京都府の「風俗営業等の規制及び業務の適正化等に関する法律施行条例」では、概ね、都市計画法にいう住居系の用途地域（☞第9講）、学校（大学以外のもの）・児童福祉施設・病院・図書館から100m（商業系・工業系の用途地域や京都市の中心市街地等では70m）以内の地域、大学・保健所等から70m（商業系・工業系の用途地

4）　都市計画法は、住居系の用途地域として、第1種低層住居専用地域、第2種低層住居専用地域、第1種中高層住居専用地域、第2種中高層住居専用地域、第1種住居地域、第2種住居地域、準住居地域を定める（8条1項1号）。

【コラム：特例風俗営業者の認定】
　風営法では、一定の要件をみたす優良な風俗営業者を特例風俗営業者として認定し、規制を一部緩和するなどの優遇を与える制度が採用されている（1998年の風営法改正による）。風営法10条の2第1項によると、公安委員会が特例風俗営業者を認定する際の要件は、風俗営業許可を受けてから10年以上経過していること、過去10年以内に風営法に基づく処分を受けたことがなく、受けるべき事由が現にないことなどである。
　特例風俗営業者として認定されると、営業所の構造・設備の変更の際に通常必要な公安委員会の事前の承認が不要となり、届出によって構造・設備の変更が可能となる（風営法9条5項）。また、特例風俗営業者は、その認定証を営業所に掲示することになり（同法6条）、そのような優良な営業所の利用の促進が期待できる。特例風俗営業者の認定にこれらの特典が認められていることで、風俗営業者に対し健全な営業への動機づけ行い、健全な営業へと誘導する効果があると考えられる。
　この制度は、健全な風俗環境を保持するという行政目的の達成のために、公益的観点から望ましい行為にポジティブな効果を付与することで、事業者の活動を誘導するものと性格づけることができる（同様の性格を有する「優良運転者」制度について☞第1講）。

域や京都市の中心市街地等では50m）以内の地域などが、パチンコ店の営業制限地域に指定されている（3条）[5]。

(3) パチンコ店営業に対する規制と周辺住民への配慮

　パチンコ店営業に対しては、以上のような事項について、許可の際の審査や監督が行われる。

　パチンコ店営業の許可は、行政手続法にいう「申請に対する処分」に該当し、同法第2章が定める審査基準の設定・公表（5条）や審査・応答義務（7条）、理由の提示（8条）等の規定が適用される（☞第6講）。許認可の審査を行う際の公

---

[5]　住居系の用途地域内では概ねパチンコ店の営業が許可されないということは、大阪府・愛知県でも同じである。距離制限による保護の対象となる施設や、保護対象施設からの距離によって営業禁止となる範囲は、都道府県ごとに少しずつ異なる（たとえば、愛知県条例では、パチンコ店出店について、大学からの距離制限が設定されていない）。

聴会開催等の努力義務を定める同法10条（☞第13講）がパチンコ店営業の許可手続に適用されるかは、一見したところ明らかではないが、積極的な運用が望まれよう。この許認可手続に加えて、実際には、地方公共団体で条例や要綱が定められるなどして、正式な申請書の提出に先立って事前の相談が行われる場合もある。その際、行政指導によって、近隣住民や自治会等との協議、説明会の開催等が求められることもある（葬祭場建設に関する同様の問題について☞第9講）。

パチンコ店の営業許可に対しては、近隣住民等が、許可に違法な点（営業所の施設が営業制限地域にかかっている、施行規則に照らして十分な防音設備を備えていない、など）があるとして訴訟（行政訴訟）を提起することがある。第7講で学習したように、パチンコ店の近隣住民等は営業許可の直接の当事者ではないため、このような訴訟は、営業許可について「第三者」が提起する**第三者訴訟**と性格づけられる。第7講の【発展問題】で取り上げたように、このような第三者訴訟では、許可の直接の当事者ではない近隣住民等が許可の取消し等を求める訴訟の当事者（原告）として適格か、という問題が生じる。現在の判例によれば、パチンコ店周辺の住居系地域に居住する住民であるというだけではパチンコ店に対する営業許可の取消しを求める訴訟を提起する原告適格はなく（最判平10・12・17民集52・9・1821）、距離制限による保護対象施設である診療所の経営者等であれば原告適格が認められる（最判平6・9・27判時1518・10を参照）と整理できる。現在の行政訴訟制度と判例によれば、許可基準を充たさない違法なパチンコ店に営業許可が出ることがあったとしても、近隣住民等はすべての場合に訴訟によってその是正を図ることができるわけではないということになる。

4 パチンコ店規制と、規制を受ける者の利益への配慮
〔設問3〕

〔設問3〕のケースは、パチンコ店の近隣住民が営業許可の取消し等を求める訴訟とは別に、パチンコ店営業の許可・不許可をめぐって実際に生じることがある紛争である。[6]〔設問3〕を見て、みなさんは何らかの違和感を持たれたであ

---

6) 〔設問3〕の設定については、東京地判平25・7・19判例地方自治386・46を参考にした。実際には、既存のパチンコ店営業者が保護対象施設（診療所等）の開設者に便宜を

ろうか。

　〔設問3〕では、K市が市立図書館を設置しており、それ自体に違法な点はない。問題は（A社が問題としているのは）、K市立図書館の設置がA社のパチンコ店出店の阻止を目的として行われたのではないかと思われる点にある（先にみたように、図書館〔図書館法にいう図書館〕が営業制限地域による保護対象施設に指定されている場合があり、その場合には、図書館の設置により周辺の一定範囲での風俗営業ができなくなる）。〔設問3〕のように、風俗営業の開業阻止を目的として地方公共団体が図書館等の公共施設を設置することがあるとすれば、皆さんは、そのような公共施設の設置についてどう評価すべきと思われるであろうか。

　〔設問3〕でのK市立図書館の設置は、生活環境の保全を求める住民の陳情を受けて行われており、善良の風俗・清浄な風俗環境の保持という風営法の趣旨・目的と相容れないものではないであろう。他方で、市立図書館の設置が、文教政策の一環として公立図書館の必要性等に関する検討の結果行われたのではなく、A社のパチンコ店出店を市が察知したことを契機としてその阻止を目的として行われたのだとすれば、文化的環境の醸成のために公立図書館を設置、運営する市の権限、事務（図書館法1条、社会教育法3条1項等を参照）が、本来の目的とは異なる目的で行使、遂行されたと評価すべきことになる。

　行政法学では、法により行政に認められた権限がその本来の目的とは異なる目的で行使される場合のことを**行政権限の濫用**と呼んでいる。また、行政権限は法が行政にその権限を認めた本来の目的に従って行使されなければならないという法理（☞第3講）を**目的拘束の法理**などと呼んでいる。

　これによれば、〔設問3〕でのK市立図書館の設置は、行政権限の濫用にあたる（目的拘束の法理に違反している）と評価しうる。判例では、地方公共団体（県）が性風俗店の出店阻止を意図して行った児童福祉施設の設置認可につき、行政権限の濫用にあたるとして性風俗店営業者からの損害賠償請求が認められたものがある（最判昭53・5・26民集32・3・689）。〔設問3〕でも、K市に対してA社への

　　図るなどし、それに対して新規にパチンコ店を開設しようとする者が損害賠償を求める、といった訴訟となることもある。

損害賠償が命じられる可能性がある[7]。

このような事案が実際にも生じる背景として、住民に身近な地方公共団体である市町村に、法律上、風俗営業規制を行う権限が与えられていないことがある[8]。このことは、市町村において、パチンコ店出店に関する指導要綱や独自の条例（5で取り上げる）が作られることがあることの背景でもある。

> **☞ POINT**
> 国や地方公共団体の違法な活動によって損害を受けた者は、**国家賠償法**によって損害賠償請求をすることができる。

5　自主条例によるパチンコ店規制とその限界〔設問4〕

(1) 自主条例によるパチンコ店の建築規制

ここまでは、風営法とその施行のための都道府県条例（以下、施行条例ということがある）によるパチンコ店の営業規制を中心に考えてきた。次に、市町村が自主条例を制定して、風営法・施行条例よりも厳しくパチンコ店の出店規制を行っている場合を取り上げてみよう。

ここでは、風営法・兵庫県条例（兵庫県「風俗営業等の規制及び業務の適正化等に関する法律施行条例」）と、兵庫県内の「芦屋市生活環境保全のための建築等の規制に関する条例」、「尼崎市遊技場及びラブホテルの建築等の規制に関する条例」、「伊丹市教育環境保全のための建築等の規制条例」、「宝塚市パチンコ店等及びラブホテルの建築の規制に関する条例」の関係を題材として取り上げる（これらの条例では、パチンコ店の「営業」に対する規制ではなく、パチンコ店の「建築」に対する規制という形式がとられている）。

まず、これらの条例では、住居系の用途地域の周囲一定範囲についてもパチンコ店の建築が禁止されていることがある。たとえば、芦屋市条例では、近隣

---

[7]　前掲東京地判平25・7・19（前注）の事案では、控訴審で市が原告会社らに約4億5000万円を支払うことで和解が成立した（2014年3月26日読売新聞朝刊）。

[8]　市町村は、用途地域の指定・変更によって風俗営業制限地域の範囲に影響を与えることができるが、これは必ずしも速やかに行えることではない（また、用途地域の指定・変更は、他の商業施設等の出店にも影響を与える）。

商業地域（風営法・兵庫県条例では、一般的には、パチンコ店の営業が認められる）であっても、住居系の用途地域から50メートル以内の区域ではパチンコ店の建築が制限されている（6条2号；尼崎市条例3条・別表2、宝塚市条例6条1項1号も同様）。

また、距離制限規定による保護の対象となる施設を、風営法・施行条例による規制に加えて規定する条例も多い。風営法・兵庫県条例では、パチンコ店営業の距離制限規定によって保護の対象となっているのは、学校、図書館、保育所・認定こども園、病院・有床診療所であるが、たとえば、尼崎市条例や伊丹市条例では、公園や通学路の路端から一定範囲内でのパチンコ店の建築も制限される。芦屋市谷崎潤一郎記念館の敷地境界から200m以内の区域（芦屋市条例6条4号ケ(ウ)）など、個別の施設が保護対象施設に指定されている場合もある。また、保護対象施設からの建築制限の範囲についても、風営法・施行条例による営業制限地域に比して広く指定される例が見られる。兵庫県の例では、風営法・兵庫県条例によれば、商業地域内の出店であれば学校から70mよりも離れた場所でのパチンコ店出店が認められるのに対し、尼崎市条例では学校敷地から250m以内、芦屋市条例では学校敷地から200m以内でのパチンコ店建築が制限されている（伊丹市条例も同様）。

さらに、これらの条例では、パチンコ店の建築について市長の「同意」を得ることを求めるものが多い（尼崎市条例4条、芦屋市条例4条、伊丹市条例3条、宝塚市条例4条）。風営法では求められていない手続が自主条例によって付加されているのである。芦屋市条例7条では、パチンコ店の意匠や屋外照明、敷地周辺植樹のあり方等について市長と協議することも求められている。周辺住民に対する事前説明会を義務づける条例もある（尼崎市条例7条、宝塚市条例18条）。

これらの条例では、市長の同意を得ずにパチンコ店の建築に着手した者や、建築禁止区域内でパチンコ店の建築に着手した者等に対して、市長が中止命令を発すること等が規定されている（尼崎市条例10条、芦屋市条例10条、伊丹市条例8条、宝塚市条例12条）。

(2) パチンコ店の建築規制と条例制定権の限界

　市町村がこのような条例を制定することは、憲法94条により認められた自主立法権の範囲に含まれるといえるだろうか。

　風営法が、風俗営業について、営業制限地域の設定を含むかたちで規制を行っていることもあり、パチンコ店出店について風営法・施行条例よりも厳しい規制を行う市町村条例については、憲法94条にいう「法律の範囲内で」（「法令に違反」せずに〔地方自治法14条1項〕）制定されているといえるのかが問題とされることがある。パチンコ店出店に関し国の法令よりも厳しい基準や追加的な手続を規定することが市町村の条例制定権の範囲に含まれるのかが問われるのである（葬祭場の建築との関係で、条例制定権の限界について☞第9講）。

　条例が法令に違反するものでないかという問題については、最高裁が、最大判昭50・9・10刑集29・8・489（＝徳島市公安条例事件）で判断基準を示している。この判例によれば、条例と国の法律が矛盾抵触するかどうかは、条例と法律が規律する対象事項や規定の文言を対比するだけでなく、それぞれの趣旨、目的、内容および効果を比較して判断することが必要とされる。そして、条例と法律が同じ事項を対象として規律を行っている場合であっても、両者の目的が同じかどうか、両者の目的が同じであるとしても国の法令が地方公共団体において地方の実情に応じた規制を行うことを容認する趣旨であるかどうか、という観点から両者の関係につき解釈することが必要とされる。

　パチンコ店等の建築につき規制を行う市条例の効力が争点となった訴訟でも、裁判所は、このような枠組みで判断を行っている。伊丹市条例による市長の「不同意」の取消しが求められた神戸地判平5・1・25判タ817・177では、街づくり政策の一環として良好な教育環境の保持を目的とする同条例と風営法の目的には相違点があり、また、風営法が各地方の実情に応じて独自の規制をすることを容認していないとは解されないとして、同条例は風営法・施行条例と矛盾抵触しないとされている（他方で、商業地域以外の用途地域でのパチンコ店建築につき、一律に、市長が同意しないことを定めていた当時の宝塚市条例は、大阪高判平10・6・2判時1668・37により、風営法・建築基準法と矛盾抵触するとされた）。

(3) 条例によるパチンコ店規制の義務履行確保

最後に、自主条例によるパチンコ店出店規制に関する義務履行確保の方法について考えてみよう（行政上の義務履行確保に関する基本的な事項について☞第8講）。パチンコ店建築等に関する規制が条例によって行われる場合の課題の1つとして、義務履行確保の方法が十分でないことがある。市町村条例によるパチンコ店建築に関する規制については、市長が同意していないパチンコ店の建築に対して出される中止命令等について、どのように履行確保を図るかといったことが課題となる。

第8講で学習したように、条例に基づく義務についても、行政代執行法2条によって代執行を行うことが可能とされている（自主条例による義務についても同条による代執行が行われうる運用となっている）。しかし、条例上許されないパチンコ店を建築しないという義務や工事中止命令により発生する義務は、不作為義務であるため、性質上、代執行を行うことができない。このような義務については、執行罰や直接強制の仕組みを活用することが理論的には考えられるが、「行政上の義務の履行確保に関しては、別に法律で定めるものを除いては、この法律の定めるところによる」とする行政代執行法1条との関係で、条例で独自に行政上の義務履行確保手段を規定することはできないと解されている。

このように、パチンコ店の建築規制を行う自主条例については、法律が認める方法によっては義務の強制執行が困難であるので、市町村が原告となり、条例に違反したパチンコ店営業者を被告として、条例の遵守を求める訴訟を提起することも考えられる。行政上の義務の強制執行について裁判所制度を活用するもので、司法的強制などと呼ばれる。前掲大阪高判平10・6・2は、宝塚市が原告となり、市長の中止命令に従わずにパチンコ店の建築を続けた事業者を被告として、工事の続行禁止を求めた訴訟である。しかし、この裁判の上告審である最判平14・7・9民集56・6・1134で、最高裁は、「国又は地方公共団体が専ら行政権の主体として国民に対して行政上の義務の履行を求める訴訟は……法律上の争訟として当然に裁判所の審判の対象となるものではな」いとし[9]、行

---

9) 裁判所法3条1項で、裁判所が行う裁判の対象は「法律上の争訟」と規定されている。

第 11 講　パチンコ店の営業規制

> **【コラム：実効性確保手段としての給水契約締結拒否】**
> 　ここでも取り上げたように、地方公共団体が自主条例を制定するなどして規制を行う場合、その実効性を確保する手段の整備に法的な限界があることが課題である。このため、第 8 講・第 9 講や本講でみた例では、地方公共団体の条例や指導要綱に従わない者の氏名・名称などを公表するという方法が活用されているのであった。
> 　このほかに、行政指導に従わない者などに対して、市町村が給水契約の締結を拒否することによって実効性の確保を図るということが行われることがあった（水道事業は、市町村が経営するのが原則とされている〔水道法 6 条 2 項〕）。たとえば、地方公共団体が指導要綱に基づいて宅地開発事業者などに公共施設整備のための負担金の納付を求め、事業者の協力が得られない場合には当該事業者が建築したマンションへの給水を拒否するといった例である。本講で取り上げたパチンコ店規制条例の運用にあたっても、条例に従わない事業者の営業施設に対して給水が拒まれるといった場合があったようである。
> 　このような給水拒否については、水道法にてらしてそれが許されるのかということが問題とされた。水道法15条 1 項が「水道事業者は、……給水契約の申込みを受けたときは、正当の理由がなければ、これを拒んではならない」としており、「正当の理由」の解釈によることになる。最高裁は、教育施設負担金の納付等を求める行政指導要綱に従わないマンション建設業者に対して市が給水契約の締結を拒否したという事案で、そのような給水拒否は水道法上許されないとしている（最判平 1・11・8 判時1328・16）。

政権限の行使によって生じる国民の義務について司法的強制を行うことを認めなかった。この判決については、この事件で問題となっているような条例上の義務について行政上の強制執行を行う手段が現行法で認められていないことへの配慮を欠く点、また、そこでの「法律上の争訟」概念の用いられ方が不適切である点について、学説上批判が強い。このように、自主条例によるパチンコ店の建築規制については、条例によって事業者に生じる義務の強制執行手段が整っていないという現状がある。

　自主条例であるパチンコ店の規制条例に、条例違反に対して罰金や過料を科す罰則規定をおくことは可能である（地方自治法14条 3 項を参照）。たとえば、現在の宝塚市条例では、市長の同意を得ずにパチンコ店の建築を行った者等について 5 万円以下の過料、市長の中止命令等への違反者について 6 月以下の懲役

または30万円以下の罰金といった罰則が定められている（21条・22条〔上記の最高裁平成14年判決の後に条例改正で規定されたもの〕；尼崎市条例16条も同様）。また、中止命令等に違反した者の氏名・名称などを公表することが条例に規定されていることもある（芦屋市条例11条、尼崎市条例11条、宝塚市条例13条）。

6　まとめ

　パチンコ店営業を含む風俗営業に対する規制は、伝統的には、警察行政（公共の安全と秩序の維持のために行われる行政）の典型と考えられてきた。
　しかし、本講でみたように、地域住民が風俗営業であるパチンコ店の規制に関心を寄せることも多く、また、地方公共団体でもパチンコ店の出店についてより立ち入った規制を行おうとする試みが見られる。風俗営業に対する規制が、地域の生活環境の保全や「まちづくり」との密接なかかわりの中で行われるようになってきており、単純な警察行政とはいいきれない面がでてきている。
　こうして、風俗営業たるパチンコ店に対する規制についても、行政－規制を受ける事業者－規制により保護を受ける近隣住民等の三面関係においてとらえるべき場面が生じている。そして、伝統的な規制行政の手法だけでなく、自主条例の工夫や行政指導の活用など、多様な手段が組み合わされて用いられてきていることも、パチンコ店規制の特徴である。
　法律による行政の原理など、伝統的な行政法上の原理からは、過剰な規制によって事業者の経済的な権利利益が侵害されてはならないことはもちろんのことである。しかし、他方で、規制が充分に、実効的に行われないことも問題とされるようになってきている。風営法を中心とする法制度の解釈・運用の改善とともに、現在の法制度の仕組み自体の改良が求められている分野でもある。

【発展問題：遊技機の検定と指定試験機関】
　パチンコの射幸性は遊技機の性能に左右されるため、遊技機に関する監督はパチンコ規制の要である。風営法は、パチンコ店の開業後にも「著しく客の射幸心をそそるおそれのある」遊技機を設置して営業してはならないことを明示しており（20

条1項)、遊技機の変更(「新台入替」)の際には、公安委員会の承認が必要となる(同条10項)。

　その際、パチンコ遊技機は高度に電子化された複雑な機器であるため、「著しく客の射幸心をそそるおそれ」の有無について公安委員会が遊技機の型式ごとに検定を行い、遊技機の入替えが事前に検定を受けた型式によるものである場合には承認手続の負担が大幅に軽減されるという仕組みが採用されている(風営法20条3、4項)。

　この遊技機の検定に必要な試験の実施に関する事務は、国家公安委員会が指定する者(**指定試験機関**)に行わせることができるとされており(同法20条5項)、実際に、一般社団法人保安通信協会(保通協と呼ばれている)が、この試験事務を行っている。また、パチンコ業界では、全日本遊技事業協同組合連合会(全日遊連)、各都道府県の遊技業協同組合などの業界団体が、不正行為の監視等の機能を果たしている。

　パチンコに関する風俗環境の健全化が、このような団体も含めて実際にどのように行われているか、調べてみると面白いであろう。

【参考文献・参考HP】

・風俗営業規制の展開について
　　永井良和『定本 風俗営業取締り：風営法と性・ダンス・カジノを規制するこの国のありかた』(河出書房新社、2015年)
・風営法の解説として
　　豊田健・仲家鴨彦「風俗営業等の規制及び業務の適正化等に関する法律」平野龍一ほか編『注解特別刑法7〔第2版〕』(青林書院、1988年)
・警察庁が取りまとめた風俗営業の現状に関するデータとして
　　https://www.npa.go.jp/safetylife/hoan/h28_fuzoku_jihan.pdf
・パチンコの規制条例と市町村の条例制定権の関係について
　　南川諦弘「風俗環境の保全と地方自治──パチンコ店規制条例を例として」同『「地方自治の本旨」と条例制定権』(法律文化社、2012年)

第12講　空き家・ごみ屋敷対策

【設問】
農山村部か都市部かを問わず、空き家は増えている。適正な管理が行われない空き家の増加が様々な問題を生じてきた。空き家にかかわる次の問題を考えてみよう。
〔設問1〕　適正な管理が行われない空き家が増えることでどのような問題が生じ、それらに対して自治体はどのような権限を有し、対策を講じてきただろうか。
〔設問2〕　国は空き家問題に対処するための法律を制定したが、この法律では空き家問題に対してどのような対処が可能になっただろうか。また、法律が制定されてもなお残された課題があるだろうか。
〔設問3〕　空き家問題と似た問題を生じる「ごみ屋敷」と言われる問題がある。自治体はごみ屋敷に対処するどんな権限を有し、どのような課題があるだろうか。

1　本講の課題

　適切な管理下にない**老朽空き家**が、防災、衛生、景観等の面で地域住民の生活環境に深刻な悪影響を及ぼしかねないとして近年注視されている。都市部か農山村部かを問わず、日本全国的に空き家は増加傾向にあり、各自治体で撤去等による問題の解消に向けた取り組みがなされてきた。本講では、まず従前の法律ではどのような権限が自治体にはあり、またどのような限界があったかを確認する。次に、多くの自治体では独自の対策条例を制定して空き家対策を行ってきたが、その内容と意義を確認しよう。また、2014年11月、議員立法によって「**空家等対策の推進に関する特別措置法**」（以下、特措法という）が制定された。同法によって、さらにどのような対策が可能になったか、その内容を確認し、課題としてどんなことがあるかを検討する。

2　空き家の現状

　総務省の『平成25年住宅・土地統計調査(確報集計)』によれば、少子高齢化の進展や人口移動の変化を受けて、総住宅数が総世帯数を上回る住宅過剰の状況下において、2013年10月1日現在の日本の総住宅数は6063万戸、そのうち空き家の総数は820万戸となり、5年前に比べて63万戸(8.3%)増加している。空き家率(総住宅数に占める割合)は、1998年に初めて1割を超えて11.5%となったが、2013年には13.5%に達した。

　地域別の空き家率では、二次的住宅を除いた空き家率[1]が最も高いのは山梨県(17.2%)、次いで四国4県(いずれも16%台後半)が続く。逆に、空き家率が最も低いのは宮城県(9.1%)、次いで沖縄県(9.8%)、山形県、埼玉県、神奈川県および東京都(いずれも10%台)であるが、それでも10%前後であることに注目すべきであろう。

　空き家であってもたとえば立地条件が良く、次世代に受け継がれ、あるいは適当な価格での売却や賃貸住宅として運用される見込みがあるものは問題とはならない。国土交通省土地・水資源局『**外部不経済**[2]をもたらす土地利用状況の対策検討』(2009年)によれば、全国の市区町村に対するアンケート集計(回答率67%)の結果、「外部不経済をもたらす土地利用」として認識される事象に、上位から①管理水準の低下した空き地、②耕作放棄地、③管理水準の低下した空き家や空き店舗、④廃屋・廃墟等の4つが並んでいる。程度の差はあるが③、④は管理水準の低下した建築物、工作物とまとめら

> **KEY WORD**
> 個人の所有物である土地・建物の利用等といった経済活動を規制するには根拠が必要である。経済学ではこれを**外部性の是正(外部不経済)**により説明する。

---

1) 「二次的住宅」とは、「別荘(週末や休暇時に、避暑・避寒・保養などの目的で使用される住宅で、普段は人が住んでいない住宅)」及び「その他住宅(普段住んでいる住宅とは別に、残業で遅くなったときに寝泊まりするなど、たまに寝泊まりしている人がいる住宅)」を合計したものである(総務省『平成25年住宅・土地統計調査(確報集計)』)。

2) 　企業や消費者による経済活動が市場取引を経由しないで第三者に不利益を与えるものを「外部不経済」といい、公害が例に挙げられる。

第2部　応用編

図 12−1　総住宅数、空き家数及び空き家率の推移
　　　　　―全国（昭和38年〜平成25年）

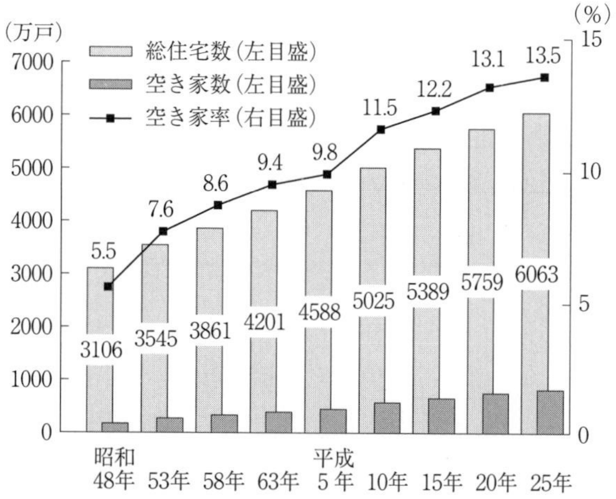

（万戸）　　　　　　　　　　　　　　　　　　　　　　（％）

総住宅数（左目盛）
空き家数（左目盛）
空き家率（右目盛）

年	総住宅数	空き家率
昭和48年	3106	5.5
昭和53年	3545	7.6
昭和58年	3861	8.6
昭和63年	4201	9.4
平成5年	4588	9.8
平成10年	5025	11.5
平成15年	5389	12.2
平成20年	5759	13.1
平成25年	6063	13.5

出典：総務省『平成25年住宅・土地統計調査』

れ、市区町村において実際に発生し、また特に問題が大きい事象としてもっとも意識されているといえる。

　自治体関係者へのアンケートでは**不適正管理空き家**がもたらす具体的な周辺への悪影響には、倒壊、崩壊、屋根・外壁の落下、さらに火災発生のおそれ、といった「防災や防犯機能の低下」、放火や不法侵入など犯罪の温床となり「防犯性の低下」が起こりうること、「ゴミなどの不法投棄」のたまり場になったり、蚊、蠅、ねずみ、野良猫の発生、集中といった「衛生の悪化、悪臭の発生」、「風景・景観の悪化」、「その他」に樹枝の越境、雑草の繁茂、落ち葉の飛散等といったことがあげられている。平時はもとより、大雪や地震などの災害発生時、倒壊によって避難経路を防ぐおそれもあるほか、周辺環境や治安の悪化等による地域の価値が下がることにもなりかねず、社会問題として懸念の声とともに空き家の増加がクローズアップされるに至ったことがわかる。

3 関連する法律上の権限

　一定の建築物の建築主は、工事に着手する前に、その建築計画が当該建築物の敷地、構造および建築設備に関する法律等の規定に適合するものであることについて確認の申請書を提出して建築主事の確認を受けなければならない（建築基準法6条1項）。この建築主事等による確認を建築確認とよび、この事務をつかさどる機関として建築主事がある。建築主事を置くことは、政令で指定する人口25万以上の市では義務付けられているのに対して、これ未満の市町村においては任意とされている（同法4条1項および2項）。建築主事を置いた市町村の区域外では都道府県が建築主事を置かなければならない。建築主事を置く市町村の長および都道府県の知事を**特定行政庁**とよぶ（同法2条35号）。この特定行政庁が、空き家に関しても建築基準法上の規制権限を行使する。

　同法の10条1項は、**既存不適格**の建築物で[3]「建築物の敷地、構造又は建築設備……について、損傷、腐食その他の劣化が進み、そのまま放置すれば著しく保安上危険となり、又は著しく衛生上有害となるおそれがあると認める場合」に、「当該建築物又はその敷地の所有者、管理者又は占有者に対して、相当の猶予期限を付けて、当該建築物の除却、移転、改築、増築、修繕、模様替、使用中止、使用制限その他保安上又は衛生上必要な措置をとることを勧告することができる」とする。次に、この勧告にかかる措置がとられなかった場合で、「特に必要があると認めるときは、その者に対し、相当の猶予期限を付けて、その勧告に係る措置をとることを命ずることができる」と定める（同法10条2項）。特定行政庁は「建築物の敷地、構造又は建築設備……が著しく保安上危険であり、又は著しく衛生上有害であると認める場合においては、当該建築物又はその敷地の所有者、管理者又は占有者に対して、相当の猶予期限を付け

---

3) 建築建設当初は適法に建てられた建築物が、その後の法改正等により、現行規定に適合しなくなっているが、そのままの状態では違法ではないものをいう。増築、改築、大規模修繕・模様替、用途変更を行う場合には、一定範囲の是正義務（遡及適用）が生じる（建築基準法3条2項・3項、他）。

て、当該建築物の除却、移転、改築、増築、修繕、模様替、使用禁止、使用制限その他保安上又は衛生上必要な措置をとることを命ずることができる」(同法10条3項)。この場合に、「過失がなくてその措置を命ぜられるべき者を確知することができず、かつ、その違反を放置することが著しく公益に反すると認められるときは、特定行政庁は、その者の負担において、その措置を自ら行い、又はその命じた者若しくは委任した者に行わせることができる。この場合においては、相当の期限を定めて、その措置を行うべき旨及びその期限までにその措置を行わないときは、特定行政庁又はその命じた者若しくは委任した者がその措置を行うべき旨をあらかじめ公告しなければならない」(同法10条4項→同法9条11項)。また、この命令による措置が履行されなかったり、履行が十分でない場合には、行政代執行法に基づく代執行を行うことができるとされており、命令の相手方が不明な場合についても代執行（☞**第8講**）を可能とするものであり、この場合、行政代執行法に基づく戒告、代執行令書による通知という手続は「公告」で代替される（同法10条4項→同法9条12項を準用）。**略式代執行**または**簡易代執行**と呼ばれている。

　国土交通省は、この建築基準法に基づく権限によって空き家問題に対処することができ、新たな法律を制定する必要はないとする立場であった。[4] 住宅が空き家となり、「著しく保安上危険」であったり、「著しく衛生上有害」であると認められる状態になった場合には、この勧告と次の段階としての権力的な命令の権限によって、危険・有害な状況を改善することが可能である。この命令を行った上で、所有者等が必要な措置をとらないでいれば、行政代執行によってその内容を強制的に実現する道もある。しかしながら、管理の不全な空き家について、この建築基準法に基づく勧告と命令を行い、行政代執行で除却や修繕まで行われた例は全国的に希であった。

　建築基準法に基づく命令と行政代執行を実施してきた希な例には、大阪市、京都市、横須賀市があった。[5] 多くの自治体が実施に消極的であった理由は、

---

4) 北村喜宣・米山秀隆・岡田博史編『空き家対策の実務』(有斐閣、2016年) 14頁〔北村喜宣〕。

5) 北村ほか編・前掲書8頁〔北村喜宣〕。

自治体ごとに様々であったと推測されるが、共通する主な理由としては、建築基準法の権限発動の要件が「著しく保安上危険」だったり「著しく衛生上有害」と厳格に定められており、その解釈判断が困難であることがあったと考えられる。国土交通省は、その解釈基準を示していたが、自治体がそれをそのまま受け入れることに対する抵抗感があったとの事情も影響したと考えられている。多くの特定行政庁や限定特定行政庁は、それぞれ独自の条例を制定して、対処してきた。

4 対策条例制定とその意義

(1) 対策条例の類型

　空き家対策に関する条例には、古くは、1997年施行の北海道留萌市廃棄物の適正処理及び環境美化に関する条例や、1998年施行の長万部町空き地及び空き家等の環境保全に関する条例などもみられるが、全国的な空き家条例制定の動きの嚆矢になったのは2010年の埼玉県所沢市の空き家等の適正管理に関する条例といわれる。2014年10月には401の自治体で対策条例が制定された[6]。条例には、特定行政庁が建築基準法を用いて空き家対策に使う際の必要な事項を規定する法律実施条例型（たとえば、市川市空き家等の適正な管理に関する条例）と、法律とは無関係に独自の空き家対策のための権限等を定める独立条例型がある。所沢市の条例をはじめ制定されてきた条例の多くは後者のタイプである[7]。

(2) 対策条例の概要

　所沢市の条例の概要をみておこう。目的は、空き家の管理不全を防止することで住民の良好な生活環境の保全および防犯のまちづくりの推進に寄与することとしている（1条）。空き家所有者等の適正管理にかかる責務（3条）、市民の空き家に関する情報提供の責務（4条）、市長の実態調査の権限（5条）を定め、

---

6) 自由民主党空き家対策推進議員連盟『空屋等対策特別措置法の解説』（大成出版社、2015年）191頁。
7) 北村喜宣編『行政代執行の手法と政策法務』（地域科学研究会、2015年）4頁〔北村喜宣〕。

管理不全の場合の市長による所有者等に対する必要な措置の助言・指導、ならびに必要な措置の勧告（6条）、所有者等が勧告に応じない場合の必要な措置の命令（7条）、命令が従われない場合のその氏名、空き家の所在地、命令の内容等の公表を定めている（8条）。

類似の条例では、所沢市の条例の内容に加えて、a) 命令にかかる措置が履行されない場合に、行政代執行法に基づく行政代執行を行えることを定めるもの（例／野洲市空き家の適正管理に関する条例10条）、b) 行政代執行を行うことの適否について、学識経験者・弁護士・専門家等で構成する判定委員会が判定することを定めるもの（例／大田区空き家の適正管理に関する条例10条）、c) 指導・勧告にかかる措置を行う費用の助成を定めるもの（例／大仙市空き家等の適正管理に関する条例10条）、d) 緊急安全措置として適正な管理に必要な措置を所有者に代わって行い費用を請求することを定めるもの（例／足立区老朽家屋等の適正管理に関する条例7条）、e) 応急的危険回避措置として、人の生命、身体等に危害が及ぶことを避けるため緊急の必要があるときにこれを避けるための必要最小限の措置を行うなどの**即時執行**を行い、費用を所有者に求めることができることを定めるもの（例／神戸市建築物の安全性の確保等に関する条例61条）、f) 管理不全状態にある空き家について、「開放されている窓の閉鎖、草刈りその他の別に定める軽微な措置を採ることにより地域における防災上、防犯上又は生活環境若しくは景観の保全上の支障を除去し、又は軽減することができると認める」場合にも即時執行を行いうることを定めるもの（例／京都市空き家等の活用、適正管理等に関する条例20条）、g) 建物の状況を確認するために当該建物への立ち入りの権限を定めるもの（例／松江市空き家を生かした魅力あるまちづくり及びまちなか居住促進の推進に関する条例14条）、等の独自の規定を定めるものがあった。

対策条例は、空き家が著しく危険・有害となるおそれが生じる前の段階で管理不全状態に陥らないようにする防止措置を助言・指導・勧告を通じて講ずることに法的根拠を与え、助成によってその措置を促すとともに、それに応じない者については公表したり、空き家が危険・有害な状態になったときに行政代執行で除却等を行うこと、または行政代執行以外の方法による危険性・有害性を回避する措置を定めた点に意義がある。

(3) 対策条例の限界・問題点

　対策条例による対処は、一定の効果を上げる一方で、次のような点でその実施に際して限界または問題点があった。

①行政代執行法によって除却命令等を代執行できることを定める条例においては、条例に基づく命令について、行政代執行法の要件に従って代執行を行うことになるが、その要件は建築基準法の定める略式代執行の要件よりも厳格であり、条例制定によって除却等の代執行が実施しやすくなったわけではなかった。

②空き家の所有者等に対する命令を行うにあたり、命令等の相手方である所有者等を明らかにする必要がある。まず、現地調査や法務局の登記簿[8]での土地・建物の所有者等の確認をするが、対象となる老朽空き家に関しては不動産登記がされていない場合が少なからずあるため、市町村税である**固定資産税**[9]の情報を活用することができるか、が問題となった。この点で、**地方税法22条**が、地方税に関する調査または徴収に関する事務に従事している者が、「これらの事務に関して知り得た秘密を漏らし、又は窃用した場合においては、2年以下の懲役又は100万円以下の罰金に処する」と定めているため、税金に関する情報の活用は所有者等を明らかにする有効な方法ではあるが不可能と考えられてきた。また、税情報の活用は、各自治体が保有する個人情報の目的外利用を禁止する個人情報保護条例の規定にも抵触する可能性がある[10]。結果として、空き家の所有者について登記簿の他に所有者情報を得る手段がなく不明な場合に

---

8) 不動産登記は、土地や建物の所在・面積のほか、所有者の住所・氏名などを公の帳簿である登記簿に記載し、これを一般公開することによって権利関係などの状況が誰にでもわかるようにし、取引の安全と円滑をはかる役割をはたしている。登記の事務は、不動産の所在地を管轄する法務局または地方法務局等が行うこととされており（不動産登記法6条1項）、民法177条では、不動産に関する物権の得喪及び変更は、その登記をしなければ、第三者に対抗することができないと定めている。

9) 地方税法に基づいて市町村が課すことのできる普通税のひとつであり、土地・家屋・有形償却資産を課税対象としている。

10) 大阪市では、同市の個人情報保護条例の解釈として、固定資産税に関する情報を老朽家屋の所有者等特定のために利用できるとしてきた（大阪市個人情報保護審議会「大阪市個人情報保護条例第10条に基づく個人情報の取扱いについて（答申）」（答申第217号平成24年11月29日））。

は、除却を命令し、代執行を行うことはできなかった。
④住宅用地については、その税負担を軽減する目的から、課税標準の特例措置が設けられ、住宅用地で住宅1戸につき200㎡までの部分である小規模住宅用地については、土地評価額の1/6、小規模住宅用地以外の一般住宅用地については評価額の1/3という本則課税標準額が課されるのに対して、空き家が解体されて更地になるとこの特例が適用されなくなるため解体へのインセンティブが働かなかった。
⑤危険老朽家屋の解体のための財源がないといった問題には条例では対応できなかった。

5 「空家等対策の推進に関する特別措置法」の制定

自治体の条例による対策が進められるなか、議員立法により2014年、特措法が制定された。

特措法は、その目的を「地域住民の生命、身体又は財産を保護するとともに、その生活環境の保全を図り、あわせて空家等の活用を促進するため、空家等に関する施策に関し、国による基本指針の策定、市町村（特別区を含む。……）による空家等対策計画の作成その他の空家等に関する施策を推進するために必要な事項を定めることにより、空家等に関する施策を総合的かつ計画的に推進し、もって公共の福祉の増進と地域の振興に寄与すること」（1条）とし、防犯は目的に入れなかった。同法は、「空家等」を、「建築物又はこれに附属する工作物であって居住その他の使用がなされていないことが常態であるもの及びその敷地（立木その他の土地に定着する物を含む。）」とし（2条1項）、「そのまま放置すれば倒壊等著しく保安上危険となるおそれのある状態又は著しく衛生上有害となるおそれのある状態、適切な管理が行われていないことにより著しく景観を損なっている状態その他周辺の生活環境の保全を図るために放置することが不適切である状態にあると認められる」空家等を、「**特定空家等**」とした（2条2項）。

特措法は、自治体からの要望を受けて、次のような内容を定めた。

まず特措法がはじめて定めたこととして次の事項がある。

(1) 行政代執行について、従前の法律と異なる**緩和代執行**および略式代執行の規定をおく。

特措法14条は、「特定空家等」に対してとりうる具体的措置を規定する。①助言・指導――市町村長による所有者等に対して除却等の周辺の生活環境の保全を図るために必要な措置を「助言又は指導」することができる（14条1項）。②勧告――①で改善されないと認めるとき、期限を定めて措置をとることを「勧告」することができる（14条2項）。③命令――正当な理由なく②の勧告にかかる措置がとられない場合において、「特に必要があると認めるとき」、期限を付けて、相手方に意見書提出の機会等を与えたうえでその勧告にかかる措置をとることを「命ずる」ことができる（14条3～8項）。④代執行――③の命令にかかる「措置を命ぜられた者がその措置を履行しないとき、履行しても十分でないとき又は履行しても……期限までに完了する見込みがないとき」行政代執行を行える（14条9項）。③の命令が「特に必要があると認めるとき」を要件としており、「著しく公益に反する」という行政代執行法や建築基準法の代執行の要件を外し、代執行をより行いやすくしている（緩和代執行）。③の場合に、「過失がなくてその措置を命ぜられるべき者を確知することができないとき」には、過失がなくて、①の助言・指導または②の勧告が行われるべき者を確知することができないため③の命令を行うことができないときを含めて、市町村長は、「公告」を行った上で、行政代執行を行えること（略式代執行）を定める（14条10項）。

> ☞ POINT
> 一般に勧告は行政指導と理解されるが、空き家対策においては、特措法14条2項に基づき**勧告**が出されると、固定資産税に関する住宅用地特例が廃止される関係にある。勧告が不利益措置とリンクした仕組みをもつ場合、その法的性質はどのように解されるだろうか。

> ☞ POINT
> **略式代執行（簡易代執行）**は、国民の権利に配慮して厳格な要件を定める行政代執行法に例外をおくものであるから、特別法規定として個別法の定めを要し、条例では規定できないと解されている。

(2) 市長が委任した者に空家等についての**立入調査**をさせることができることを定め、調査を拒んだり、忌避した者に対して20万円以下の**過料**に処すことを定めた（9条2項）。

(3) 特措法10条1項は、「市町村長は、固定資産税の課税その他の事務のために利用する目的で保有する情報であって氏名その他の空家等の所有者等に関するものについては、この法律の施行のために必要な限度において、その保有に当たって特定された利用の目的以外の目的のために内部で利用することができる」と定め、空き家の所有者を特定するために固定資産税の課税に係る情報を利用できることを明示的に認めた。

(4) 国・都道府県の財政上・税制上の措置として、市町村の対策の実施に要する費用への補助や地方交付税制度の拡充等を定めるとともに、国と地方公共団体は対策の適切かつ円滑な実施に資する税制上の措置その他の措置を講ずることを定めた。

　この規定に基づいて、国土交通省では除却事業タイプと活用事業タイプの**「空き家再生等推進事業」**を社会資本整備総合交付金等の基幹事業に位置づけて、前者のタイプでは地方公共団体が除却を行う場合に要する費用の5分の2を国が、民間が行う事業については国と地方公共団体が要する費用の5分の2ずつを助成し、後者のタイプでは地方公共団体が実施する事業の2分の1を国が、民間実施の事業については国と地方公共団体で3分の1ずつを助成することとした。また、社会資本整備総合交付金とは別枠で空家等対策計画に基づいて空き家の活用や除却する地域のまちづくりの柱として実施する市町村に対して、国が重点的・効率的な支援を行い、市町村等が行う事業について要する費用の2分の1を補助する「空き家対策総合支援事業」、特措法に基づく市区町村および民間事業者による先駆的な取り組みに対して国が定額補助を行う「先駆的空き家対策モデル事業」も行われている。

　固定資産税について、2015年度には、市町村長が特定空家等の所有者等に対して周辺の生活環境の保全を図るために必要な措置をとることを勧告した場合には、当該特定空家等の敷地について固定資産税等の住宅用地特例の対象から除外する措置がとられた。また2016年度には、相続人が使う見込みのない古い住宅が空き家として放置され、それが周辺の生活環境に悪影響を与えることを未然に防止し、使う見込みのない空き家やその除却後の敷地の流通による有効活用を促進し、空き家の発生を抑制するとの趣旨で、相続人が相続によって生

【コラム：特定空家にしないための「空き家」の利活用】
　適正管理の点で問題となる「空き家」の多くは、持ち家が空き家になっているものである。その典型は、相続や長期入院などを契機として居住者を失った状態のまま放置され、あるいは2住宅所有の状態に変わり使用頻度が低くなっているケースで、少子高齢化を背景に今後も増加すると思われる。このような実態においては、「空き家」対策として、特措法により危険老朽空き家等に対処すると共に、持ち家が「放置」され、特定空家等に該当する状態に移行することを防止し、「利活用」されるよう支援する施策もまた必要である。
　空き家の利活用支援策として多くの自治体が取り組んできたのが、**空き家バンク**の設置である。自治体が空き家の登録を募り、ウェブサイトで物件情報を公開するなどして、購入者や賃借人を探す仕組みである（移住・交流推進機構ホームページ参照：https://www.iju-join.jp/akiyabank/（2016年3月20日最終閲覧））。特措法でも、空き家等の活用に関する規定（13条、15条等）の他に、データベース整備を努力義務として規定している（11条）。空き家の売却・賃貸化を促進するために、リフォーム支援、家財道具の片づけ支援、賃貸補助、公営住宅や公共スペースとしての利用などの施策の例もある。「京都市空き家の活用、適正管理等に関する条例」（平成25年12月24日）のように、「空き家の活用」（12条）に関する条項を設けている例もある。
　訪日外国人の増加などによるホテル不足に伴い空き家を**民泊**施設とし活用するビジネスも注目されている。住宅の空き部屋を有料で旅行者に貸し出す「民泊」は、従来、旅館業法との関係などが問題とされてきたが、2017年6月9日に「住宅宿泊事業法」が参議院を可決・成立し、民泊ホストとなる住宅の所有者は、都道府県に届出をすることで（同法3条）年間180日を上限として（同法2条）合法的に民泊運用をすることが可能になった。今後、本格的にビジネス展開していくものと予想される。

じた空き家または当該空き家の除却後の敷地を2016年4月1日から2019年12月31日の間に譲渡した場合、譲渡所得から3000万円を特別控除する特例措置が創設された。
　次に、従前の法律および条例により既に可能であったことにつき、確認的に定められた事項に次のようなことがらがある。
①市町村が空家等対策計画を定めることができることとし、対症療法的になっている空き家対策に総合性と計画性を持たせることを可能とした（6条）。

②①の空家等対策計画の作成、変更および実施に関して協議を行うため市町村長、地域住民、議会の議員、学識経験者等で構成する協議会を組織することができるとした(7条)。

③市町村が特措法に基づいて講ずる措置について、都道府県知事が当該市町村に対して情報の提供および技術的な助言、市町村相互間の連絡調整その他必要な援助を行う努力義務を負うことを定めた(8条)。

④市町村が空家等に関するデータベースを整備するなど空き家等に関する正確な情報を把握するために必要な措置を講ずる努力義務を定めた(11条)。

6 特措法制定の意義と課題

特措法は、以上のように市町村に対して空き家対策にかかる事務を義務的なものとし、全体として規律密度の高いものとなっているため、既に条例を制定して空き家対策を行ってきた自治体は特措法に合わせて条例を改正することが必要となった。自治体の空き家対策は特措法を適用して行うこととなり、条例を制定していなかった市町村はもとより、たとえば独立条例の規定の中であえて特措法が規定する命令を規定せず行政指導等による緩やかな対応を選択していた自治体にも命令及び略式代執行・緩和代執行の権限を与えられる。特措法は既存条例について特段の調整規定をおいていないが、既存条例が改正されない場合、規定ぶりによっては特措法との間に矛盾が生じるように思われる。特措法と異なる独自の措置を条例で定めている場合は、特措法に違反しない範囲で許容されるであろう。[11]

特措法では、緩和された要件に従って権限を行使することができるようになり、固定資産税にかかる情報利用に関する疑念も解消されるなど速やかな対策を講じられるようになった。国・自治体の財政的な援助、税制に関しての一定の措置が講じられるとともに市町村がデータベースを整備して情報収集することも含め計画的に対策に取り組むことを方向づけた。

---

[11] 特措法施行に伴う条例改正上の留意点について、北村ほか編・前掲書50頁以下〔岡田博史〕。

しかし、空き家の除却等を行政代執行で行う場合について、それに要する費用は上記の補助事業対象に該当する場合には補助が受けられることとなっているものの、すべての場合に補助があるわけではない。行政代執行に要した費用については義務者が負担することが基本である。強制徴収が可能であるが、所有者が不明である場合や所有者に費用を負担する資力がない場合には、当該自治体が費用を負担することとなる。このことはなお自治体の対処にとって妨げとなりうる。

7 ごみ屋敷問題と法

(1) ごみ屋敷問題とは

大量のごみを自宅にため込むことで悪臭や害虫・害獣の発生、通行の妨害、景観の阻害、さらには火災の誘発等、衛生、防犯面から周辺住民に大きな不利益を与えうるごみ屋敷は、社会問題化している。とりわけ、人口の多い市街地においては、このようなごみ屋敷がもたらす**負の外部性**が周辺住民に及ぼす影響は大きい。

ごみ屋敷とは、国土交通省では、「病害虫の発生や悪臭など、既に社会的な問題になっていたり、周辺住民から何らかの苦情が寄せられているものなど」と説明する。[12] 自治体では、ごみ屋敷対策を盛り込んだ先駆的な例である東京都荒川区「良好な生活環境の確保に関する条例」(2008年12月)（以下、荒川区条例という。）が、ア）廃棄物等によりはえ、蚊その他の害虫やねずみが発生し、周辺住民の生活環境にかかる被害が生じている、イ）廃棄物等が火災発生の原因となり、付近の建築物に類焼する危険がある、ウ）廃棄物等が道路上の歩行者並びに車両の通行等の妨げとなっている、エ）廃棄物等の臭気により周辺住民の生活環境に係る被害が生じている、オ）廃棄物等によりごみの不法投棄を招いている、といった状態の2つ以上が生じている状態を「廃棄物による不良状態」と、また、行政代執行によるごみの強制撤去を全国で初めて行った京都市

---

12) 国土交通省土地・水資源局土地利用調整課が全国市町村を対象に行った「地域に著しい迷惑（外部不経済）をもたらす土地利用の実態把握アンケート」。

「不良な生活環境を解消するための支援及び措置に関する条例」(2014年11月)(以下、京都市条例という。)が、「建築物等におけるものの堆積又は放置、多数の動物の飼育、これらへの給仕又は給水、雑草の繁茂等により、当該建築物等における生活環境又はその周辺の生活環境が衛生上、防災上又は防犯上支障が生じる程度に不良な状態」を「不良な生活環境」と定義して、対処の対象とされている。共通して、ごみが建物や敷地内に堆積されることにより、周辺の良好な生活環境に対して悪影響を及ぼしている状態の家屋等をごみ屋敷として行政が何らかの対応をとる必要があるものと考えられているといえる。

(2) 既存の法律による規制

　ごみ屋敷に端を発する様々な外部不経済に対し、周辺住民から行政の手による解決の要望が寄せられることは少なくない。しかし、空き家問題と異なり、ごみ屋敷の多くは原因者が存在し、そもそも堆積物をごみではないと主張することもある。結果、建物やその敷地内に行政が踏み込むには、明確な法律の根拠や財産権への配慮がより強く求められるものとなるだろう。

　まず、既存の法律では、ごみ屋敷が及ぼす問題に対してどのような規制ができ、また、どのような限界があるのをみてみよう。

　「廃棄物の処理及び清掃に関する法律」5条1項は、土地又は建物の占有者は、「その占有し、又は管理する土地又は建物の清潔を保つように努めなければならない。」と清潔保持の義務を定めているが、努力義務にとどまる。同法16条は、「何人も、みだりに廃棄物を捨ててはならない」と定め、自らの所有地内であっても廃棄物を捨てることを禁じ、これに違反した者について、「5年以下の懲役若しくは1千万円以下の罰金に処し、又はこれを併科する」と刑罰を定めている (25条1項14号)。が、これは捨てられることを抑止する効果をもつにとどまる。

　悪臭防止法14条は、「何人も、住居が集合している地域においては、飲食物の調理、愛がんする動物の飼養その他その日常生活における行為に伴い悪臭が発生し、周辺地域における住民の生活環境が損なわれることのないように努めるとともに、国又は地方公共団体が実施する悪臭の防止による生活環境の保全

に関する施策に協力しなければならない」と定めるが、一般的な国民の責務にとどまる。

消防法3条1項は、消防長、消防署長その他の消防吏員が「危険物又は放置され、若しくはみだりに存置された燃焼のおそれのある物件の除去その他の処理」等を消防の活動に支障になると認める物件の所有者、管理者若しくは占有者で権原を有する者に対して命ずることができることを定め、同条2項は略式の代執行を定めている。火災予防の観点から危険と考えられるごみについては、この規定による対処が可能であるが、前提となる危険判断のためにごみが堆積されている土地や建物への立ち入り調査には所有者の同意が必要と考えられている。

道路交通法76条3項は、「何人も、交通の妨害となるような方法で物件をみだりに道路に置いてはならない」と定め、これに違反したものに対しては「3月以下の懲役又は5万円以下の罰金」(119条1項12号の4)が科せられる。ごみが道路に堆積され交通の妨害となる場合に限ってこの規定が適用されることになる。

いずれの法律の規定も、ごみ屋敷問題に部分的には対応するものではあるが、努力義務規定にとどまるものであったり、義務に違反した場合の刑罰を定めるものであって、ごみの堆積行為による生活環境の悪化を防止したり、止めさせる点では限界がある。

(3) 条例による対処

法律による対応が整わない中、自治体は、先行して条例によりごみ屋敷に対処してきた。上記の荒川区条例は、目的に初めて「**生活環境の確保**」を盛り込んだ自主条例である。

荒川区条例の内容をみておこう。同条例は、「健康生活阻害行為の防止等について必要な事項を定めることにより、区民の良好な生活環境を確保することを目的」としており(1条)、動物に餌をあたえること(給餌)による生活環境の不良状態も対象としている。同条例は、区の、良好な生活環境を確保し、条例違反に対する必要な措置をとらなければならない義務(3条)、区民の、「良好

な生活環境を確保するための活動に自主的に取り組む」等の努力義務を定める（4条）。また、「給餌による不良状態」の禁止（5条）、「廃棄物等による不良状態」の禁止を定め（6条）、これらの不良状態を生じさせた者に対する次のような措置を定める。①勧告——期限を定めて、周辺住民の生活環境に係る被害を防止し、又は除去するため必要な限度において、当該不良状態の防止又は除去のための措置その他の必要な措置をとるべきことを勧告できる（8条1項）。②命令——①を受けたものが当該勧告に従わないときは区長が学識経験者から任命する「生活環境審査会」の意見を聴いた上で、期限を定めて、「当該勧告に係る措置をとるべきことを命ずることができる」（同条2項）。③行政代執行——②によって命じられた行為が履行されない場合には行政代執行法に基づく代執行が行えることを定める（10条）。④公表——②に従わなかったときにその旨の公表を定める（11条）。また、条例施行に必要な限度で違反者の所有、占有または管理する土地・建築物への立入調査または質問をすることができることを定める（9条）。

　近年では、東京都足立区「生活環境の保全に関する条例」（以下、「足立区条例」という。）をモデルに、京都市条例など個別のごみ屋敷問題に特化した「生活環境の確保」を正面から謳う条例制定の動きが進んでいる。内容では、ごみの堆積によるほか、繁茂した雑草や樹木による「不良な状態」等も対象に加えるものもある（例／足立区条例（2条）、京都市条例）。

　また、足立区を筆頭として、**原因者への支援**と規制の両方を規定する自主条例を制定し、原因者への効果的なアプローチを行っている自治体が徐々に増えている。ごみ屋敷の所有者または占有者のなかには認知能力が低下している者も多いと言われている。[13] 足立区では、ごみの処理などを区が代わって行う場合に1世帯1回、計100万円を限度に支援し、地元の自治会やNPOなどが片づけに協力した場合には、一人につき半日で3000円、1日5000円、1団体で最高5万円の謝礼を支払うことを定めている。程度の差はあるが、条例や要綱による支援を定めている自治体は多い。京都市条例では、所管は保健福祉局であ

13）　国土交通省・前掲アンケート結果。

り、ごみ屋敷の原因者を要支援者と定義し、要支援者の同意の下での支援を基本としつつ、公権力の行使と適切に組み合わせた対策を講じようとしている（10条）。条例に基づき、勧告を経て命令、代執行という権力的な手段で問題を解消することも必要ではあるが、ごみ屋敷問題の場合、空き家問題とは異なり、それだけでは最終的な問題解決にはならず、問題を抱える所有者・占有者を地域社会から孤立させない配慮をしながら住民と協力協働して問題解決を図る方途が模索される必要があると考えられる。

【発展問題：空き家対策の不備に対する責任】
　特定行政庁において、住民からの通報で、屋根瓦が落下したり、壁面が隣接する道路に崩落したりする危険性がある空き家の存在が判明していた場合に、当該空き家の近くを徒歩で通りかかった付近の住民が落下してきた屋根瓦に当たって怪我を負ったとき、空き家の所在地の市町村は空き家に対して措置を講じていなかったことについて損害賠償（国家賠償責任）を負わなければならないだろうか。市町村が賠償責任を負うとすればどのような場合に負うことになるか考えてみよう。

【参考文献】
・空き家対策条例について
　　北村喜宣編『行政代執行の手法と政策法務』（地域科学研究会、2015年）
　　北村喜宣・米山秀隆・岡田博史編『空き家対策の実務』（有斐閣、2016年）
・特措法について
　　自由民主党空き家対策推進議員連盟編『空家等対策特別措置法の解説』（大成出版社、2015年）
・ごみ屋敷対策条例について
　　宇賀克也編『環境対策条例の立法と運用』（地域科学研究会、2013年）

■補論2　特色ある自主条例

　地方公共団体は、住民の福祉の増進を図るため、さまざまな施策を行っている。ここでは、住民に一番身近な地方公共団体である市町村が、自らの施策を実行するために制定した特色ある条例について、紹介する。

1　「静かな夏を取り戻せ」

　相模湾に面した神奈川県逗子市の海水浴場は、毎年大勢の海水浴客でにぎわう。その海水浴場において、2005年前後から、海の家で音楽を中心とした営業が行われるようになり、ライブ演奏を楽しむ客が増加していた。同時に、スピーカーを使用した楽器演奏などによる騒音問題や浜辺でのバーベキューによるごみの放置、飲酒が原因のトラブルなど利用者のマナーが悪化し、近隣住民からの苦情も増加していた。さらに、2013年の夏に海の家の客同士による殺傷事件が発生することとなり、住民の不安と怒りはピークに達した。
　一方、逗子市では、2008年6月、「安全で快適な逗子海水浴場の確保に関する条例」（以下、旧海水浴場条例という）を制定し、安全で快適な海水浴場の確保に努めてきた。旧海水浴場条例では、逗子市は、地域住民や警察、県の関係機関などと協議の場を設け、その意見を尊重して、海水浴場の運営に関するルールを定めることになっており、事業者（海の家の経営者や従業員など）や海水浴場の利用者にも、責務としてルールの遵守を求めていた。逗子市が定めたルールでは、ライブ演奏を行う海の家に対し、店舗での騒音対策を施し、音量測定器による音量チェックを義務づけるとともに、市の警告にもかかわらず改善が見られない場合には、営業停止処分を行うなどの内容も含まれていた。しかしながら、クラブ化してしまった海水浴場を元の姿に戻すためには、もはや今まで

の手法だけでは十分な効果が上げられず、2013年8月、逗子市は、県の関係機関や警察と対策協議会を設置し、安全で快適なファミリービーチを取り戻すため、規制強化に向けた旧海水浴場条例の見直し作業を始めた。対策協議会での議論を経て、2014年3月、新たな「安全で快適な逗子海水浴場の確保に関する条例」(以下、新海水浴場条例という)が制定されることとなった。

新海水浴場条例により強化された規制の内容は、事業者や利用者に対しては、入れ墨などを公然と公衆の目に触れさせることやスピーカーなどの拡声装置を使用して音楽を流すことを禁止し、さらに、利用者に対しては、海の家以外でのバーベキューや飲酒を禁止するなど厳しいものとなった。なお、禁止行為を行った者や市長の命令に違反した者に対する罰則はない。

新海水浴場条例の制定に当たっては、表現の自由や営業の自由を規制することについて反対意見もあったようであるが、条例施行後初めて迎えた2014年夏には大きな混乱はなく、逗子海水浴場を訪れた客数も前年の半数程度(約20万人)に止まり、地元住民にとっては静かな夏が戻ったようである。また、新海水浴場条例では、規制の強化だけではなく、事業者を含めた関係者が参加する新たな協議の場を設置することが定められており、引き続き安全で快適なファミリービーチとしての逗子海水浴場のあり方についての協議、検討が行われている。

2 「屋台、酔ってかんねん」

福岡市内の中心部では、夜の帳が下りる時刻になると屋台の営業が始まるエリアがいくつかある。屋台は、建物内の店舗に比べ、店の中は狭く、椅子も座り心地のよいものではないが、提供される食事の内容もさることながら、その風情から市民に親しまれ、観光客にも人気がある。屋台は、戦後の闇市が発祥であるといわれており、福岡市のみならず、多くのまちに存在していた。北海道帯広市や広島県呉市など、今もなお、まちの中に屋台が残っているところもあるが、100軒を超える大規模な形で営業しているところは、福岡市内だけになっている。

第2部　応用編

　条例の内容を紹介する前に、屋台を取り巻く法令上の主な規制から見ていこう。客に飲食物を提供するに当たっては、都道府県知事の許可（食品衛生法）が必要となる（食品衛生法では、当該許可権者について福岡市のように保健所を設置する市にあっては「都道府県知事」を「市長」と読み替えることになっており、また、福岡市保健所長事務委任規則により、福岡市長の当該権限は保健所長に委任されている）。また、屋台を道路上で営業する場合には、道路管理者の道路占用許可（道路法）や警察署長の道路使用許可（道路交通法）が、公園内で営業する場合には、公園管理者の占用許可（都市公園法）や営業行為の許可（福岡市公園条例）も必要となる。
　これらの法令上の規制をクリアして福岡の屋台は営業を続けてきたが、屋台に対しては以前より、衛生上の問題や通行の支障になっている、決められたルールを守っていないなどの厳しい指摘があった。行政側も、許可するに当たっては、屋台を社会の慣習上やむをえないものとして原則一代限りとし、新規の参入は認めないとの方針で運用がなされてきた。その結果、ピーク時（1960年代）には福岡市内で400軒以上あった屋台が150軒程度まで減少し、このままでは存続が危ぶまれる事態となった。そこで、福岡市は、改めて屋台のあり方を検討するため、専門家や有識者だけでなく、市民団体や屋台営業者の代表者も交えた研究会を設置した（「屋台との共生のあり方研究会」2011年9月1日設置。会長はジャーナリストの鳥越俊太郎氏）。
　研究会では、屋台の現状や課題、効用などについて議論され、屋台の将来像とその実現に向けた取組方針を提言書としてまとめ、福岡市長に提出した。これを受け、2013年7月、福岡市は、「福岡市屋台基本条例」（以下、屋台基本条例という）を制定した。
　屋台基本条例は、提言書の主旨を踏まえ、「屋台が福岡のまちににぎわいや人々の交流の場を創出し、観光資源としての効用を有していることを踏まえ……市民、地域住民及び観光客に親しまれ、福岡のまちと共生する持続可能な存在となることを目的」（1条）としている。
　屋台営業の適正化を図るための規制については、屋台基本条例で屋台の営業に関する新たな許可制度を設けることはせず、道路や公園の管理上、市長が定めていた法令上の許可に係る審査基準や許可条件、指導事項などの見直しを

行ったうえで、これらを条例で規定している。屋台基本条例施行前までは、許可基準や許可条件あるいは指導事項は、道路管理者や公園管理者の権限の範囲内として要綱などの内部規定で定められてきた。しかしながら、前述の研究会では、屋台営業者の中にはルールを遵守しないものもあり、行政も十分な措置を講じてこなかった点が指摘されていた。そこで、規制の内容を条例で規定することにより、議会が認めたルールとして正当性を高めるとともに、違反者に対する措置（許可取消など）の根拠を明確にするねらいがあったようである。また、屋台基本条例では、屋台営業者に対し、市が開催する講習会への出席や営業状況の報告を義務付けるとともに、屋台ごとに関係法令の規定や許可条件とその遵守状況を市のホームページで公表することになっており、屋台営業者が自主的にルールを遵守する仕組みが設けられている。

他方、規制の緩和として、許可は原則一代限りとしてきた行政側の運用を改め、屋台基本条例では屋台営業候補者の公募による新規参入を認め、屋台を持続可能な存在とするための制度作りも行われている。

屋台基本条例により、福岡の屋台は社会の慣習上やむをえない存在から公益性を有する存在として認められることになった。現在、福岡県移動飲食業組合連合会では、公式サイト「ザ・屋台　酔ってかんねん」を開設し、屋台に関する情報発信を行うとともに、屋台基本条例に定められた基本理念である「市民、地域住民及び観光客に理解され、愛される屋台」、「観光資源として福岡市を広報することができる屋台」、「まちににぎわいや人々の交流の場を創出する都市の装置としての役割を果たし、まちの魅力を高める屋台」の実現に向けた取組みが行われている。

3　「取り敢えず日本酒で」

「乾杯！」といえばその手にはビールグラスが連想されるが、最後に紹介する条例は、「乾杯は日本酒で」という条例である。

2012年12月、京都市会において、「京都市清酒の普及の促進に関する条例」（以下、清酒普及条例という）が可決された。背景には、京都・伏見が酒どころで

全国的に有名な場所であることと、近年、日本酒離れが進む中、日本酒の出荷量が減少し、酒造業者を始めとする関係者に危機感があったことが上げられる。

　清酒普及条例は4つの条からなるもので、その目的は、「清酒による乾杯の習慣を広めることにより、清酒の普及を通した日本文化への理解の促進に寄与すること」（1条）とされている。また、京都市と事業者（清酒の生産を業として行う者）に対しては、清酒の普及の促進に努めることを（2条・3条）、市民に対しては、清酒の普及の促進に関する取組みに協力することを求めている（4条）。いずれの規定も努力義務であり、罰則など履行を強制するための規定はない。

　ちなみに、清酒普及条例は、議会での審議過程において、修正案が提出され、修正後の案が可決された。2012年12月26日、京都市会での経済総務委員長報告では、同委員会に提出された修正案の内容について、次のとおり報告されている。「委員会修正内容について申し上げます。この条例案は、清酒の普及による乾杯の強制はもちろんのこと、清酒による乾杯そのものの普及の促進を図ることが目的ではなく、あくまでも身近な習慣である乾杯を清酒で行うことをきっかけとして、清酒の普及、そして清酒の普及を通した日本文化への理解の促進を図るというのが目的であることから、第2条以降の本市の役割、事業者の役割、市民の協力について、誤解されることなく、よりその目的が明確となるよう、乾杯等の表現の繰返しを削除するものであります。」

　清酒普及条例が施行されて以降、全国各地で同様の条例が制定され、現在では日本酒のみならず、焼酎やワインでの乾杯や地元で製造される酒すべてを対象にした条例もあり（焼酎を対象とした条例として「いちき串木野市本格焼酎による乾杯を推進する条例」、ワインを対象とした条例として「富良野市まずはふらのワインで乾杯条例」、地元で製造される酒すべてを対象とした条例として「やまがた県産酒による乾杯を推進する条例」などがある）、いわゆるこれらの乾杯条例を制定している地方公共団体は、全国で100を超えている（2015年3月19日毎日新聞）。

　一方で、宮崎県都城市のように、乾杯条例の制定を拒んだところもある。「都城市で製造する焼酎による乾杯推進条例の制定についての陳情書」が市議会に提出されたが、2013年9月、都城市議会では、乾杯の飲み物を選ぶのは個人の

自由なので市民を拘束することになる条例を制定することまでは必要ないなどの反対意見があり、陳情を不採択とし、条例の制定に至らなかったようである。嗜好に関することを条例で規定することについての議論はさておき、京都市では清酒普及条例の制定とともに清酒の普及促進に向けた活動を展開した結果、約30年ぶりに日本酒の出荷量が前年度より増加した（2014年1月20日産経新聞）。少なくとも産業振興のひとつの手段として、清酒普及条例が役立ったといえるだろう。

ところで、清酒普及条例を始め乾杯条例は、その内容だけでなく、制定の過程においても今までの条例とは異なる特色がある。それは、議会主導で条例案が提案されているという点である。現在、地方議会に提出される条例案のほとんどは、都道府県知事や市町村長によるものであるが、乾杯条例の場合は、その多くが議員により条例案が議会に提出されている（2015年2月26日朝日新聞では、70の乾杯条例が議員提案であったとしている）。

「地方分権改革」により、国から地方への（あるいは都道府県から市町村への）権限の委譲や規制の緩和が進む中、地方公共団体が果たすべき役割は増加しつつある。さらに、「地方創生」の実現に向け、今後、地方公共団体は地域の実情に応じた自主的な施策を策定し、実施していかなくてはならない。地方議会においても、首長から提案される議案を審議するだけでなく、議会からの政策提案の必要性も指摘されており、そのような状況も相俟って、議員自らが政策を提案する手段のひとつとして、乾杯条例は全国的に広まったのかもしれない。

【参考文献】
・福岡市の屋台の歴史や屋台基本条例の制定に至った経緯、条例の内容などについて
　嶋田暁文「福岡市における屋台と政治・行政　その過去と現在（上）（下）」自治総研39巻9号（2013年）1頁以下、39巻10号（2013年）43頁以下
　臼井智彦（前福岡市企画課長）「CLOSE UP　先進・ユニーク条例　福岡市屋台基本条例」自治体法務研究37号（2014年）48頁以下（特に49頁に掲載された表）

第13講　米軍基地建設への賛否
——住民参加・住民投票

【設　問】

住民にとって重要な関心事である原子力発電所の建設、市役所施設の改修か建替か、図書館の指定管理者に特定民間企業を選定しないことなどをめぐって住民の賛否を問う住民投票が行われてきた。住民投票も住民参加の1つの方法と位置づけられるが、次のような住民参加に関する問題を考えてみよう。

〔設問1〕　国民・住民が直接に行政の決定に参加する方法にはどのようなものがあるだろうか、また、それらはなぜ必要とされ、その「参加」にはどのような意味があるのだろうか。

〔設問2〕　住民投票は行政の施策に対して住民の意思を直接に表明する方法のひとつだが、行政は表明された住民の意思に拘束されないのだろうか。拘束されないとすれば住民投票にはどのような意義があるのだろうか。

1　本講の課題

「住民参加」という言葉は、まちづくりの分野を中心に、行政との関係に限らず、さまざまな場面で住民が主体的に参加するさまざまな取り組みについて語られる。たとえば、建築基準法に基づく建築協定制度は、土地所有者等同士が法律よりも厳しい建築物の基準を合意して協定を結び、守りあうことで住民発意による良好な環境のまちづくりを促進しようとする制度である。この建築協定の締結やその運用の過程を住民参加ということがある。また、「地区計画」は、ある一定のまとまりをもった「地区」を対象として、住民相互間で合意して計画案を作成、提案することでその地区の実情に合ったよりきめ細かい規制を行う制度である。区域の指定された用途地域（☞第9講）の規制を、強化、緩和することができ、各街区の整備と保全を図るものである。この過程も住民参加の問題として論じられることがある。さらには、行政が担ってきたサービ

の一部または全部を行政と住民とが協力して実施・執行することまたはその過程を住民参加または協働として論じることもある。

しかし、本講では、住民参加の問題として主に行政による意思決定との関係で問題となる住民参加の法的問題点をあつかう。行政法における住民参加の問題は、従来行政手続に関する問題として扱われてきたところであり、主として行政の行う決定の過程に国民・住民が直接に参加する手続の法的問題点である。これには、行政手続法が主な対象としている行政庁と処分の直接の名宛人となる者との二面的な関係における当該処分にかかる決定への名宛人の関与の問題も含まれるが（申請に対する処分の手続および不利益処分の手続については☞第6講）、ここでは処分の名宛人に対する手続以外の手続の問題、すなわち処分との関係でも名宛人以外の第三者の参加や処分以外の計画や政策の決定等への住民・国民による直接的な参加の手続の問題を住民参加の問題として論じることとする。

> **KEY WORD**
> **住民**とは、地方公共団体の区域内に住所（生活の本拠）を有する者であり、自然人・法人の別、人種、国籍、性、年齢、行為能力の有無を問わない。

主に、「国民」ではなく、「住民」参加がいわれるのは、参加の対象となる決定や問題が地域的な限定性を伴うことが多く、その地域に関係を有する者の参加が問題だからである（参照、憲法93条2項・95条、地方自治法10条1項）。

なお、住民が行政の決定に対して参加する前提として、住民が行政の決定にかかわる事項に関して判断するための十分な情報を入手しうることが保障されている必要がある（情報公開制度については☞第14講）。

2　国民・住民が行政の意思決定に参加する仕組み〔設問1〕

行政手続を、その目的から、**権利保護手続**と**参加手続**とに分類することがある。権利保護手続とは、たとえば、公安委員会が自動車の運転免許の取消しまたは停止処分をするにあたって処分にかかる者から意見を聴取したり聴聞を行ったりする場合のように処分の相手方の権利保護を目的として行われる手続である。これに対して、参加手続は、たとえば都市計画の案の作成に際して、

公聴会を開いて案についての住民の意見を聞いたり、計画案について意見書の提出を求めて利害関係を有する者の意見を聞いたりする手続であり、行政がより適切な決定を行うための情報収集を行うことを目的とする民主主義的な見地からする行政手続である。行政手続は、ほぼそのすべてが多かれ少なかれいずれの目的をも有しており、相互に排他的であるわけではない。ただし、行政手続を経て行われる行政の意思決定が、一般的な政策、行政基準、行政計画、行政指導の指針、行政処分のいずれであるか、法効果が具体的であるか、抽象的なものに止まるかなどによって、行政手続もより権利保護の要素を強くもつものから、より民主主義的な参加の要素を強くもつものがある。住民参加は、権利保護手続の要素よりも民主主義的な参加の要素をより強く有する手続である。

このような住民参加の手続として、憲法をはじめとする法令ではどのような手続が定められているだろうか。住民参加手続を定める主な法律の規定を概観する。

(1) 地方自治特別法についての住民投票

これは行政の行う決定ではなく、立法機関である国会の意思決定への参加であるが、憲法は、「一の地方公共団体のみに適用される特別法」については、「法律の定めるところにより、その地方公共団体の住民の投票においてその過半数の同意を得なければ、国会は、これを制定することができない」と定める(憲法95条)。「一の」地方公共団体と定められているが、複数であっても、適用対象となる地方公共団体が特定されている場合はこれにあたると解されている。本条は、法律が特定の地方公共団体に限って適用され、当該地方公共団体の住民の意思に反してほかの地方公共団体と差別的に取り扱いが行われることのないようにする趣旨から、法律の制定を当該地方公共団体の住民投票にかからしめたものである。この住民投票の規定は、国会が唯一の立法機関であるとされていること(憲法41条)に対する例外として、当該地方公共団体の住民意思を尊重する趣旨を定める。

> **KEY WORD**
> 特定の地方公共団体にのみ適用される法律を**地方自治特別法**と呼び、その制定には住民投票における過半数の同意を必要とする。

(2) 直接請求と住民投票

　地方自治法は、住民が一定数以上の選挙権を有する者の署名を集めて行う直接請求の制度を定め、条例の制定改廃請求、事務の監査請求、議会の解散請求、議員・長・その他の役職員（副知事・副市町村長、選挙管理委員もしくは監査委員または公安委員会の委員）の解職請求の4種類がある。これらの直接請求も行政の重要事項に直接に住民の意思を反映させる制度である。直接請求が成立しても、条例の制定改廃については住民が提案した条例案は議会によって否決されることがある。また事務監査請求についても直接請求は監査委員による監査の契機となるがその結論を左右するものではない。議会の解散請求および議員等の解職請求については直接請求が成立した場合に、解散および解職についての有権者による投票が行われなければならず（地方自治法76条3項・80条3項・81条2項）、過半数の同意をもって解散および解職となる（同法78条・83条）。

　市町村の合併の特例等に関する法律も、有権者の50分の1以上の者の連署による直接請求によって合併協議会の設置を求めることができることを定め（4条1項・5条1項）、請求をこの直接請求があった市町村（合併請求市町村）の議会が否決し、すべての合併対象市町村（合併請求市町村が行うべき市町村合併の相手方となる市町村）の議会が可決した場合には、合併請求市町村長の請求により、または選挙権を有する者の6分の1以上の連署によって、合併協議会設置について選挙人の投票に付すことができ（4条10項・11項・5条11項・15項）、投票で過半数の賛成があれば合併協議会設置について合併請求市町村の議会が可決したものとみなされる（4条17項・5条26項）。合併協議会の設置に限定されるが、市町村合併を住民からの発議によって進める仕組みが作られている。

　法律に基づく住民投票としては、特別区の設置にかかわる住民投票もある。大都市地域における特別区の設置に関する法律は、2012年「道府県の区域内において関係市町村を廃止し、特別区を設けるための手続並びに特別区と道府県の事務の分担並びに税源の配分及び財政の調整に関する意見の申出に係る措置について定めることにより、地域の実情に応じた大都市制度の特例を設けること」を目的として制定された。特別区の設置には特別区を設置しようとする市町村と都道府県知事の設置協定書をそれぞれの議会に付議して承認を求めると

ともに、特別区の設置について選挙人の投票に付さなければならない（7条1項）。この住民投票の結果は、特別区の設置に対して拘束力を有する。2015年5月17日、大阪市を廃止して24の行政区を5つの特別区に再編する案について住民投票が行われ、1万741票差で否決された（☞**補論1「大都市制度のあり方」**）。

(3) 住民監査請求と住民訴訟

　このほか、地方自治法は、地方公共団体の財務会計上の行為に関する住民監査請求を定め、当該地方公共団体の住民が、違法または不当な地方公共団体の財務会計行為に関して監査委員の監査を求め、その防止、是正、その行為によって地方公共団体が被った損害の補填に必要な措置等を求めることができることとしている（242条）。さらに、この監査請求の結果に対して不服がある場合には、裁判所に当該財務会計行為の違法を主張して、当該地方公共団体の機関に対して訴訟を起こして、当該行為を行った職員等に対して損害賠償命令を発出することを義務付けることを求めるなどの住民訴訟を提起することが認められている（242条の2）。判例は、住民訴訟制度の意義について、「地方自治の本旨に基づく住民参政の一環として、住民に対しその予防又は是正を裁判所に請求する権能を与え、もつて地方財務行政の適正な運営を確保することを目的としたもの」であり、「地方公共団体の判断と住民の判断とが相反し対立する場合に、住民が自らの手により違法の防止又は是正をはかることができる点に、制度の本来の意義がある」（最判昭53・3・30民集32・2・485、最判昭61・2・27民集40・1・88）と述べている（住民訴訟制度の詳細については☞**第15講**）。

(4) 公聴会の開催および意見書提出

　都市計画法は、都市計画とは都市の健全な発展と秩序ある整備を図るための土地利用、都市施設の整備および市街地開発事業に関して、市町村または都道府県が定める計画としているが、「都市計画の案を作成しようとする場合において必要があると認めるときは、公聴会の開催等住民の意見を反映させるために必要な措置を講ずる」こととし（16条1項）、また「地区計画等の案は、意見の提出方法その他の政令で定める事項について条例で定めるところにより、そ

の案に係る区域内の土地の所有者その他政令で定める利害関係を有する者の意見を求めて作成するものとする。」としている (16条2項)。 さらに、都市計画の決定については、あらかじめ、決定する旨を公告し、当該都市計画の案を2週間公衆の縦覧に供しなければならず、公告があれば「関係市町村の住民及

> **KEY WORD**
> **公聴会**では、基本的に公述人が一方的に意見を述べ、記録されるにとどまる（参照、土地収用法施行規則5条～12条）。

び利害関係人は、同項の縦覧期間満了の日までに、縦覧に供された都市計画の案について」都道府県または市町村に、意見書を提出することができる (17条1項・2項)。 これらの手続について都道府県または市町村は、条例で必要な規定を定めることができるとされている (17条の2)。

　これらの手続の目的は、計画案の内容をより適切なものとするための行政による情報の収集にあって、当該計画案にかかわる市民の利害について市民に主張の機会を与えることが主たる目的ではない。ただし、主に情報の提供という趣旨であるとしても、公述された内容や提出された意見の扱われ方について何の定めもないことに対して従来から批判のあるところである。後述のように、都市計画案と同等またはそれ以上に法効果が抽象的である命令等の策定について行政手続法で意見公募手続が義務付けられているが (39条1項)、この手続では公募に応じて提出された意見が命令等制定機関によって十分に考慮されなければならず (42条)、提出意見を考慮した結果とその理由等が公示されなければならないと定められている (43条1項)。 これと比較して都市計画法に基づく公聴会や意見書提出についてはそのような考慮義務や考慮の結果の公示さえも規定がない点で不備が指摘されてきた。

　公聴会の開催は、行政計画の作成について住民の意見を反映させる措置の例示として規定されている場合が多い (景観法9条1項、地域再生法17条の7第8項、大規模災害からの復興に関する法律10条5項等)。 意見書の提出は、「住民及び利害関係人」が地域指定の案等について提出できるなどとされ提出意見の取扱いについて一定の規定を定める例もある (景観法74条3項・4項・82条2項・83条2項、津波防災地域づくりに関する法律72条4項・5項等)。

(5) 申請に対する処分における意見聴取手続

　行政手続法は、「行政運営における公正の確保と透明性……の向上を図り、もって国民の権利利益の保護に資することを目的とする」法律であるが、ここにいう「国民の権利利益」は、主には、処分等の直接の名宛人となるものをさし、普通、当該処分によって権利利益に影響を受ける第三者の権利利益を含むものではない。しかし、同法10条は、「行政庁は、申請に対する処分であって、申請者以外の者の利害を考慮すべきことが当該法令において許認可等の要件とされているものを行う場合には、必要に応じ、公聴会の開催その他の適当な方法により当該申請者以外の者の意見を聴く機会を設けるよう努めなければならない。」と定める。許認可等の申請に対する処分の場合に、処分の根拠法令が、申請者以外の者の利害の考慮を処分の要件とする場合に限り、かつ行政庁の努力義務としてではあるが、処分の第三者による参加の機会を保障すべきことを定めている。

(6) 命令等制定手続における意見公募手続

　行政手続法の目的は、上記(5)に見たとおりであるが、この目的規定は維持されたまま、2005年の同法の改正により、同法39条が、命令等制定に際して、「命令等制定機関は、命令等を定めようとする場合には、当該命令等の案(命令等で定めようとする内容を示すものをいう。……)及びこれに関連する資料をあらかじめ公示し、意見(情報を含む。……)の提出先及び意見の提出のための期間……を定めて広く一般の意見を求めなければならない。」と意見公募手続の実施義務を定めた。意見公募を実施して命令等を定めるに当たっては、実施機関はその実施の周知と実施に関連する情報の提供に努めることとされている(行政手続法41条)。命令等制定機関は、意見提出期間内に提出された当該命令等の案についての意見を「十分に考慮しなければならない」(同法42条)。意見公募手続を実施して当該命令等が定められる場合、その公布と同時に、命令等の題名、案の公示の日、提出意見、提出意見を考慮した結果とその理由を公示しなければならない(同法43条1項)。

(7) 条例に基づく住民投票

地方公共団体が、条例を制定して住民投票を実施している。1982年高知県「窪川町原子力発電所設置についての住民投票に関する条例」が初めて住民投票を制度化した条例であった。ただし、この条例に基づく投票は実施されなかった。最初に条例に基づいて住民投票が実施されたのは、1996年8月新潟県「巻町における原子力発電所建設についての住民投票に関する条例」に基づく住民投票である。巻町（2005年に新潟市に編入合併された）で東北電力が原子力発電所の設置を計画し、同町が有していた土地を用地として東北電力に売却することへの賛否を問う住民投票が実施された。条例に基づく住民投票の多くは、市区町村のものであるが、都道府県でも1996年9月の「沖縄県日米地位協定の見直し及び基地の縮小整理に関する県民投票条例」のような例もある。

住民投票を定める条例には、原子力発電所の建設、産業廃棄物処分場の設置、庁舎の建て替えの可否等個別的な政策に関する賛否や案について住民の意見を問う個別テーマ型の住民投票条例と、常設型の住民投票条例として、市長が、「市民の意思を直接問う必要があると認めるとき」、または条例で定める投票資格者名簿に登録されている者の総数の3分の1以上の者の連署をもって市長に対して書面により住民投票を請求できる（愛知県高浜市）などを定めるものがある。常設型には、「自治基本条例」という名称の条例として制定されているものもある。

住民投票条例による住民参加について節を改めて論じる。[1]

3 住民投票とその拘束力〔設問2〕

(1) 事例

次のような住民投票の事例がある。

アメリカ軍普天間基地の過密状態を緩和するためヘリポート基地を沖縄県名護市に移設することが計画されたことに対して同市市民らの間で反対運動が起

---
[1] 各種行政過程に用いられる審議会が利益代表委員によって構成される場合、住民参加の手法の1つと位置づけうる可能性はある。

こり、直接に基地建設に対する意思を自ら表示したいとする市民がその手段として住民投票の実施を求め、市民投票条例の制定を求める直接請求が行われた。直接請求が成立して市長はヘリポート基地建設に関して賛否を市民に問う市民投票条例案を提案して同市議会が「名護市における米軍のヘリポート基地建設の是非を問う市民投票に関する条例」を可決成立させた。同条例3条2項は、「市長は、ヘリポート基地の建設予定地内外の私有地の売却、使用、賃貸その他ヘリポート基地の建設に関する事務の執行に当たり、地方自治の本旨に基づき市民投票における有効投票の賛否いずれか過半数の意見を尊重するものとする。」と定めていた。

この条例に基づいて住民投票が実施され、基地建設に「賛成」が2562票、「環境対策や経済効果に期待できるので賛成」が1万1705票、「反対」が1万6254票、「環境対策や経済効果に期待ができないので反対」が385票という結果となり、「反対」が過半数を占め、名護市民は、ヘリポート基地受入れを拒絶した。しかし、市長は、海上ヘリポート基地建設の受け入れを表明するとともに市長の職を辞任する旨の意思を明らかにした。

(2) 住民投票制度に関する議論

この住民投票条例は、上記2(2)の条例制定の直接請求に基づいて制定されたものであるが、同様に住民投票条例の制定が直接請求に基づく場合は多い。逆に、直接請求自体は必要な有権者の署名を集めて成立したが、条例制定を議会が拒否する例も見受けられる（たとえば、2012年に、原発の是非を問う住民投票条例の制定を求め大阪市では5万5000人分、東京都では32万3000人分の署名が提出されたが、いずれも議会で条例制定が否決された）。

導入の経過がどうあれ、条例による住民投票の導入については、地方自治行政が基本的に選挙で選ばれた代表によって行われる間接民主制をとることとの関係で合法的であるか否かが論じられてきたほか、住民自治を活性化するものとして積極的に評価するものから、必ずしも公正な主権者の意思を表すとは限らないとしてその導入に慎重な意見もある。以下、住民投票の合法性と住民自治にとって望ましいかどうかにかかわる議論の状況を紹介する。

まず、上記2(1)、(2)、(5)および(6)の憲法や法律に基づく住民投票と条例に基づく住民投票との法制度としての大きな相違点は、前者の住民投票の結果が憲法や法律によって最終的な決定の内容を左右することとなっており、そのことの適法性・合法性が問題となることはないのに対して、条例に基づく住民投票についてはその結果が最終的な決定を拘束することになるとすればその住民投票条例の合法性または適法性が問題となることがあげられる。地方自治法においては、地方公共団体の意思決定は、住民から選挙された議会または首長が行うこととされていることと抵触するためである。このため、住民投票条例は、住民投票の結果がそれ自体拘束力をもって当該地方公共団体の意思を決定する（決定型住民投票）のではなく、首長や議会が最終的意思決定を行う際にその結果を参考とするという諮問型住民投票として住民投票を定めている。住民投票条例は、設問の事例のように住民投票の結果を「尊重するものとする」、「尊重しなければならない」などと規定して、尊重を義務付けてはいるが投票結果と異なる結論を妨げない趣旨の規定とすることでその適法性を保っているといえる。

　事例に関して、市長が住民投票の結果に反して米軍ヘリポート基地建設を受け入れたことが違法であるとして名護市民が提起した国家賠償請求に関する裁判例である那覇地判平12・5・9判時1746・122も、次のように述べていた。

　「本件条例は、住民投票の結果の扱いに関して、その3条2項において、『市長は、ヘリポート基地の建設予定地内外の私有地の売却、使用、賃貸その他ヘリポート基地の建設に関係する事務の執行に当たり、地方自治の本旨に基づき市民投票における有効投票の賛否いずれか過半数の意思を尊重するものとする。』と規定するに止まり（以下、右規定を「尊重義務規定」という）、市長が、ヘリポート基地の建設に関係する事務の執行に当たり、右有効投票の賛否いずれか過半数の意思に反する判断をした場合の措置等については何ら規定していない。そして、仮に、住民投票の結果に法的拘束力を肯定すると、間接民主制によって市政を執行しようとする現行法の制度原理と整合しない結果を招来することにもなりかねないのであるから、右の尊重義務規定に依拠して、市長に市民投票における有効投票の賛否いずれか過半数の意思に従うべき法的義務があるとまで解することはできず、右規定は、市長に対し、ヘリポート基地の建設

に関係する事務の執行に当たり、本件住民投票の結果を参考とするよう要請しているにすぎないというべきである。」

条例に基づく住民投票が合法的であるとして、その導入については、一方で次のような慎重論が主張されている。すなわち、住民投票はプリミティブな手法であって、扇動の具となりやすく、必ずしも公正な主権者の意思を表すとはかぎらないがそれにもかかわらず結果が重く受け止められる。そのため住民意思が公正に反映されるよう準備するとともに、当該事項が住民投票になじむかどうか、投票の結果がスムーズに貫徹できるかなどを吟味して、投票にかかるコストも配慮して慎重に判断されるべきである、という。

これに対して、住民投票はある問題に関して住民の生の意思表示として貴重な機会であるとする意見もある。特に住民投票の仕組みでは、首長や議員の選挙、リコールの住民投票の場合と異なって、投票における争点が1つであること、また投票権者は、公職選挙法に定められた有権者に限定する必要はなく、18歳未満の住民や外国籍の住民にも投票権を認める仕組みとすることが可能であり、政治参加を広く認める制度とすることができる点を評価する意見もある。

住民投票の結果に示された住民の意思を首長や議会が尊重して決定を行うことは、間接民主主義を否定するのではなく、これを補完してより直接的に当該事項に関する住民の意思を地方公共団体の決定に対して反映し、行政による決定を慎重にさせる意義を有するものと考えられる。

【発展問題：国民投票と代議制民主主義の関係】
　2016年6月、イギリスでは、EUから離脱するか、残留するかに関する国民投票（レファレンダム）が実施され、離脱1741万0742票（51.9％）、残留1614万1241票（48.1％）、無効2万5359票（投票率72.2％）で、離脱支持の投票が上回った。この国民投票自体は、2015年キャメロン首相が率いた保守党の選挙公約で実施が謳われ、法律を制定して実施された。法律は投票結果が政府の意思を拘束することを定めてはいなかったが、イギリスはEUから離脱する手続を進めることとなった。国民投票実施時の議会庶民院の650議席のうち離脱派は147人（22.6％）にとどまり、残留派が454人（69.8％）を占めていた。2015年の総選挙の結果として議席数に示された国民の意思と国民投票の結果のいずれが国民の意思ととらえられるべきであろうか、またこの場合の議員の選挙を通じた代議制民主主義と国民の直接参加

第 13 講　米軍基地建設への賛否

> との関係は、地方自治体の長や議員の選挙を通じた代議制民主主義と住民投票との関係の場合と同様に考えられるだろうか。

【参考文献】
・野口貴公美「行政過程における住民参加」髙木光・宇賀克也編『行政法の争点』(有斐閣、2014年) 90頁
・兼子仁『変革期の地方自治法』(岩波書店、2012年)
・角松生史「手続過程の公開と参加」磯部力・小早川光郎・芝池義一『行政法の新構想Ⅱ──行政作用・行政手続・行政情報法』(有斐閣、2008年) 289-312頁
・原田尚彦『行政法要論〔全訂第7版、補訂2版〕』(学陽書房、2012年) 70頁
・田村悦一『住民参加の法的課題』(有斐閣、2006年)
・室井力・榊原秀訓編『住民参加のシステム改革──自治と民主主義のリニューアル』(日本評論社、2003年)

第14講　官官接待——情報公開制度

【設　問】

かつて地方公共団体の中には、職員が中央省庁の官僚を接待するいわゆる官官接待を繰り返し行っていたところがあり、大きな問題になった。この問題は、住民が情報公開制度に基づき、食糧費と呼ばれる予算区分の支出に関する文書の開示請求を行ったことをきっかけとして、明らかになったものである。そこで次の問いを考えてみよう。

〔設問1〕　情報公開制度はどのような理念や根拠に基づく制度だろうか。また、官官接待の問題からすると、情報公開制度は行政に対していかなるインパクトを与えるものだろうか。情報公開制度が果たしうる役割として、他にどのようなことが考えられるだろうか。

〔設問2〕　食糧費の支出に関する文書には、地方公共団体が実施した各種会議・懇談会の目的、日時、開催場所、出席者の氏名などの情報が記載されている。情報公開制度に基づく開示請求に対して、地方公共団体は、食糧費の支出に関する文書を開示すれば不利益や不都合が生じると主張することがあった。そこでいう不利益や不都合として、どのようなことが考えられるだろうか。また、地方公共団体の主張は認められるものだろうか。

〔設問3〕　官官接待の問題を受けて、現在では食糧費や交際費の支出状況をホームページで自発的に公開している地方公共団体も少なくない。こうした能動的な情報提供と比べると、国民・住民の開示請求を前提とする情報公開制度にはどのような欠点があるだろうか。また、能動的な情報提供にも問題点はないだろうか。

1　本講の課題

情報公開制度とは、国や地方公共団体などが保有する情報を、国民・住民の請求に基づいて開示する制度である。国においては「行政機関の保有する情報

の公開に関する法律」(以下では情報公開法という)が制定され、都道府県・市町村においても、2014年10月1日時点で、2つの町を除いて情報公開条例が制定されている。この情報公開制度はいかなる目的をもち、どのような役割を果たしているのか。また、現在の情報公開制度に問題点や限界はないのか。それらの問題、さらには情報公開制度の具体的な仕組みにつき、【設問】の官官接待の例を素材として、基本的事項を理解することが本講の課題である。

2　官官接待と情報公開制度

(1)　官官接待とは何か

【設問】の中で述べたとおり、官官接待とは主には地方公共団体の職員による中央省庁の官僚の接待を指す。[2] それは国からの補助金の獲得にとって有効であるといった理由から行われていたのであるが、なかには1つの地方公共団体が1年間で1000回を超える接待を行ったり、1人当たり1回の費用が数万円に上るような極めて高額な接待がされることもあった。官官接待の費用は、食糧費や交際費と呼ばれる予算区分から支出されていた。食糧費とは、さまざまな会議・懇談会で提供される茶菓子、弁当、食事代などに要する経費であり、交際費とは、地方公共団体を代表して外部と交渉するため、接遇、儀礼、交際などに要する経費である。いずれも不適切な官官接待に支出することには当然に問題がある。

(2)　情報公開による問題の発覚とその後の対応

官官接待の問題が明らかになったきっかけは、食糧費の支出に関する文書の開示請求である。1994年に仙台市の市民団体が、宮城県情報公開条例に基づいて、同県各課の食糧費の支出に関する文書の開示請求を行い、開示された文書

---

1)　さらに、国が設置した独立行政法人などの法人の情報公開に関しては、「独立行政法人等の保有する情報の公開に関する法律」が制定されている(独立行政法人については☞第4講)。

2)　ただし、市町村の職員が都道府県の職員を接待するケースもあった。

を分析検討したところ、官官接待の実態が判明した。こうした動きに呼応して、1995年には全国規模の市民団体が、各地の情報公開条例を利用し、47都道府県の1993年度の食糧費の支出に関する文書の開示請求を一斉に行った。そのうち40の道府県が文書を開示したが、その文書を分析検討した結果によれば、40の道府県の東京事務所、財政課、秘書課が1993年度に支出した食糧費は27億円余に上り、その大半が官官接待に使われていたというのである。

マス・メディアも官官接待の問題を頻繁に取り上げるようになり、世論の批判が高まった。その結果、多くの地方公共団体が食糧費や交際費を大きく削減したり、官官接待の原則廃止や大幅な縮小を行ったりした。宮城県や高知県などは知事が自ら官官接待の廃止を表明している。また、秋田県においては、官官接待の問題が原因となって知事が辞職に追い込まれている。現在では食糧費や交際費の支出状況をホームページで公開している地方公共団体も少なくない。

3　情報公開制度の理念と役割〔設問1〕

(1)　情報公開制度の理念

さて、官官接待の問題を明らかにするために用いられた情報公開制度は、1982年に山形県金山町と神奈川県が情報公開条例を制定したのを皮切りに、まずは地方公共団体で設けられた。国においては、1で述べたとおり、1999年に情報公開法が制定されている。この情報公開制度はいかなる理念を基礎とするものだろうか。それは究極的には国民主権の原理にあるといえる。

憲法は前文で「主権が国民に存する」と述べているように、国民主権の原理を明確にしている。国民主権の原理によれば、国政に関する最終的な判断は国民が下すことになる。しかし、国政がどのように行われているのか分からなければ、国民がその判断をすることは難しい。それゆえ、国や地方公共団体などが保有する情報を開示する、情報公開制度が求められるというわけである。

情報公開制度が国民主権の原理に基づくものであることは、情報公開法1条にも示されている。情報公開法の目的について定めた同条は、次のように規定している。

第14講　官官接待

情報公開法1条（目的）
　この法律は、国民主権の理念にのっとり、行政文書の開示を請求する権利につき定めること等により、行政機関の保有する情報の一層の公開を図り、もって政府の有するその諸活動を国民に説明する責務が全うされるようにするとともに、国民の的確な理解と批判の下にある公正で民主的な行政の推進に資することを目的とする。

　情報公開法1条については、さらに「政府の有するその諸活動を国民に説明する責務が全うされるようにする」という表現があることも注目される。ここでは、**説明責任**または**アカウンタビリティ**という考え方が示されている。この考え方は国民主権の原理から導かれると考えられるが、情報公開制度の根拠は説明責任の確保にも求められるのである。[3]

　その一方で、情報公開制度の根拠として、「**知る権利**」の実現が挙げられることもある。「知る権利」はさまざまな内容をもつ概念であるが、情報公開制度との関連では国や地方公共団体などが保有する情報の開示を求めることができる権利を意味し、憲法21条が根拠とされる。情報公開法の制定過程においては、1条の目的規定の中で「知る権利」を明示するかどうかが議論された。しかし、上記の意味での「知る権利」に関する最高裁判所の判例が未だなかったこと、ならびに、学説の理解も一致していなかったことから、「知る権利」という文言を目的規定に盛り込むことは見送られた。[4]

　なお、国の情報公開法の制定は、政治過程においては行政改革と結び付けられていたということがある。情報公開によって非効率な組織や業務が明らかにされれば、それに対する世論の批判を受けて行政改革を進めることができると考えられたのである。そこでは、情報公開法が規制緩和政策を推進するための手段の1つとしても位置づけられていた。

---

[3] もっとも、5で述べるように、情報公開制度に基づいて開示される情報は加工されていない生の情報であるから、説明責任の確保が情報公開制度の根拠であるといっても、そこでいう「説明」という言葉は通常イメージされるものとはズレがあるように思われる。

[4] ただし、神奈川県や大阪府のように、地方公共団体の情報公開条例の中には目的規定や前文において「知る権利」を明記するものもある。

(2) 情報公開制度が果たしている役割

　以上の理念や根拠に基づく情報公開制度は、実際にはどのような役割を果たしているのだろうか。2で紹介した官官接待の問題の経緯からすると、情報公開制度は主には行政の監視、ならびに、その運営や業務の見直しに寄与しているといえる。そのような例としては、情報公開を契機とする公共事業の見直しも挙げることができる。

　また、住民基本台帳の閲覧制度の見直しのように、法制度の改正を促すこともある。住民基本台帳とは、住民の情報が記載された住民票を編成したものであり、各市町村に備え付けられている。以前は住民基本台帳の記載事項のうち、氏名、生年月日、性別、住所はリストにされ、町名などごとに簿冊にまとめられて、原則として誰でもそれを閲覧することができた。しかし、事業者が閲覧制度を利用して住民の情報を入手し、ダイレクトメールを送付するといった問題が指摘されていたところ、あるNPOの呼びかけにより、全国各地で閲覧制度の利用状況に関する情報の開示請求が行われた。その結果、閲覧制度の利用実態に加えて、個人情報の保護に配慮しない、市町村のずさんな運用も明らかになった。これが1つのきっかけとなって、2006年に住民基本台帳法が改正され、現在では若干の例外を除いて住民基本台帳の閲覧は認められていないのである。[5]

　さらに、かつてマス・メディアは、情報公開制度が設けられると、制度にのっとった形でしか行政から情報が提供されなくなり、従来の取材源が損なわれるとの理由から、情報公開制度の導入に対してあまり熱心ではなかった。だが、今ではマス・メディアも情報公開制度を利用して取得した情報を分析し、その結果を新聞やニュースで伝える例がしばしば見られる。

　他方で、情報公開制度の導入により、公務員の間でも意識の変化が生じたといわれている。すなわち、通常の業務の段階から、情報公開を意識して文書を作成するようになったと指摘されている。国民・住民が情報の開示請求を行う可能性があるということは、文書作成以外の場面でも、公務員の行動に対して

---

5) なお、住民基本台帳の閲覧制度は、住民票の写し等の交付の制度とは別のものである。

相当なインパクトがあるだろう。

4 情報公開制度の仕組み〔設問2〕

(1) 請求権者・対象機関・対象文書

では、情報公開制度は具体的にどのような仕組みになっているのだろうか。1で述べたとおり、国民・住民の請求に基づいて、国や地方公共団体などが保有する情報を開示するというのが、情報公開制度の大まかな仕組みである。こうした仕組みは、国の情報公開法と地方公共団体の情報公開条例のいずれにおいても共通するので、以下では専ら国の情報公開法に即して説明するが、そこでは、①開示請求ができる者（請求権者）に限定はないのか、②国のどの機関（対象機関）の、③いかなる情報について開示を求めることができるのか、ということがまずは問題になる。③は、通常は文書に情報が記録されているので、いかなる文書の開示を請求することができるのか（対象文書）、という問題であるといえる。

① 請求権者

請求権者について、情報公開法制定以前の情報公開条例は、「住民」または「住民および当該地方公共団体に通勤・通学する者」といった限定をしていた。それに対して、情報公開法3条は次のように定めている。

情報公開法3条（開示請求権）
　何人も、この法律の定めるところにより、行政機関の長（……）に対し、当該行政機関の保有する行政文書の開示を請求することができる。

つまり、情報公開法は請求権者の範囲を全く限定していないのである。3(1)で述べたように、情報公開制度が国民主権の原理に基づくものであることからすれば、請求権者を日本国民に限ることも考えられるだろう。しかし、そのような限定を行っても、外国人が日本国民に請求を依頼することによって容易にすり抜けられてしまうし、また、外国の情報公開制度は請求権者を限定していないことが多いので、情報公開法は誰でも開示請求をできるようにしたといわ

れている。そして、情報公開法の制定を受けて、多くの地方公共団体も誰でも開示請求をできるようにしている。[6]

② 対象機関

次に、対象機関は情報公開法2条1項に規定されている。それを見ると、国の行政機関が広くカバーされており、警察関係の情報を保有する国家公安委員会や警察庁、外交・防衛関係の情報を保有する外務省や防衛省なども対象機関に含まれている。かつての都道府県の情報公開条例は、警察関係の情報をもつ都道府県公安委員会や警察本部（東京都の場合は警視庁）を対象機関としていなかった。だが、情報公開法が制定された現在では、すべての都道府県がそれらの機関も対象機関としている。

他方で、情報公開法においては、国会や裁判所は対象機関とされていない。これに対して、都道府県と市町村のほぼすべてが、議会を情報公開条例の対象機関としている（2014年10月1日時点で都道府県・政令指定都市の100％、市町村・東京23区の99.4％）。国会と裁判所の情報公開は内部規程に基づいて行われているに過ぎず、法律で国会と裁判所に関する情報公開制度を設けることが今後の課題である。

③ 対象文書

そして、対象文書に関しては、情報公開法2条2項に以下のような規定がおかれている。

情報公開法2条（定義）
② この法律において「行政文書」とは、行政機関の職員が職務上作成し、又は取得した文書、図画及び電磁的記録（電子的方式、磁気的方式その他人の知覚によっては認識することができない方式で作られた記録をいう。以下同じ。）であって、当該行政機関の職員が組織的に用いるものとして、当該行政機関が保有しているものをいう。〔以下省略〕

この規定でまず注目されるのは、紙の文書、図画のみならず電磁的記録も対

---

6) だが、依然として請求権者を住民などに限っている地方公共団体もある。また、誰でも開示請求をできるようにしながら、住民などとそれ以外の者で開示請求に係る手数料に差をつけているところもある。

【コラム：文書管理のルールの必要性】

　情報公開法は対象文書について、「行政機関が保有しているもの」としており、現に保有していない文書に対して開示請求が行われたときは、文書不存在を理由とする不開示決定が下される。そうすると、3(2)で述べたように公務員の間で意識の変化が見られるようになってきたといっても、文書を恣意的に作成・取得しなかったり廃棄したりして、文書の開示を回避するおそれがある。そのようなおそれに対して、たとえば北海道ニセコ町情報公開条例13条1項2号は、開示請求に係る文書が存在しない場合、行政機関は当該文書を作成または取得しなければならない旨を定めている。だが、情報公開制度が骨抜きにされないためにより重要なことは、文書管理のルールを設けることである。

　国の行政機関の文書管理に関して、以前は「行政文書の管理方策に関するガイドライン」というものが作られていた。しかし、これは内部規程にとどまり、法律で文書管理のルールを設けることが求められていたところ、2009年7月に「公文書等の管理に関する法律」（以下では公文書管理法という）が制定された。そこでは、一定事項について文書を作成しなければならないこと、行政文書の名称・保存期間・保存期間満了日を設定しなければならないこと、行政文書を廃棄しようとする場合にはあらかじめ内閣総理大臣に協議しその同意を得なければならないこと等が規定されている。もっとも、情報公開法の場合と同じく、公文書管理法は国会や裁判所の文書を対象としておらず、それらの機関の文書管理に関するルールを法律で設けることなどが課題として残されている。

　他方で、地方公共団体においては、条例で文書管理のルールを規定しているところは少なく（2015年1月5日時点で都道府県の10.6%、政令指定都市の20.0%、市町村・東京23区の0.7%）、ほとんどは規則や要綱等で定めているに過ぎない。文書管理のルールを全く設けていない地方公共団体もある。公文書管理条例の一層の拡大が望まれるところである。

象になっているということである。今日では、パソコンのハードディスク、USBメモリー、DVDといった記憶媒体に情報が記録される比重が大きくなっており、電磁的記録に対しても開示請求ができるようにしたことは妥当だろう。

　次に、上記の規定は対象文書の基準として、㋐「行政機関の職員が職務上作成し、又は取得した」もの、㋑「行政機関の職員が組織的に用いるもの」、ならびに、㋒「行政機関が保有しているもの」の3つを挙げている。このうち、従前の情報公開条例との関係で注意をしたいのが㋑の基準であり、それは**組織共**

用基準と呼ばれている。

　以前の情報公開条例は対象文書を**決済・供覧済み文書**のみとしていた。決裁とは、行政機関の意思決定の権限を有する者が押印、署名等を行うことにより、その内容を行政機関の意思として決定し、または確認する行為をいう。供覧とは、意思決定の権限を有する者などの閲覧に供する行為を指す。つまり、かつての情報公開条例は、対象文書を行政機関の内部的な意思決定手続を終了した文書に限っていたのである。

　しかし、そうした限定を加えることに対しては、決裁・供覧前の起案文書やそのような手続を経ない文書も開示請求の対象に含めるべきとの批判があった。そこで、情報公開法は組織共用基準を採用し、行政機関の職員が組織的に用いているものであれば決裁・供覧済みでなくても開示請求の対象とされたのである。今では、多くの情報公開条例も決裁・供覧済みの基準に代えて組織共用基準を取り入れている。もっとも、組織共用基準によっても、たとえば職員の個人的なメモは対象文書に当たらない。

(2) 不開示情報

　情報公開法2条1項が定める行政機関の長に対して、同条2項にいう行政文書の開示請求を行えば、原則として当該文書の開示決定が行われる。だが、行政文書が開示されることによって、一定の不利益や不都合が生じる場合も考えられる。そこで、開示原則の例外として、情報公開法5条は不開示情報に関する規定をおいている。そこでは、㋐個人情報、㋑法人・団体情報、㋒防衛・外交情報、㋓警察情報、㋔審議検討情報（意思形成過程情報）、㋕事務事業情報が一定の要件の下で不開示情報とされている。行政文書に含まれている情報がすべて不開示情報に当たる場合は不開示決定が下されるが、一部が不開示情報に該当するに止まるときは部分開示決定が行われる（情報公開法6条）[7][8]。

---

7)　ただし、情報公開法7条は、行政文書に不開示情報が記録されている場合であっても、公益上特に必要があると認めるときは、当該文書を開示することができると定めている。これは裁量的開示と呼ばれているが、その適用例は少ない。

8)　なお、開示請求は行政手続法2条3号の「申請」に当たり、開示請求に対する決定に

情報公開制度に関しては、この不開示情報の問題が活発に議論されている。官官接待発覚のきっかけとなった食糧費の支出に関する文書の開示請求においても、そこに記録されている情報が不開示情報に当たるかどうかということが問題になった。

まず争いがあったのは、情報公開法5条でいう事務事業情報に該当するかどうかであった。すなわち、食糧費の支出に関する文書には、（官官接待の場合も含めて）会議・懇談会の目的、日時、開催場所、出席者の氏名などの情報が記載されているが、これらの情報が開示されれば会議・懇談会の内容が推測されることになる。それゆえ、食糧費の支出に関する文書を開示すれば、会議・懇談会の相手方が不快、不信の感情を抱いて信頼関係が損なわれ、今後、会議・懇談会への参加を拒否されるなどしてその目的を達成できなくなるという主張が、地方公共団体からなされたのである。

たしかに、公共事業に必要な土地を買収するため、その所有者と会合を行う場合のように、会議・懇談会の中には内密な協議が求められるものもある。そこでは地方公共団体の主張もうなずけるだろう。だが、会議・懇談会が常にそのような性格をもつわけではない。とりわけ、官官接待が関係するような中央省庁の官僚との事務打ち合わせについて、上記の地方公共団体の懸念は認められるものではない（最判平6・2・8民集48・2・255を参照）。

また、会議・懇談会に出席した公務員の氏名を個人情報として不開示にすべきかどうかも問題とされた。氏名を開示すれば当該公務員の私生活に影響が及ぶ可能性があるというのである。しかし、それに対しては、会議・懇談会に出席した公務員の氏名は私事に関する情報ではなく、また、情報公開制度の根拠の1つである説明責任を確保するためには、職務遂行に係る公務員の氏名も開示することが必要であると考えることもできる。最高裁判所の判例も、大阪市の食糧費の支出に関する文書の不開示決定が争われた事例において、次のように述べて会議・懇談会に出席した公務員の氏名は原則として不開示情報に該当しないとしている。

　　ついては、同法第2章の「申請に対する処分」に関する規定が適用される（☞**第6講**）。

最判平15・11・11民集57・10・1387

「本件条例〔当時の大阪市公文書公開条例〕は、市民の市政参加を推進し、市政に対する市民の理解と信頼の確保を図ることを目的とし、そのために市民に公文書の公開を求める権利を保障することとしており（1条）、実施機関に対し、『個人に関する情報』の保護について最大限の配慮をしつつも、公文書の公開を請求する市民の権利を十分尊重して本件条例を解釈適用する責務を負わせている（3条）。このように、本件条例は、大阪市の市政に関する情報を広く市民に公開することを目的として定められたものであるところ、同市の市政に関する情報の大部分は、同市の公務員（特別職を含む。）の職務の遂行に関する情報ということができる。そうすると、本件条例が、同市の公務員の職務の遂行に関する情報が記録された公文書について、公務員個人の社会的活動としての側面があることを理由に、これをすべて非公開とすることができるものとしているとは解し難いというべきである。そして、国又は他の地方公共団体の公務員の職務の遂行に関する情報についても、国又は当該地方公共団体において同様の責務を負うべき関係にあることから、同市の市政に関する情報を広く市民に公開することにより市政に対する市民の理解と信頼の確保を図ろうとする目的を達成するため、同市の公務員の職務の遂行に関する情報と同様に公開されてしかるべきものと取り扱うというのが本件条例の趣旨であると解される。」

今日、地方公共団体の情報公開条例の中には、愛知県情報公開条例7条2号ただし書ハのように、公務員の氏名が開示情報であることを明示するものも少なくない。他方で、国の情報公開法は、個人情報でありながら例外的に開示される情報の1つとして、公務員の職および職務遂行の内容に関する情報を挙げているに止まる（情報公開法5条1号ただし書ハ）。しかし、公務員の氏名についても、現在は「各行政機関における公務員の氏名の取扱いについて」という申合せにより、同法5条1号ただし書イの「法令の規定により又は慣行として公にされ、又は公にすることが予定されている情報」に該当するものとして、原則開示するという方針がとられている。

なお、会議・懇談会の出席者のうち、公務員でない者の氏名については、個人情報として不開示情報に当たる。

(3) 救済制度

① 救済制度の存在理由

ところで、上で紹介した判例は、不開示決定が裁判で争われた結果として出

【コラム：特定秘密保護法】

　2013年12月に「特定秘密の保護に関する法律」（以下では特定秘密保護法という）が制定された。この法律は、わが国の存立を守り、国民の安全を確保していくためには、その前提として、安全保障に関する秘匿性の高い情報の保護についてルールを整備する必要があるという考えに基づいて作られたものである。特定秘密保護法の制定に向けた動きは、2010年11月の尖閣諸島中国漁船衝突映像流出事件をきっかけとして、当時の民主党中心の連立政権においても見られたが、それを2012年12月の政権交代後に、自民党・公明党政権が引き継いだ。

　特定秘密保護法の大まかな仕組みは、防衛、外交など法律の別表に掲げられた事項に関する未公開情報のうち、「その漏えいが我が国の安全保障に著しい支障を与えるおそれがあるため、特に秘匿することが必要であるもの」を、防衛大臣など行政機関の長が「特定秘密」として指定し、その漏えい行為や取得行為等に対しては厳しい刑罰を科すというものである。だが、特定秘密保護法に対しては、「特定秘密」の指定が恣意的に行われるおそれがある、報道機関の取材活動を萎縮させるとともに、国政に関する重要な情報が国民に秘匿される、といった批判が相次いだ。また、法案を作成する過程では、国の収入支出の決算を行う会計検査院から、「特定秘密」とされた情報を記録する文書等が会計検査院に提出されないことになれば憲法90条との関係で問題があるとして、法案の修正が求められたこともあった。

　本講が扱う情報公開法との関係でいえば、「特定秘密」とされた情報は、通常は情報公開法5条3号・4号の防衛・外交情報、警察情報として、不開示情報に当たるとされるだろう。しかし、不開示決定に対して、この後に本文で述べる行政上の不服申立てが行われた場合、その実質的な審理を行う情報公開・個人情報保護審査会に「特定秘密」が提供されることになる（特定秘密保護法10条1項3号）。情報公開・個人情報保護審査会が審査をするのは、情報公開法にいう不開示情報の該当性であって、「特定秘密」の指定の当否ではない。だが、審査の結果、問題の情報は不開示情報に当たらず開示をすべきとの判断が下された場合には、「特定秘密」の指定は解除されることになっている（2014年10月14日閣議決定「特定秘密の指定及びその解除並びに適性評価の実施に関し統一的な運用を図るための基準」Ⅰ2(2)）。

されたものであった。もし開示請求をした者が不開示決定を違法と考える場合に、裁判所に訴えることができなければ、行政機関が恣意的に不開示決定を行うことになりかねず、情報公開法が開示請求権を認めたといっても画餅に帰するおそれが

> 💡 **KEY WORD**
> 法令では、その条文の内容を分かりやすくするために表が使われることがあるが、法令の最後におかれる表は**別表**と呼ばれる。

ある。情報公開制度の恣意的な運用を統制し、開示請求権を保障するためには、裁判所による救済の仕組みが不可欠である。[9]

それゆえ、開示請求に対する決定に不服がある者は、裁判所に訴えを提起することができる。もっとも、情報公開をめぐる争いにおいては、実際には、訴えの提起に先立ってまずは**行政上の不服申立て**というものが行われることがほとんどである。行政上の不服申立てとは、行政活動に不服をもつ者が行政機関に対して申立てを行い、行政機関がそれに関する審理・判定をすることによって、紛争の解決を図る制度である。このように、先行して行政上の不服申立てが行われるのは、それが救済にとって有効に働いているからであるが、その要因は、情報公開制度に関する不服申立てにおいて次の2つの特徴的な仕組みが設けられていることにある。

② 情報公開制度における不服申立ての仕組み

(a) 情報公開・個人情報保護審査会への諮問

第1に、情報公開法19条によると、不服申立てを受けた行政機関の長は、若干の例外を除いて、総務省（2016年3月末までは内閣府）に設置された**情報公開・個人情報保護審査会**に諮問をすること、すなわち意見を求めることが義務づけられている。諮問を受けた情報公開・個人情報保護審査会は、不服申立ての対象とされた決定について審査を行い、その結果を行政機関の長に答申する。そして、行政機関の長は答申を尊重して不服申立てに対する裁決を下す。この裁決は実際には答申に従ったものであり（もっとも、わずかではあるが例外もある）、実質的には情報公開・個人情報保護審査会が不服申立てに対する判断をしているといえる。

このような仕組みは、もともとは地方公共団体の情報公開条例において設けられたものであり、それが情報公開法に取り入れられている。情報公開・個人情報保護審査会は、元裁判官、元検事、弁護士、行政法専攻の大学教授などから構成され、専門中立的な立場から審査を行っている。審査によって当初の決

---

9) さらに、個人や法人・団体に関する情報について違法に開示決定が行われることにより、それらの権利・利益が侵害される場合にも、裁判所による救済の仕組みが不可欠である。以下の救済制度に関する説明は、そのような場合にも当てはまる。

> **【コラム：情報公開法改正案】**
> 　本文で述べた情報公開法の問題点に対しては、情報公開法の改正の動きがあった。2009年9月に政権交代により民主党中心の連立政権が誕生した後、2010年4月に行政刷新担当大臣を座長とする「行政透明化検討チーム」が設けられ、情報公開法の見直しが行われた。そして、同年8月に「行政透明化検討チーム」は報告書として「行政透明化検討チームとりまとめ」を公表し、これに基づいて政府において情報公開法改正案が作成され、2011年4月に国会に提出された。本文で述べた点との関係では、改正案は、目的規定での「知る権利」の保障の明示、公務員等の氏名の原則開示、裁判におけるインカメラ審理の導入、情報提供制度の充実といった内容を盛り込んでいた。改正案は審議未了のまま2012年11月の衆議院解散により廃案となったが、その意義は否定されるものではない。

定がくつがえされることも少なくない。[10]

(b) インカメラ審理

　第2に、情報公開・個人情報保護審査会は**インカメラ審理**と呼ばれるものを行うことができる（情報公開・個人情報保護審査会設置法9条1項）。これは、不服申立人その他の者に問題の行政文書を見せることなく（さもないと開示決定を下したのと同じになってしまう）、審査会だけで見分をして審理を行うことである。インカメラ審理も、地方公共団体で実務上行われてきた方式を導入したものである。これによって、情報公開・個人情報保護審査会は問題の文書を実際に見た上で審査を行っており、それが積極的な審査につながっていると思われる。

　それに対して、裁判で開示請求に対する決定が争われる場合には、インカメラ審理は認められていない。したがって、裁判所は問題の文書を見ることができず、その内容を当事者の陳述や問題の文書以外の証拠から推測して、開示請求に対する決定が違法かどうかを判断しなければならない。裁判においてインカメラ審理が認められない理由について、学説では憲法82条が定める裁判の公

10）　たとえば、情報公開・個人情報保護審査会は平成28年度に情報公開法に係る答申を839件出しているが、そのうち52件が当初の決定の全部を妥当でないとし、122件が当初の決定の一部を妥当でないとしている。http://www.soumu.go.jp/main_sosiki/singi/jyouhou/index.html（総務省情報公開・個人情報保護審査会HP）

開の原則との関係が問題とされてきた。それに対して、最高裁判所の判例は、訴訟上の原則によれば、証拠が提出された場合、当事者の双方にそれを吟味する機会が与えられなければならないといった根拠を挙げている（最決平成21・1・15民集63・1・46）。さらにこの判例は、法律で明文の規定を設ければ裁判においてインカメラ審理を行うことも可能であり、それは憲法82条に違反しないと考えているようである。裁判での審理を充実させるためにも、法律でインカメラ審理に関する規定をおくことが求められる。

5　情報公開制度の限界——能動的情報提供の必要性〔設問3〕

(1)　情報公開制度の限界

　以上、情報公開制度の具体的な仕組みについて説明をしてきたが、情報公開制度による情報の開示は、国や地方公共団体などが国民・住民の請求を受けていわば受動的に行うものである。そこでは、国民・住民は開示を受けるために対象文書を特定して請求の手続を行わなければならず、得られる情報も個別的・断片的なものにとどまるだろう。また、情報公開制度に基づいて開示される情報は、加工されていない生の一次情報であり、国民・住民にとって分かりにくいことが多い。もっとも、一次情報の分かりにくさの問題に対しては、職員が分かりやすい文書の作成に努めたり、情報の開示に際して職員が説明を加えるといった方策が考えられる。

　しかし、それでも情報公開制度には次のような限界もある。情報公開制度のみによった場合、公共事業などの特定の政策や案件について情報の開示がなされるのは、それに関する行政の決定が行われた後という可能性が高いということである。この点は、4(2)で触れた審議検討情報（意思形成過程情報）が不開示情報とされていることにまずは起因する。だが、たとえ不開示情報に当たる場合を厳格に解したとしても、特に関心を払っていない限り、行政の決定が行われてから初めて国民・住民が特定の政策や案件について知るということが少なくないだろう。あるいは、国民・住民が特定の政策や案件について行政が決定をする前に知ったとしても、それから開示請求を行い情報の開示を受けて、そ

れを分析検討するまでには一定の時間を要し、その間に行政の決定が行われるという状況も考えられる。

情報公開制度に基づく情報の開示は、行政の決定までの過程を事後的に検証したり、決定の修正や撤回の提案をしたりすることには活用できる。しかし、行政の決定の前に情報を得て、決定に国民・住民の意見を反映させることにはあまり役立たないのである。

(2) 能動的情報提供の必要性

それでは、以上のような情報公開制度の限界は、どのようにして克服することができるだろうか。情報公開制度の限界の原因が、国民・住民からの請求を前提とする受動的な情報の開示という点にあるとすれば、国や地方公共団体などが能動的に情報提供を行っていくことが考えられる。

この点に関して、情報公開法は24条において、「政府は、その保有する情報の公開の総合的な推進を図るため、行政機関の保有する情報が適時に、かつ、適切な方法で国民に明らかにされるよう、行政機関の保有する情報の提供に関する施策の充実に努めるものとする。」と定めている。また、たとえば東京都情報公開条例35条2項は、「実施機関は、同一の公文書につき複数回開示請求を受けてその都度開示をした場合等で、都民の利便及び行政運営の効率化に資すると認められるときは、当該公文書を公表するよう努めるものとする。」という規定をおいている。ここでは、複数回開示請求がなされたことから住民が関心をもっていると思われる情報を積極的に提供することにより、住民の開示請求の負担や行政の事務負担を軽減することが意図されていると思われる。2(2)において、地方公共団体の中には食糧費や交際費の支出状況をホームページで公開しているところがあると述べたが、それも能動的情報提供の一例として整理することができるだろう。

能動的情報提供にあっては、生の一次情報のみならず、国民・住民にとって分かりやすい、加工された情報を提供することも可能である。さらに、「知る権利」の保障や説明責任の確保を充実させる見地からすれば、特定の政策や案件について行政が決定を行う前に、それに関する情報を国民・住民に積極的に

提供することも考えられるだろう。**第5講**および**第13講**で取り上げた意見公募手続ないしパブリック・コメント手続には、政省令などの制定に先立ってその原案を公示することにより、国民・住民に対する説明責任を果たしているという側面もある。

能動的情報提供が広がっていけば、情報公開制度の利用は少なくなっていくかもしれない。だが、その場合でも情報公開制度がなくなることはないといえる。国や地方公共団体などが能動的に情報を提供する際には、情報の取捨選択をせざるをえない。そのようにして提供された情報は、国民・住民が求める情報と合致しないことがある。また、提供された情報が加工されたものであるとき、真実性や客観性を欠いているおそれがあり、そのチェックをするためには加工される前の一次情報を確認することが不可欠である。これらの場合においては、情報公開制度を利用して必要な情報を取得することになるのである。他方で、能動的情報提供が充実すれば、情報公開制度に基づく開示請求もよりポイントを捉えたものになることが期待される。

(3) 国民・住民の意見を反映させる機会の確保

このように、能動的情報提供と情報公開制度が相まって、行政と国民・住民の間で情報の共有が進められることが望ましいとしても、それだけではまだ十分でないだろう。情報を取得した国民・住民の意見を行政の決定に反映させる機会を確保することも要請されるのである。**第13講**で扱った住民参加は、そのような方法の1つである。逆に、情報の共有が住民参加が機能する必要条件の1つであるともいえるだろう。

【発展問題：情報公開制度の濫用】

近年、極めて大量の行政文書の開示請求が行われたり、特定の者が同じ開示請求を繰り返すなど、情報公開制度の濫用といえる事例が見られ、地方公共団体の中には頭を悩ませているところもある。このような濫用的な開示請求にも応じなければならないとすれば、業務の支障や担当職員の疲弊を招くことになる。情報公開制度は広く開示請求権を認めているが、だからといってその濫用が許されるわけではない。しかし、たとえば一定量以上の文書の開示請求を一律に濫用的なものとして扱

うことは、行政の監視のために大量の文書を見ることが必要な場合もある以上、正当な開示請求を制約してしまうと思われる。安易に情報公開制度の濫用と認定すれば、他の者の正当な開示請求を萎縮させてしまうかもしれない。情報公開制度の濫用に対して、地方公共団体はどのような対応をしているのだろうか。【参考文献】を手がかりに調査をした上で、その対応が適切なものかどうかを考えてみてほしい。また、先ほどの【コラム】で取り上げた情報公開法改正案も、濫用的な開示請求に対する対応策を定めているので、あわせて見てほしい。

【参考文献】

- 須見正昭『官官接待と情報公開』（三一書房、1997年）
- 松井茂記『情報公開法〔第2版〕』（有斐閣、2003年）
- 芝池義一「情報公開制度論」神長勲・紙野健二・市橋克哉編『公共性の法構造——室井力先生古稀記念論文集』（勁草書房、2004年）177頁以下
- 行政管理研究センター編『情報公開制度改善のポイント』（ぎょうせい、2006年）
- 宇賀克也『新・情報公開法の逐条解説〔第7版〕』（有斐閣、2016年）
- 地方公共団体の情報公開条例・公文書管理条例等の制定状況について
    http://www.soumu.go.jp/iken/main.html（総務省HP）
- 情報公開法改正案について
    http://www.cas.go.jp/jp/houan/177.html（内閣官房HP）
- 住民基本台帳の閲覧制度の見直しについて
    三木由希子「住民基本台帳の閲覧で問われる自治体責任」都市問題96巻12号（2005年）4頁以下
    宇賀克也『個人情報保護の理論と実務』（有斐閣、2009年）353頁以下
- 情報公開制度の濫用について
    藤原静雄「情報共有の政策法務」北村喜宣ほか編『自治体政策法務——地域特性に適合した法環境の創造』（有斐閣、2011年）487頁以下
    曽我部真裕「濫用的な情報公開請求について」法学論叢176巻2・3号（2014年）305頁以下

第15講　税金の無駄遣いか、政策実現のコストか
──行政契約と住民訴訟

【設　問】

A市役所内で使用されているパソコンは、その大部分の使用年数が10年以上に達しており、しかも、これらのパソコンに搭載された基本ソフト（OS）のサポート期限が迫ってきたため、A市は、セキュリティ対策として、次年度中にこのOSが搭載されたパソコンはすべて買い換える方針を決めた。以上のケースを念頭に置いて、次の問いを考えてみよう。

〔設問1〕　A市は、パソコンの購入先をまったく自由に決めることができるだろうか。たとえば、A市内でOA機器販売店を営むB社の社長はA市長の小中学校時代の同級生であるから、という理由で、A市はB社からパソコンを購入すると決めることが許されるだろうか。それとも、A市がパソコンの購入先を決めるときに従わないといけない何らかのルールがあるのだろうか。

〔設問2〕　A市がパソコンの購入先を決めるときに、A市が掲げる政策を実現する目的で、購入先を選ぶことはできるだろうか。たとえば、女性の就業を積極的に推進してきたA市としては、全従業員に占める女性の割合を考慮して、女性の割合が一番高いから、という理由で、C社からパソコンを購入することを検討しているが、これは許されるだろうか。

〔設問3〕　（1において）A市はB社からパソコンを購入した、あるいは、（2において）A市はC社からパソコンを購入したが、しかし実はD社からであれば、もっと安くパソコンを購入できたという場合、自分たちが支払った税金を無駄遣いされたと感じたA市民であるEは、無駄遣いされた分の税金をA市に取り戻すために、どのような手段をとることが考えられるだろうか。

1　本講の課題

受講生の皆さんが大学や大学院に入学して勉学のためにパソコンが必要になったとか、これまで使っていたパソコンが古くなったので買い換えたいという場合に、どの店で、どのメーカーのどの機種を、いくらで買おうと、それは

皆さんの自由である。自宅の近くにたまたま家電量販店があったから、という理由だけで、その店からパソコンを買うことにしても構わないし、また、美人の店員さんやイケメンの店員さんが薦めてくれたから、という理由だけで、あるメーカーのある機種を買うことにしても構わない。結局のところは、皆さんがパソコンを買うためのお金は、皆さんの財布（場合によっては、皆さんの保護者の財布）の中から出ているからである。

　ところが、【設問】に登場するA市のような行政体がパソコンを買い換えるという場合には、そのような訳にはいかない。A市がパソコンを買い換えるためのお金は、元を辿ると、国民が支払った税金だからである。自分が汗水垂らして働いて手にしたお金から税金を支払っている（法的にいえば、強制的に支払わされている）国民としては、A市が買ったパソコンが本当はもっと安く買えたとか、A市が支払った金額で本当はもっといいパソコンが買えたとすれば、「行政による税金の無駄遣い」に納得がいかないだろう。さらにいえば、A市がパソコンに余計なお金を使ったせいで、割を食って実施できなかった公共政策が出てくるかもしれず、このように考えると、国民が何となく腹が立つというだけで話は済まなくなる。しかしながら、A市がパソコンを買い換えるときに、少々余計なお金を使ったとしても、その結果として、A市民が望ましいと考える公共政策を実現することにつながれば、A市が余計に使ったお金は、「行政による税金の無駄遣い」とは言い切れないだろう（地方自治法2条14項を参照）。たとえば、**グリーン購入法**（正式名称は、国等による環境物品等の調達の推進等に関する法律）3条が、物品等の調達に当たって、環境物品等への需要の転換を促進するため、予算の適正な使用に留意しつつ、環境物品等を選択することを国などの努力義務としていることから窺われるように、行政体が何か物品を購入するときは、公共政策を実現する1つのチャンスでもある。

　B社にせよC社にせよ、A市がパソコンの購入先を決めると、最終的にはその購入先との間で売買契約（民法555条以下）を締結することになる。そこで、本講では、**国や地方公共団体などの行政体が一方の当事者となって締結される契約**である**行政契約**について、【設問】の事例に即して、さまざまな問題を考えてみることにしよう。

2　行政契約の法的規制〔設問1〕

(1)　法律の根拠の要否

　まず、行政体が行政契約を締結するためには、法律の根拠が必要かどうか、という問題がある。「法律の留保の原則」の及ぶ範囲については、すでに、①侵害留保説、②権力留保説、③全部留保説、④重要事項留保説という学説があることを学んだ（☞第2講）。行政契約は、行政体が一方の当事者となるという特徴を別にすると、基本的には契約であるので、両当事者の合意に基づく非権力的な行政活動である。そうすると、これらの学説のうち、①侵害留保説か②権力留保説をとるかぎり、行政契約には法律の根拠は要求されない（ただし、公害防止協定に関する議論〔☞第7講〕から明らかなように、法律の優先の原則との関係で、契約の内容に限界があることは別の話である）が、③全部留保説か④重要事項留保説をとれば、行政契約に法律の根拠が要求される可能性が出てくる。

　それでは、③全部留保説か④重要事項留保説をとるとして、A市がパソコンの売買契約を締結するために、法律の根拠が要求されるだろうか。行政契約は、大きく、**行政体と国民との間の契約**と**行政体間の契約**に分かれ、前者は、さらに、**私行政分野での契約**と**公行政の分野での契約**（給付行政のための契約、規制行政のための契約）に分かれる（私行政と公行政について☞第2講。規制行政と給付行政について☞第4講、第10講）。そして、A市が市役所内で使用するパソコンを購入することは、皆さんが自分の勉学のためにパソコンを購入することとパラレルに理解することができるから、A市が締結するパソコンの売買契約は、国民と同様の立場で行う私行政分野での契約に該当する。③全部留保説は、公行政についてはすべて法律の根拠を要求するが、私行政について法律の根拠を要求しないので、この見解によると、A市が締結するパソコンの売買契約には法律の根拠が要求されないことになる。他方で、④重要事項留保説をとると、A市によるパソコンの購入がはたして行政の重要事項に当たるかどうか、が問われることになるが、やはり法律の根拠は要求されないであろう。

(2) 行政契約の手続

　たとえ、A市によるパソコンの購入には法律の根拠は要求されないとしても、だからといって、A市がパソコンを購入するときに、皆さんがパソコンを購入するのとまったく同じように自由に振る舞えるわけではないということは、すでに述べたとおりである。実際にA市がパソコンの売買契約を最終的に締結するに至るまでに、どのような手続を踏まないといけないのだろうか。

　第1に、A市が一定の行政契約を締結するときには、A市議会の議決が要求され（地方自治法96条1項5号以下）、これによって、A市が締結する行政契約の内容を、A市民の代表である議会がコントロールできることになる。もっとも、あらゆる行政契約について議会の議決が必要であるとすると、契約がスムーズに締結できず、行政活動が停滞してしまうので、どのような種類および金額の契約の締結や、財産の取得または処分について議会の議決が要求されるのか、政令の基準に従って条例で定めることとされている（同条1項5号・8号）。パソコンのような動産の買入なら、都道府県においては7000万円以上、指定都市においては4000万円以上、市においては2000万円以上、町村においては700万円以上の金額のものが政令の基準であり（地方自治法施行令121条の2・別表第4）、たとえば、京都市の議会の議決に付すべき契約及び財産の取得又は処分に関する条例（昭和39年京都市条例第32号）3条では、予定価格の金額が1件につき8000万円以上の動産の買入について、議会の議決が必要とされている。

　したがって、A市のパソコンの購入予定価格がA市の条例で定める金額以上のものである場合には、A市がパソコンの売買契約を締結するときに、A市議会の議決が必要である。もっとも、この場合でも、A市がパソコンを1度に発注するのではなく、次年度中に何回かに分けて発注することにすれば、1回の購入予定価格をA市の条例で定める金額未満にすることが可能である。A市がパソコンを何回かに分けて発注する合理的な理由を説明できなければ、地方自治法とそれに基づく条例の規定の潜脱ではないか、といった問題が生じる（最判平16・6・1判時1873・118を参照）。

　第2に、A市が行政契約を締結するときには、一般競争入札、指名競争入札、随意契約またはせり売りの方法がある（地方自治法234条1項）が、原則として、

> **KEY WORD**
> 本文の**行政契約の方法**を整理すると、まずは、競争の方法によるかどうかで競争契約と随意契約に分かれ、前者の競争契約が競争入札とせり売りに分かれ、さらに、競争入札が一般競争入札と指名競争入札に分かれる。

一般競争入札の方法をとらなければならず、指名競争入札、随意契約またはせり売りの方法をとることができるのは、政令で定める場合に該当するときだけである（同条2項、地方自治法施行令167条～167条の3）。一般競争入札と指名競争入札の違いは、入札に参加する機会を誰にでも与えるかどうか、ということであるが、いずれにせよ競争入札の方法をとると、原則的に、「契約の目的に応じ、予定価格の制限の範囲内で最高又は最低の価格をもって申込みをした者を契約の相手方とする」（地方自治法234条3項本文）ことになる[1]。

したがって、これらの原則に従うかぎり、A市がパソコンの売買契約を締結するときには、一般競争入札の方法をとることが必要であり、結果的に、予定価格の制限の範囲内で最低の価格をもって申込みをした者と契約を締結しなければならないことになる。そうすると、A市は、B社の社長がA市長の小中学校時代の同級生であるから、という理由で、A市はB社からパソコンを購入すると決めることなど許されない。たしかに、A市がこのような一般競争入札の方法をとることによって、国民が危惧する「行政による税金の無駄遣い」を阻止することができるだろう。

とはいえ、上記の議会の議決と同様に、すべての契約についても一般競争入札（さらにいえば、競争契約）の方法をとらなければならないとすると、やはり行政活動に支障が生じるので、随意契約によることができる場合があり（地方自治法施行令167条の2第1項1号～9号）、パソコンのような財産の買入について、都道府県および指定都市においては160万円、市町村においては80万円の範囲内において普通地方公共団体（☞補論1「大都市制度のあり方」）の規則で定める額を超えないものであれば、随意契約によることができる（同条1項1号・別表第5）。たとえば、京都市契約事務規則（昭和39年京都市規則第67号）では、予

---

1) なお、「落札となるべき同価の入札をした者が2人以上あるときは、直ちに、当該入札者にくじを引かせて落札者を定めなければならない」（地方自治法施行令167条の9）とされている。

定価格が160万円以下であるときには、随意契約によることができる (26条)。したがって、A市としても、予定価格がA市の規則で定める額以下であれば、随意契約によってパソコンを購入することができるわけであるが、しかし、B社の社長がA市長の小中学校時代の同級生であるから、という理由で、B社からパソコンを購入することが契約権限の適法な行使といえるかどうか、はまったくの別問題である。A市がB社から一度パソコンを購入するだけであれば「たまたま」という説明が可能かもしれないが、B社だけから繰り返し購入していれば、平等原則違反（☞第3講）に該当することは明らかだろう。

3　行政契約を通じた公共政策の実現〔設問2〕

　このように、A市が、B社の社長はA市長の小中学校時代の同級生であるから、という理由で、B社からパソコンを購入しようとするのは論外であるとしても、全従業員に占める女性の割合が一番高いから、という理由で、C社からパソコンを購入しようとするのであれば、話は変わってくる。〔設問2〕にあるように、A市は、女性の就業を積極的に推進するという政策を掲げてきたのであり、さらに、この政策は、男女共同参画社会基本法などの法律とも無関係ではない。なるほど、A市が物品を購入するときには、このような理由で売買契約の相手方を選ぶということが周知されれば、A市に物品を購入してもらいたい企業としては、競って女性を雇い入れようとするかもしれない。仮に、A市がC社を購入先に決めた結果、少々割高なパソコンを購入することになったとしても、それは、A市が政策を実現するためのコストであると考えることができる。そうすると、とりわけ随意契約によってパソコンを購入することができる場合において、A市が全従業員に占める女性の割合が高い企業を優遇することは、直ちに平等原則に違反するのではなく、合理的な理由に基づくものと考える余地が出てくるだろう。

　他方で、A市が一般競争入札の方法をとることを要求される場合はどうだろうか。この場合でも、例外的に、「普通地方公共団体の支出の原因となる契約については、政令の定めるところにより、予定価格の制限の範囲内の価格を

もって申込みをした者のうち最低の価格をもって申込みをした者以外の者を契約の相手方とすることができる。」(地方自治法234条 3 項ただし書) ことがある。このような例外が認められる典型は、行政契約のうちの「工事又は製造その他についての請負の契約」であり、たとえば、「予定価格の制限の範囲内で最低の価格をもって申込みをした者の当該申込みに係る価格によってはその者により当該契約の内容に適合した履行がされないおそれがあると認めるとき」または「公正な取引の秩序を乱すこととなるおそれがあって著しく不適当であると認めるとき」である (地方自治法施行令167条の10第 1 項)。

しかし、「請負の契約」以外の「普通地方公共団体の支出の原因となる契約」についても、「当該契約がその性質又は目的から地方自治法第234条第 3 項本文又は前条〔167条の10〕の規定により難いものであるときは、これらの規定にかかわらず、予定価格の制限の範囲内の価格をもって申込みをした者のうち、価格その他の条件が当該普通地方公共団体にとって最も有利なものをもって申込みをした者を落札者とすることができる。」とされている (同令167条の10の 2 第 1 項)。これによると、A市が、全従業員に占める女性の割合が一番高いから、という理由で、C社からパソコンを購入することが許されるかどうかは、「パソコンの売買契約の性質または目的」から、予定価格の制限の範囲内で最低の価格をもって申込みをした者を契約の相手方とすることは困難であるといえるか、突き詰めていえば、「パソコンの売買契約の性質または目的」と「売主である企業の全従業員に占める女性の割合」との間に関連性があるかどうか、という問題にかかってくる。この問題を素直に考えてみると、肯定的な答えを与えることは、かなり難しいのではないだろうか。

ちなみに、A市がこのたびのパソコンの買い換えに絡めて、自らの政策を実現する手段がほかにないかどうか、検討してみると、入札に参加する資格を限定して、その資格を決める段階で、全従業員に占める女性の割合が高い企業を優遇することが考えられるだろう。

まず、一般競争入札ではなく、指名競争入札によることができるかどうか、が問題となるが、指名競争入札によることができる場合とは、「工事又は製造の請負、物件の売買その他の契約でその性質又は目的が一般競争入札に適しな

【コラム：公契約条例】

　行政契約を通じた公共政策の実現という観点から注目に値するのが、公契約条例である。全国の地方自治体において、公契約条例が制定され、その内容もさまざまであるが、ここでは、京都市公契約基本条例（平成27年京都市条例第12号）を取り上げることにしよう。この条例は、公契約（＝主に、同市が発注する工事もしくは製造の請負、業務の委託または物品の購入に係る契約）に関し、その基本方針、同市および受注者の責務その他の基本となる事項を定めることにより、①市内中小企業の受注等の機会の増大、②公契約に従事する労働者の適正な労働環境の確保、③公契約の適正な履行および履行の水準の確保ならびに④社会的課題の解決に資する取組の推進を図り、もって地域経済の健全な発展および市民の福祉の増進に寄与することを目的とするものである。この条例は、①から④の政策を実現するために、入札に参加する資格を制限するという方法ではなく、同市自身および受注者・下請負者等の責務、努力義務および法的義務（たとえば、「対象受注者」による労働関係法令遵守状況報告書の提出）を規定し、「対象受注者」や「対象下請負者等」が一定の法的義務に違反したときには公表という制裁手段で対応するという方法を採用している。

いものをするとき。」、「その性質又は目的により競争に加わるべき者の数が一般競争入札に付する必要がないと認められる程度に少数である契約をするとき。」および「一般競争入札に付することが不利と認められるとき。」（地方自治法施行令167条1号～3号）であり、やはり「パソコンの売買契約の性質または目的」と「売主である企業の全従業員に占める女性の割合」との間に関連性があるかどうか、という問題が引っかかってくる（なお、指名競争入札の参加者の資格が問題となった判例として、最判平18・10・26判時1953・122を参照）。

　次に、一般競争入札の参加者の資格を限定することができるどうか、という問題について、普通地方公共団体の長は、「前条〔167条の4〕に定めるもののほか、必要があるときは、一般競争入札に参加する者に必要な資格として、あらかじめ、契約の種類及び金額に応じ、工事、製造又は販売等の実績、従業員の数、資本の額その他の経営の規模及び状況を要件とする資格を定めることができる。」（地方自治法施行令167条の5第1項）とされ、「一般競争入札に参加する者に必要な資格を定めたときは、これを公示しなければならない。」（同条2項）

とされている。そうすると、A市は、一般競争入札に参加する者に必要な資格として、「全従業員に占める女性の割合」を要件とする資格を定めることになるが、ここで「全従業員に占める女性の割合」が経営の状況に当たるとしても、これを要件とする資格が必要となる種類や金額の契約として、果たして何が考えられるだろうか。

4 住民監査請求・住民訴訟制度〔設問3〕

(1) 制度の概要

ここまで検討してきたところによると、A市は、B社の社長がA市長の小中学校時代の同級生であるから、という理由で、B社からパソコンを購入すると決めることは許されないし、全従業員に占める女性の割合が一番高いから、という理由で、C社からパソコンを購入することも、購入予定価格が少額である場合を除くと、難しそうである。したがって、A市がB社やC社とパソコンの売買契約を締結すれば、それは「行政による税金の無駄遣い」であるといわれても仕方がないところがあるわけであるが、しかし、この「行政による税金の無駄遣い」が是正されることなく放置されたままであれば、これまでみてきた法制度は絵に描いた餅になってしまう。ここで、〔設問3〕に登場するEの望みをかなえる法制度が住民監査請求（地方自治法242条）と住民訴訟（同法242条の2）の制度である。以下では、両制度の概要をみておくことにしよう。

① 住民監査請求

住民監査請求を行う主体は、「普通地方公共団体の住民」であり、監査請求の対象となるのは、「当該普通地方公共団体の長若しくは委員会若しくは委員又は当該普通地方公共団体の職員」によるⓐ「違法若しくは不当な公金の支出、財産の取得、管理若しくは処分、契約の締結若しくは履行若しくは債務その他の義務の負担」、または、ⓑ「違法若しくは不当に公金の賦課若しくは徴収若しくは財産の管理を怠る事実」（ⓐとⓑをまとめて、**財務会計上の行為**または**財務会計行為**という）である（地方自治法242条1項）。したがって、A市の住民であるEは、A市のパソコン売買契約の締結を違法または不当と考えれば、住民監査請

第15講　税金の無駄遣いか、政策実現のコストか

求を行うことができる。

　住民監査請求を行う先は、監査委員（地方自治法195条以下）であり、請求の内容は、監査に加えて、ⓐの行為を防止し、もしくは是正し、もしくは、ⓑの怠る事実を改め、またはⓐの行為もしくはⓑの怠る事実によって当該普通地方公共団体の被った損害を補填するために必要な措置を講ずべきこと、である（同法242条1項）。さしあたり、Eとしては、「B社またはC社からパソコンを購入するのにかかった費用」と「仮にD社からパソコンを購入すればかかっただろう費用」との差額を「A市の被った損害」と捉えて、この損害を補填するために必要な措置を講ずべきことを請求することが考えられる。住民監査請求には期間の制限があり、ⓐの行為のあった日または終わった日から1年である（ただし、正当な理由があるときには、例外が認められる）（同条2項）。

　この住民監査請求を受けて、監査委員は監査を行う（同条4項）が、その際に、請求人に証拠の提出および陳述の機会を与えなければならない（同条6項）。監査委員は、この請求人の陳述の聴取を行う場合において、必要があると認めるときには、関係のある当該普通地方公共団体の長その他の執行機関または職員を立ち会わせることができ、他方で、関係のある当該普通地方公共団体の長その他の執行機関または職員の陳述の聴取を行う場合においても、必要があると認めるときには、請求人を立ち会わせることができる（同条7項）。

　この監査の結果、監査委員は、請求に理由がないと認めるときには、理由を付してその旨を書面により請求人に通知するとともに、これを公表しなければならない。逆に、監査委員が、請求に理由があると認めるときには、当該普通地方公共団体の議会、長その他の執行機関または職員に対し期間を示して必要な措置を講ずべきことを勧告するとともに、当該勧告の内容を請求人に通知し、かつ、これを公表しなければならない（同条4項）。[2] 以上の監査委員の監査および勧告は、住民監査請求があった日から60日以内に行わなければならない（同条5項。なお、監査および勧告の手続については、同条8項も参照）。

2）　なお、これらの手続が終了するまでの間、「回復の困難な損害を避けるため緊急の必要」があるなどの要件を充たすときに、監査委員は、これらの手続が終了するまでの間ⓐの行為を停止すべきことを勧告することができる（同条3項）。

そして、監査委員が、請求に理由があると認めて、勧告をしたときに、当該勧告を受けた議会、長その他の執行機関または職員は、当該勧告に示された期間内に必要な措置を講ずるとともに、その旨を監査委員に通知しなければならない。また、この場合においては、監査委員は、当該通知に係る事項を請求人に通知し、かつ、これを公表しなければならない（同条9項）。

② 住民訴訟

もし、A市民であるEが住民監査請求を行った結果、監査委員が請求に理由があると認めて、勧告を行い、それを受けて「A市の被った損害」を補填するために必要な措置が講じられれば、それで一件落着であるが、そうでなければ、Eは、次の手段を考えなければならない。その手段となるのが住民訴訟である。

住民訴訟を提起する資格（＝原告適格）を有する者は、「普通地方公共団体の住民」であり、住民監査請求をした場合において（＝監査請求前置主義）、ⓐ監査委員の監査の結果もしくは勧告に不服があるとき、もしくは、ⓑ監査委員の勧告を受けた普通地方公共団体の議会、長その他の執行機関もしくは職員の措置に不服があるとき、または、ⓒ監査委員が監査もしくは勧告を住民監査請求があった日から60日以内に行わないとき、もしくは、ⓓ監査委員の勧告を受けた議会、長その他の執行機関または職員が措置を講じないときには、住民訴訟を提起することができる（地方自治法242条の2第1項）。住民訴訟は「訴訟」であるから、提起する先は、裁判所であり、審理の対象となるのは、上記の財務会計上の行為・財務会計行為が違法であるかどうかだけで、（違法には至らない）不当であるかどうかは含まない（同条1項）。請求の内容は、次の4種類である（同条1項）。

- 当該執行機関または職員に対するⓐの行為の全部または一部の差止めの請求（1号請求）
- 行政処分たるⓐの行為の取消しまたは無効確認の請求（2号請求）
- 当該執行機関または職員に対するⓑの怠る事実の違法確認の請求（3号請求）

---

3) より正確には、「当該普通地方公共団体の事務所の所在地を管轄する地方裁判所」（地方自治法242条の2第5項）である。

・当該職員または@の行為もしくは⑥の怠る事実に係る相手方に損害賠償または不当利得返還の請求をすることを当該普通地方公共団体の執行機関または職員に対して求める請求（4号請求。ただし書は省略する）

　これらの請求のうちの4号請求に関する訴訟は、損害賠償または不当利得返還の請求をすることを当該普通地方公共団体の執行機関または職員に義務付けるよう求めるものであるので、一種の**義務付け訴訟**である。そして、A市民であるEが住民訴訟を提起するとすれば、やはり4号請求として、さしあたり、パソコンの売買契約を締結する権限を有していたA市の職員（個人）に損害賠償の請求をすることを、A市の権限ある執行機関または職員に対して求める請求をすることが考えられる。[4] この訴訟において、A市の職員（個人）は直接の被告ではないが、結果に重大な利害関係を有するので、参加できる仕組みになっている（地方自治法242条の2第7項～9項）。

　住民訴訟にも提起する期間（＝出訴期間）の制限があり、@の場合には、当該監査の結果または当該勧告の内容の通知があった日から30日以内、⑦の場合には、当該措置に係る監査委員の通知があった日から30日以内、⑦の場合には、当該60日を経過した日から30日以内、ⓒの場合には、当該勧告に示された期間を経過した日から30日以内である（同条2項・3項）。また、E以外にも、このたびのパソコンの売買契約の締結を「行政による税金の無駄遣い」と感じているA市民がいるかもしれないが、住民訴訟が係属しているときには、当該普通地方公共団体の他の住民は、別訴をもって同一の請求をすることができない（同条4項）。

　4号請求に関する住民訴訟において、原告の勝訴が確定した場合には、普通地方公共団体の長は、義務付け判決に従い、当該判決が確定した日から60日以内の日を期限として、当該請求に係る損害賠償金または不当利得の返還金の支払を請求しなければならない（地方自治法242条の3第1項）。もし、判決が確定した日から60日以内に当該請求に係る損害賠償金または不当利得による返還金

---

4) 4号請求に関する訴訟について、損害賠償を請求する権利が成立するためには、当該職員の故意・過失（民法709条）が必要である。

が支払われないときには、当該普通地方公共団体は、当該損害賠償または不当利得返還の請求を目的とする訴訟（=**2段目の訴訟**）を提起しなければならない（同条2項）。普通地方公共団体が訴訟を提起するときには、通常は議会の議決が必要である（地方自治法96条1項12号）が、この2段目の訴訟については、議会の議決を要しない（同法242条の3第3項）。したがって、Eの勝訴が確定し、A市長が、義務付け判決に従って、パソコンの売買契約を締結する権限を有していたA市の職員（個人）に対して損害賠償金の支払を請求したにもかかわらず、損害賠償金が支払われないときには、今度はA市が、このA市の職員（個人）を相手取って2段目の訴訟を提起することになる。このA市の職員（個人）がA市長（個人）である場合もある。このように普通地方公共団体がその長（個人）を相手取って2段目の訴訟を提起するときに、当該普通地方公共団体を代表するのは、（行政機関としての）その長ではなく、代表監査委員である（同条5項）。

　Eの訴えが認められると、「行政による税金の無駄遣い」に不服のあったE個人はもちろん留飲を下げることになるが、しかし、実際に利益を受けるのは、無駄遣いされた分の税金を取り戻したA市（A市民全員）である。そこで、Eが住民訴訟を提起して勝訴（一部勝訴を含む）した場合において、弁護士または弁護士法人に報酬を支払うべきときには、A市に対し、その報酬額の範囲内で相当と認められる額の支払を請求することができる（地方自治法242条の2第12項）。

(2) A市はどちらの味方か？

　このように、4号請求に関する住民訴訟の実質は、現行法では、義務付け訴訟であるが、地方自治法2002年改正前は、**代位訴訟**であった。すなわち、地方自治法2002年改正前の4号請求とは、「普通地方公共団体に代位して行なう当該職員に対する損害賠償の請求若しくは不当利得返還の請求又は当該行為若しくは怠る事実に係る相手方に対する法律関係不存在確認の請求、損害賠償の請求、不当利得返還の請求、原状回復の請求若しくは妨害排除の請求」（地方自治法242条の2第1項旧4号）であったのであり、【設問】のケースに即していうと、EがA市に代位して（つまり、A市の代わりに）、パソコンの売買契約を締結する権限を有していたA市の職員（個人）に対して損害賠償を請求するものであっ

たのである。たしかに、このような法制度は直截的なものである一方で、いくつかの欠点も指摘されていた。

　第1に、【設問】のケースにおいて、Eが住民訴訟を提起して争うのは、財務会計上の行為であるパソコンの売買契約の締結（の違法性）であるが、しかし、ケースによっては、住民訴訟において、財務会計上の行為それ自体よりも、財務会計上の行為に先行する行為（の違法性）が実質的に争われるということがある。たとえば、ある地方公共団体が神式の地鎮祭を挙行し、公金を支出したことについて住民訴訟が提起されて、地方公共団体が神式の地鎮祭を挙行することは、政教分離の原則（憲法20条3項）に違反するのであり、したがって、公金の支出は違法であると主張されるケースである（最大判昭52・7・13民集31・4・533を参照）。このようなケースにおいては、財務会計上の行為について権限を有していた職員（個人）が直ちに住民訴訟の被告となることは、この職員（個人）にとっていささか酷であり、住民訴訟の被告となるべきなのは、むしろ財務会計上の行為に先行する行為を組織的に行った普通地方公共団体の執行機関または職員なのではないか、と考えることができる。

　第2に、さらに、住民訴訟においては、莫大な金額の損害賠償が認められるケースがある。たとえば、京都市のポンポン山訴訟（どのような内容の事件だったかは、受講生の皆さんに調べてもらいたい）では、京都市の元市長に対して、約26億円の損害賠償が命じられた。このようなケースを考えると、益々、住民訴訟においては、財務会計上の行為について権限を有していた職員（個人）ではなく、普通地方公共団体の執行機関または職員がまずは矢面に立つべきである、ということになろう。

　したがって、地方自治法2002年改正によって、4号請求に関する住民訴訟の実質が代位訴訟から義務付け訴訟に変わったことは、財務会計上の行為について権限を有する職員（個人）を保護するものである。たしかに【設問】のケースのうち、〔設問2〕のように、A市が自ら掲げる公共政策を実現しようとして、結果的に違法なパソコンの売買契約を締結してしまったというケースにおいては、パソコンの売買契約を締結する権限を有していた職員（個人）がいきなり住民訴訟の被告になるのではなく、まずはA市の執行機関または職員が被告と

> 【コラム：普通地方公共団体の議会の議決による損害賠償請求権・不当利得返還請求権の放棄】
> 　実は、住民訴訟の中だけではなく、住民訴訟の帰趨にかかわりなく、A市がEではなく職員個人の味方をするということがありうる。それは、住民訴訟の結果として、普通地方公共団体が手にすることになる損害賠償請求権または不当利得返還請求権を議会の議決（地方自治法96条1項10号）によって放棄してしまうということである。果たしてこのようなことが許されるかどうか、という問題について、最判平24・4・20民集66・6・2583は、「住民訴訟の対象とされている損害賠償請求権又は不当利得返還請求権を放棄する旨の議決がされた場合についてみると、このような請求権が認められる場合は様々であり、個々の事案ごとに、当該請求権の発生原因である財務会計行為等の性質、内容、原因、経緯及び影響、当該議決の趣旨及び経緯、当該請求権の放棄又は行使の影響、住民訴訟の係属の有無及び経緯、事後の状況その他の諸般の事情を総合考慮して、これを放棄することが普通地方公共団体の民主的かつ実効的な行政運営の確保を旨とする同法〔地方自治法〕の趣旨等に照らして不合理であって上記の裁量権の範囲の逸脱又はその濫用に当たると認められるときは、その議決は違法となり、当該放棄は無効となるものと解するのが相当である。」と判示した。要は、普通地方公共団体の議会の議決による損害賠償請求権または不当利得返還請求権の放棄は一概に許されないというものではないけれども、実際に放棄が許されるかどうかについては、ケース・バイ・ケースの判断が必要とされたのである。

なって、いわば職員（個人）の味方をする必要性は小さくないかもしれない。しかし〔設問1〕のようなケースにおいてまで、A市が職員（個人）の味方となるべきなのだろうか。住民訴訟においてA市が職員（個人）に対してとるべき立場は決して一様なものではないだろう。

(3)　国民訴訟制度構想の是非と地方自治法2017年改正

　以上みてきた住民訴訟制度は、あくまでも普通地方公共団体による税金の無駄遣いをチェックするためのものであるが、さらに、国についても同様の制度を導入すべきであるという考え方がある（国民訴訟構想）。しかし他方で、これに対しては、国の行政活動を萎縮させるなどの理由で、消極的な意見があり、さらには住民訴訟制度についても、同様の理由から（第31次地方制度調査会「人口

減少社会に的確に対応する地方行政体制及びガバナンスのあり方に関する答申」23-25頁を参照)、地方自治法2017年改正は、普通地方公共団体が、条例を制定することにより、当該普通地方公共団体の長等が負う損害賠償の額を限定できる仕組みを導入することにした。ただし、いかなるときでも損害賠償の額を限定できるわけではなく、普通地方公共団体の長等が職務を行うにつき「善意でかつ重大な過失がない」ときに限られる(改正後の地方自治法243条の2第1項[5])。

5　まとめ

本講では、【設問】のケースに即して、行政契約にはどのような法的規制が及ぶか、また、その法的規制に行政体が違反して契約を締結することで「行政による税金の無駄遣い」が生じたときに、どのような是正手段があるか、ということを学んできた。〔設問1〕は、「行政による税金の無駄遣い」の典型的なケースであるが、〔設問2〕は、行政体が公共政策を実現する手段として行政契約を活用する過程で余分なお金がかかったケースであり、別の見方をすると、〔設問2〕は、行政が行政契約を活用して国民をコントロールしようとしたケースであるのに対し、〔設問3〕は、国民が監査委員と裁判所を利用して行政をコントロールしようとしたケースである。国民と行政がお互いをコントロールする方法は実に多様であり、本講ではそのうちのやや特殊な一端をみたことになる。

> 【発展問題：裁判所による行政活動のコントロールの意義と限界】
> 　本文の最後に「やや特殊な」といったのは、【設問】で登場した行政契約は、本来的には「女性の就業の促進」ではなく「パソコンの買換え」を目的とするものであるからであり、また、住民訴訟を担当する裁判所にとっては、客観的な法秩序の維持(行政の適法性の保障)よりも、国民の個人的な権利利益の保護が本来的な任務であると考えられているためである。裁判所が担当する行政事件訴訟は、大きく、主観

---

5)　また、地方自治法2017年改正は、監査請求の後に、普通地方公共団体の議会が損害賠償または不当利得返還の請求権その他の権利の放棄に関する議決をしようとするときには、あらかじめ監査委員の意見を聴くことを要求している(改正後の地方自治法242条10項)。

訴訟と客観訴訟に分かれるが、行政事件訴訟の中核を占める主観訴訟の目的は、国民の個人的な権利利益の保護であり、客観的な法秩序維持は副次的な効果に過ぎず、客観的な法秩序の維持を目的とする客観訴訟（住民訴訟もその１つである）は、どちらかといえば周辺に位置するものである。そして、行政活動をコントロールする手段は、裁判所が担当する行政事件訴訟だけではなく、行政機関自身が担当する行政不服審査や議会によるコントロールも考えられる。また、行政活動をコントロールするために、オンブズマンが、行政機関として設置されることもあれば、議会の内部に設置されることもある。さらには、行政活動を民営化することも、市場原理（競争原理）を基礎とした行政活動のコントロール手段の１つとみることができるだろう。これらのことを前提として、それでは、裁判所による行政活動のコントロールにはどこまで期待できるのだろうか。裁判所をその他の機構と比較すると、行政からの独立性という意味では期待できる一方で、提起された行政事件を審理するだけであるから、行政活動をコントロールする機会は限られている。住民訴訟は、普通地方公共団体の職員にとっては個人責任を問われかねないので、行政活動をコントロールする強力な手段であるが、本文で触れたように行政活動を萎縮させるおそれもある。行政統制制度および行政救済制度全体の枠組みの中で、行政事件訴訟制度にはどのような位置づけを与え、また、行政事件訴訟制度をどのように設計することが望ましいのだろうか。

【参考文献・参考HP】

・「京都市公契約基本条例」について
　http://www2.city.kyoto.lg.jp/rizai/chodo/koukeiyaku/koukeiyaku.htm（京都市HP）
・「公金検査請求訴訟制度（国民訴訟制度）」について
　http://www.nichibenren.or.jp/activity/document/opinion/year/2005/2005_41.html（日本弁護士連合会HP）
・第31次地方制度調査会「人口減少社会に的確に対応する地方行政体制及びガバナンスのあり方に関する答申」について
　http://www.soumu.go.jp/main_sosiki/singi/chihou_seido/singi.html（総務省HP）
・議会の議決による請求権放棄と住民訴訟制度の改正について
　大田直史「債権放棄議決と住民訴訟制度改革論」日本地方自治学会編『自治体行財政への参加と統制〈地方自治叢書28〉』（敬文堂、2017年）61頁以下

判例索引

最高裁判所

最判昭29・8・24刑集8・8・1372	91
最判昭33・5・1刑集12・7・1272	75
最判昭33・7・9刑集12・11・2407	76
最大判昭42・5・24民集21・5・1043	144
最判昭46・10・28民集25・7・1037	95
最大判昭47・11・22刑集26・9・554	95
最判昭49・11・6刑集28・9・393	76
最判昭50・4・30民集29・4・572	80
最判昭50・5・29民集29・5・662	54
最大判昭50・9・10刑集29・8・489	130, 169
最判昭52・12・20民集31・7・1101	36, 39
最判昭53・3・30民集32・2・485	202
最判昭53・5・26民集32・3・689	134, 166
最決昭55・9・22刑集34・5・272	24
最判昭60・1・22民集39・1・1	91
最判昭60・7・16民集39・5・989	132
最判昭61・2・27民集40・1・88	202
最判平1・11・8判時1328・16	171
最判平2・2・1民集44・2・369	77
最判平3・7・9民集45・6・1049	77
最大判平4・7・1民集46・5・437	95
最判平4・10・29民集46・7・1174	36
最判平6・2・8民集48・2・255	219
最判平6・9・27判時1518・10	165
最大判平7・2・22刑集49・2・1	130
最決平11・3・10刑集53・3・339	100
最判平14・7・9民集56・6・1134	170
最判平15・11・11民集57・10・1387	220
最判平18・2・7民集60・2・401	41
最判平18・10・26判時1953・122	235
最判平19・1・25民集61・1・1	156
最判平21・7・10判時2058・53	108
最判平22・6・29判時2089・74	125

最判平23・6・7民集65・4・2081 …………………………………………………………… 91
最判平24・2・28民集66・3・1240 …………………………………………………………… 144
最判平24・4・20民集66・6・2583 …………………………………………………………… 242
最判平25・1・11民集67・1・1 ………………………………………………………………… 78
最判平26・1・28民集68・1・49 ……………………………………………………………… 99
最判平26・7・29民集68・6・620 ……………………………………………………………… 109

高等裁判所

大阪高判平10・6・2判時1668・37 ……………………………………………………… 169, 170
東京高判平15・1・16判例集未登載 ……………………………………………………… 126, 127
福岡高判平18・11・9判タ1251・192 ………………………………………………………… 37
大阪高判平21・6・30判例集未登載 …………………………………………………………… 126
名古屋高判平21・9・17判例集未登載 ……………………………………………………… 40, 42
福岡高判平23・2・7判時2122・45 ………………………………………………………… 106
東京高判平24・8・16判例集未登載 …………………………………………………………… 41

地方裁判所

神戸地判平5・1・25判タ817・177 …………………………………………………………… 169
京都地判平10・12・18判タ1053・164 ……………………………………………………… 125, 128
京都地判平20・9・16判例集未登載 …………………………………………………………… 126
さいたま地判平25・2・20判時2196・88 ……………………………………………………… 146
大阪地判平25・4・19判時2226・3 …………………………………………………………… 146
東京地判平25・4・25判時2199・31 …………………………………………………………… 126
東京地判平25・7・19判例地方自治386・46 ……………………………………………… 165, 167
東京地判平27・3・13判例地方自治401・58 ……………………………………………… 111, 118

事項索引

あ 行

アカウンタビリティ……………………… 213
空き家再生等推進事業…………………… 184
空家等対策の推進に関する特別措置法… 174
空き家バンク……………………………… 185
悪臭防止法………………………………… 188
意見公募手続……………………………… 204
意見書の提出……………………………… 203
意見陳述手続……………………………… 94
委　託……………………………………… 98
委任条例…………………………………… 162
委任命令…………………………………… 73
インカメラ審理…………………………… 223
営業許可制度……………………………… 87
公の施設…………………………………… 56
汚染者支払原則…………………………… 98

か 行

介護保険法………………………………… 147
過　料………………………………… 171, 183
官官接待…………………………………… 211
環境保全協定……………………………… 107
監　視……………………………………… 52
慣習法……………………………………… 4
間接強制調査……………………………… 92
緩和代執行………………………………… 183
危険ドラッグ……………………………… 86
規制規範…………………………………… 26
規制行政…………………………………… 157
規制的行政指導…………………………… 131
規　則……………………………………… 4
既存不適格………………………………… 177
義務賦課型の調査………………………… 92
義務履行確保……………………………… 170

給付行政…………………………………… 140
教員免許更新制…………………………… 12
行政機関…………………………………… 49
行政基準…………………………………… 72
行政規制…………………………………… 4
行政規則…………………………………… 72
行政計画…………………………………… 98
行政刑罰…………………………………… 119
行政契約…………………………………107, 229
行政契約の手続…………………………… 231
行政裁量…………………………………… 35
行政指導…………………………………… 124
行政上の義務……………………………… 111
行政上の義務履行確保…………………… 112
行政上の強制執行………………………… 114
行政上の強制徴収………………………… 115
行政上の制裁……………………………… 118
行政上の即時強制（即時執行）………… 113
行政上の代執行…………………………… 114
行政上の直接強制………………………… 115
行政上の不服申立て……………………… 222
行政処分（行政行為）…………………… 83
行政処分の職権取消……………………… 93
行政処分の撤回…………………………… 93
行政（による）制定規範………………… 72
行政組織…………………………………… 48
行政体……………………………………… 48
行政体間の契約…………………………… 230
行政体（行政機関）相互間の行政指導… 131
行政体と国民との間の契約……………… 230
行政庁……………………………………… 49
行政調査…………………………………… 91
行政罰……………………………………… 119
行政法……………………………………… 3
行政法の法源……………………………… 4

許可（警察許可）	10, 161
許可制	101
許認可の手続	88
グリーン購入法	229
訓令・通達	52
警察行政	172
決済・供覧済み文書	218
原因者への支援	190
権限争議の決定	53
権限の委任	53
権限の代行	53
権限の代理	53
権限分配の原則	51
権限の濫用	166
現代行政法	103
検定試験機関	173
権利保護手続	199
公　益	6
公害防止協定	107
効果裁量	35
公行政	22
公行政の分野での契約	230
公契約条例	235
公聴会	203
交通一斉検問	17
交通反則金制度	120
公的扶助	140
公的領域と私的領域	6
公　表	120
公文書管理法	217
公務員	50
考慮事項に着目した審査	41
告　示	74, 143
国民訴訟制度	242
国民に対する行政指導	131
個人情報	218
国家賠償	167
固定資産税	181
ごみ屋敷	187
米の生産調整	28
根拠規範	26

さ　行

財務会計上の行為（財務会計行為）	236
裁量基準	37, 41
裁量権の踰越濫用	39
作為義務	111
参加手続	199
産業物処理法	96
三面関係	103
指揮監督の原則	51
私行政	22
私行政分野での契約	230
事実行為型の調査	92
自主条例	167
自主立法	169
執行機関	50
執行罰	115
執行命令	73
実力強制調査	92
指定管理者制度	56
指定試験機関	173
指　導	145
司法的強制	170
事務事業情報	218
諮問機関	49
社会福祉	147
社会福祉基礎構造改革	148
社会保障	140
住民監査請求	236
住民基本台帳	214
住民訴訟	238
住民投票	200
授権行為	54
情報公開・個人情報保護審査会	222
情報公開制度	210
情報公開制度の濫用	226
情報公開法改正案	223
消防法	189
条　約	4
条理法（法の一般原則）	4
条　例	4

条例制定権	169
職員基本条例	42
食糧費	211
助成的・授益的行政指導	131
処分の基準	93
知る権利	213
侵害留保原理	22
審査・応答義務	90
審査基準	89
申請に対する処分（許認可）	89
生活環境の確保	189
生活保護基準	142
生活保護法	140
生存権	140
説明責任	213
専決・代決	54
即時執行	180
組織規範	26
組織共用基準	217
卒原発論	14

た 行

第三者	103, 165
第三者の参加	104
代替的作為義務	111
立入調査	183
脱原発論	14
秩序罰	119
地方公共団体	48
地方税法22条	181
懲戒処分	30
調査	144
調整的行政指導	131
聴聞	94
直罰制	119
通達	19
道路交通法	189
特定空家等	182
特定行政庁	177
特定秘密保護法	221
都市計画	129

取消・停止の命令	52

な 行

内閣法制局	75
二面関係	102
任意調査	92
認可	52
ネーミングライツ	111
能動的情報提供	224

は 行

罰金	171
判断過程の審査	41
非代替的作為義務	111
標準処理期間	90
平等原則	40
比例原則	10, 40
風営法	157
福祉国家	142
不作為義務	111
不適正管理空き家	176
負の外部性	187
不利益処分	89
不利益処分の手続	93
分限処分	31
文書管理	217
弁明の機会の付与	94
法規	21
法規命令	72
法定代理	54
法律	4
法律による行政の原理	19
法律の法規創造力の原則	72
法律の優先の原則	20
法律の留保の原則	20
補助機関	49

ま 行

民泊	185
命令	4
目的拘束の法理	166

や 行

誘 導 …………………………………… 164
要件裁量 ………………………………… 35
用途地域 ………………………………… 127
予防原則 ………………………………… 86

ら 行

リスク …………………………………… 14
略式代執行 ……………………………… 178
理由の提示 …………………………… 91, 94
老朽空き家 ……………………………… 174

■執筆者紹介（執筆順、＊が編者）

＊深澤龍一郎（ふかさわ　りゅういちろう）名古屋大学大学院法学研究科教授
　　担当：第1講・補論1・第6講・第8講・第9講・第15講

　長谷川佳彦（はせがわ　よしひこ）大阪大学大学院法学研究科准教授
　　担当：第2講・第3講・第14講

＊大田　直史（おおた　なおふみ）龍谷大学政策学部教授
　　担当：第4講・第5講・第12講・第13講

　石塚　武志（いしづか　たけし）龍谷大学法学部准教授
　　担当：第7講・第10講・第11講

＊小谷　真理（こたに　まり）同志社大学政策学部准教授
　　担当：第8講・第12講

　宮島　茂敏（みやじま　しげとし）西宮市政策局参与、西宮市立中央病院・病院改革担当部長
　　担当：補論2

公共政策を学ぶための行政法入門

2018年3月10日　初版第1刷発行

編者	深澤龍一郎・大田直史
	小谷真理
発行者	田靡純子
発行所	株式会社 法律文化社

〒603-8053
京都市北区上賀茂岩ヶ垣内町71
電話 075(791)7131　FAX 075(721)8400
http://www.hou-bun.com/

＊乱丁など不良本がありましたら、ご連絡ください。
送料小社負担にてお取り替えいたします。

印刷：㈱亜細亜印刷／製本：㈱藤沢製本
装幀：谷本天志
ISBN 978-4-589-03803-6
Ⓒ2018 R. Fukasawa, N. Ota, M. Kotani
Printed in Japan

JCOPY 〈(社)出版者著作権管理機構 委託出版物〉

本書の無断複写は著作権法上での例外を除き禁じられています。複写される場合は、そのつど事前に、(社)出版者著作権管理機構（電話 03-3513-6969、FAX 03-3513-6979、e-mail: info@jcopy.or.jp）の許諾を得てください。

北村和生・佐伯彰洋・佐藤英世・高橋明男著
行政法の基本〔第6版〕
―重要判例からのアプローチ―
A5判・370頁・2700円

各種公務員試験受験者を念頭に重要判例から学説を整理した好評書の改訂版。最新法令・判例の追加を行うとともに、各章冒頭の導入部分や新聞記事、コラムなどを大幅に刷新し、行政法の現在の動向が分かるように工夫。

手島 孝・中川義朗監修／村上英明・小原清信編
新基本行政法学〔第2版〕
A5判・354頁・3300円

行政法令の重要な改正（行政不服審査法、マイナンバー法、文書管理法、行政手続法、地方自治法など）や重要判例の展開をふまえ、バージョンアップ。学生、公務員の標準テキストとして最適。

吉田利宏著
つかむ・つかえる行政法〔第2版〕
A5判・244頁・2600円

複雑で難解と思われがちな行政法を、身近な具体例を引きながらやさしく解説した好評テキストの最新版。行政法の全体像をつかみ、つかいこなすことをめざし、初学者をはじめ公務員、ビジネスパーソンに格好の入門書。

久末弥生著
都市計画法の探検
四六判・152頁・2400円

持続可能な都市を成立させるためには何が必要なのか。都市計画訴訟制度の充実化を進めるフランスの動向をその起源からさかのぼり、丁寧に整理・分析することで、今後の日本における都市計画法制のあり方を問う。

幸田雅治編
行政不服審査法の使いかた
A5判・216頁・2400円

市民の立場に寄り添い、日常の暮らしや業務に影響を及ぼす行政処分に対して不服を申し立てる際の要点をやさしく解説。第一線の実務家・研究者である執筆陣が法と制度の使いかたを伝授し、読者の実践を後押しする。

斎藤 浩編
原発の安全と行政・司法・学界の責任
A5判・250頁・5600円

原発再稼働に注目が集まる昨今、福島原発事故を招いた行政とそれを支えた司法、学界の責任を明らかにする。事故に至るまでの裁判で何が争われたのか、法理論的な課題は何かを第一線の弁護士と研究者が論究する。

――法律文化社――

表示価格は本体（税別）価格です